作者简介

陈金平,男,中南财经政法大学武汉学院外语系副主任、副教授。中国人民解放军外国语学院本科、硕士毕业。曾在英国学习,在西藏、印度、德国、纳米比亚等地区和国家担任翻译。在高校任教十五年来,作为第一作者发表论文二十多篇,编写出版英语书籍十多种,主持省部级以上科研课题四项。曾获"课堂教学质量奖",被评为"十佳教师"和"优秀教师"。研究领域为大学英语教学、翻译、英美社会与文化、高等教育等。

本书为2013年湖北省高等学校省级教学研究项目"湖北省独立学院大学英语课堂教学质量实证研究"（项目编号：2013449）的成果之一。

青年学者文库

基于学生视角的独立学院大学英语教学改革研究

On College English Teaching Reform of Independent College: Based on Students' Perspective

陈金平 著

武汉大学出版社

图书在版编目(CIP)数据

基于学生视角的独立学院大学英语教学改革研究/陈金平著.
—武汉:武汉大学出版社,2014.5
青年学者文库
ISBN 978-7-307-12927-6

Ⅰ.基… Ⅱ.陈… Ⅲ.英语—教学改革—教学研究—高等学校
Ⅳ.H319.1

中国版本图书馆 CIP 数据核字(2014)第 050172 号

责任编辑:赵财霞　　责任校对:鄢春梅　　版式设计:马　佳

出版发行:武汉大学出版社　(430072　武昌　珞珈山)
　　　　　(电子邮件:cbs22@whu.edu.cn　网址:www.wdp.com.cn)
印刷:湖北省荆州市今印印务有限公司
开本:880×1230　1/32　印张:8.625　字数:230 千字　插页:2
版次:2014 年 5 月第 1 版　　2014 年 5 月第 1 次印刷
ISBN 978-7-307-12927-6　　定价:22.00 元

版权所有,不得翻印;凡购买我社的图书,如有缺页、倒页、脱页等质量问题,请与当地图书销售部门联系调换。

序　言

我国的独立学院经过十余年的发展，已经到了面临评估转制、走向完全独立的关键时期。而决定独立学院能否继续生存的关键因素就是看它的教学质量。以往对教学质量的关注，无论是教育部进行的本科评估还是各种第三方机构开展的专业排名，实际上都是一种"标准评估"，即看它是否达到一定的标准。这种评估忽视了教育的主体——学生的感知和意愿，得出的结论显得不够完善。教育的本质是一种公共服务，需要考虑服务对象——学生的亲身感受；对教育质量的评价自然也应该包括学生的满意度。但是，目前国内对于独立学院教学质量的研究，尤其是对独立学院大学英语教学质量的研究比较少，有限的研究也主要是从政府、社会、学校、教师的角度开展的，鲜有从学生的视角来进行，这不能不说是一种学术研究的缺失。

现在放在我们面前的这本陈金平副教授撰写的《基于学生视角的独立学院大学英语教学改革研究》正好弥补了这一缺憾。本书基于大量的问卷调查，用定量的方法分析了独立学院的自身特征和学生特点，探讨了独立学院学生的英语学习动机及激发策略、英语学习策略类型及培训方法；并从学生的视角，基于问卷调查的数据统计，分析了独立学院大学英语教师课堂教学行为以及学生对课堂教学质量的满意度，找出了影响独立学院大学英语课堂教学质量的一些关键因素，为改革独立学院大学英语教学、提高课堂教学质量提供了很好的思路。独立学院的学生总体来说英语基础比较薄弱，英语学习动机偏向功利化，英语学习策略的运用也不够频繁，这些都给大学英语课堂教学带来了困难。独立学院的大学英语教师必须深入了解这些特点，在课堂教学和课外英语活动中有意识地激发学生的学习动机，促使他们正确地运用英语学习策略；还要根据学生的感受，进一步端正教学态度、更新教学内容、改进教学方法、提高教学水平，以增强教学效果。尤其是独立学院的专职教师，从教时间较短，缺乏课堂教学经验，教学效果普遍较差，更要学会关注学生的态度，了解学生的不满之处，然后有针对性地改进自身的教学。与此同时，独立学院也要加强对年轻教师的培训，一方面要指定经验丰富的老教师进行传、帮、带；另一方面要将年轻教师送出去培训，让他们接触先进的教学理念和方法；当然也要经常开展教学研讨，互相交流经验。本书还针对独立学院三大类别的大学英语教师，分别提出了不同的培训、教育和督促检查思路，具有较强的实践意义。

陈金平副教授是中南财经政法大学武汉学院外语系的副主任，之前他在空军雷达学院从事大学英语教学工作。自从我来到中南财经政法大学武汉学院工作以后，便与他相识、相知。他从英语听力和英语翻译工作岗位转到高校从事英语教学也有十五个年头了。他勤于钻研，做事努力、认真，能吃苦，在专业研究上多年来一直孜孜不倦；撰写了二十多篇论文，编写出版了十几种英语教材和教辅书籍，主持过省部级项目，对大学英语教学一直在进行研究，取得了一定的成绩。尤其是对本次关于独立学院大学英语教学改革的研究工作，我亲身感受到了无论是设计问卷、印刷问卷、发放和回收问卷并录入数据，还是最后分析和撰写书稿，他都一丝不苟，体现出对学术研究严谨、认真的态度。

让人欣慰的是，陈金平结合实际圆满完成了他的研究课题，目前国内少有的从学生视角研究独立学院大学英语教学改革的专著即将付梓出版。当然，书中的观点结论只是现有资料和"学生满意度理论"支持下的看法，可能会有一些需要进一步完善深入的方面。但我相信，他会继续保持谦虚谨慎、努力踏实的工作作风，继续深入开展独立学院大学英语教学研究,为我国独立学院在转型过程中大学英语教学的改革发展提供更多的理论支持。

是为序。

王达金

2014年5月于武汉

目 录

1. 独立学院的产生、发展和办学定位 ……………………………… 1
   1.1 独立学院的产生 ……………………………………………… 1
   1.2 独立学院的发展历程 ………………………………………… 2
      1.2.1 借助母体高校办学的"依附"期(1999—2002年) …… 2
      1.2.2 增强办学自主性的"独立"期(2003—2008年) ……… 3
      1.2.3 独立学院发展的转制期(2008年至今) ……………… 4
   1.3 独立学院的办学定位 ………………………………………… 6

2. 独立学院的招生、教学和就业现状 …………………………… 9
   2.1 独立学院的招生 ……………………………………………… 9
      2.1.1 招生批次 ……………………………………………… 10
      2.1.2 生源特点 ……………………………………………… 11
   2.2 独立学院的教学 ……………………………………………… 11
      2.2.1 独立学院的师资 ……………………………………… 12
      2.2.2 独立学院的专业设置 ………………………………… 15
      2.2.3 独立学院的课程设置 ………………………………… 17
      2.2.4 独立学院的教学管理与质量监控 …………………… 21
   2.3 独立学院的学生就业 ………………………………………… 22

3. 独立学院大学英语教学 …………………………………………… 26
   3.1 全国大学英语教学改革 ……………………………………… 26
      3.1.1 我国大学英语教学改革回顾 ………………………… 27

3.1.2 大学英语教学改革的成就 ······················· 32
　　3.1.3 大学英语教学改革存在的问题 ··················· 34
　　3.1.4 大学英语教学改革的发展方向 ··················· 36
　3.2 独立学院大学英语教学改革 ························ 39
　　3.2.1 独立学院大学英语教学的困境 ··················· 40
　　3.2.2 独立学院大学英语教学的出路 ··················· 47

4. 案例院校基本情况 ···································· 54
　4.1 湖北省独立学院概况 ······························ 55
　4.2 五所案例院校简介 ································ 60
　　4.2.1 中南财经政法大学武汉学院 ····················· 60
　　4.2.2 华中科技大学文华学院 ························· 62
　　4.2.3 武汉理工大学华夏学院 ························· 66
　　4.2.4 中国地质大学江城学院 ························· 67
　　4.2.5 江汉大学文理学院 ····························· 69
　4.3 调查样本属性分析 ································ 70
　　4.3.1 中南财经政法大学武汉学院样本 ················· 70
　　4.3.2 湖北省五所独立学院样本 ······················· 73

5. 独立学院学生大学英语学习动机调查与分析 ·············· 76
　5.1 学习动机概述 ···································· 77
　　5.1.1 学习动机的定义 ······························· 77
　　5.1.2 学习动机的分类 ······························· 78
　　5.1.3 外语学习动机研究现状 ························· 80
　5.2 本研究设计 ······································ 83
　5.3 数据统计与分析 ·································· 84
　　5.3.1 信度检验分析结果 ····························· 84
　　5.3.2 一般描述统计分析 ····························· 84
　　5.3.3 英语学习动机的因子分析 ······················· 88

5.3.4　各动机类型的组间差异 …………………… 92
　5.4　研究结论与讨论 ……………………………………… 106
　　5.4.1　研究结论 …………………………………… 106
　　5.4.2　学习动机激发策略 ………………………… 107

6. 独立学院学生大学英语学习策略调查与分析 …………… 110
　6.1　学习策略的定义与类别 ……………………………… 111
　　6.1.1　学习策略的定义 …………………………… 111
　　6.1.2　学习策略的分类 …………………………… 112
　6.2　外语学习策略研究进展与成果 ……………………… 113
　6.3　本研究设计 …………………………………………… 117
　6.4　数据统计与分析 ……………………………………… 118
　　6.4.1　信度检验分析结果 ………………………… 118
　　6.4.2　独立学院学生学习策略使用情况 ………… 119
　　6.4.3　学生属性与英语学习策略使用差异分析 … 121
　　6.4.4　最常用和最不常用的英语学习策略 ……… 126
　6.5　研究结论与讨论 ……………………………………… 131
　　6.5.1　研究结论 …………………………………… 131
　　6.5.2　加强独立学院学生的英语学习策略培训的建议 … 132

7. 基于学生感知的独立学院大学英语教师课堂教学行为分析 …………………………………………………………… 134
　7.1　大学英语教师课堂教学行为概述 …………………… 135
　7.2　文献回顾 ……………………………………………… 137
　7.3　本研究设计 …………………………………………… 138
　　7.3.1　量表设计 …………………………………… 140
　　7.3.2　样本结构 …………………………………… 140
　7.4　数据统计与分析 ……………………………………… 141
　　7.4.1　学生对大学英语教师类型及课堂教学的期待 …… 141

    7.4.2 学生对大学英语课堂教学感知及教师满意度
          分析 ································· 143
    7.4.3 影响学生对大学英语课堂感知及教师满意度的
          因素分析 ····························· 144
  7.5 研究结论与讨论 ······························· 147
    7.5.1 研究结论 ································ 147
    7.5.2 提高独立学院大学英语课堂教学质量的
          策略与建议 ··························· 149

8. 基于学生满意度的独立学院大学英语教师队伍建设研究 ··· 151
  8.1 案例院校大学英语教师队伍状况 ················· 152
    8.1.1 湖北省独立学院外语师资状况 ··············· 152
    8.1.2 案例院校外语师资状况 ···················· 153
    8.1.3 案例院校大学英语教师队伍状况 ············· 154
  8.2 学生满意度理论 ······························· 156
  8.3 文献回顾 ····································· 157
  8.4 本研究测量工具 ······························· 160
  8.5 数据统计与分析 ······························· 161
    8.5.1 学生对教师属性的期望 ···················· 161
    8.5.2 学生对大学英语教师课堂教学质量整体满意度
          情况 ································· 162
    8.5.3 学生对大学英语教师课堂教学一级评价指标的
          满意度情况 ··························· 167
    8.5.4 学生对大学英语教师课堂教学二级评价指标的
          满意度情况 ··························· 175
  8.6 研究结论与讨论 ······························· 178
    8.6.1 研究结论 ································ 178
    8.6.2 加强独立学院大学英语教师队伍建设的建议 ····· 179

附录1：普通高等学校独立学院教育工作合格评估
　　　　实施方案 ………………………………………… 181
附录2：大学英语课程教学要求 ………………………… 199
附录3：上海市大学英语教学参考框架（试行）……… 217
附录4：武汉学院大学英语教学与学习情况调查表 …… 228
附录5：湖北省五所独立学院大学英语教学与学习情况
　　　　调查表 …………………………………………… 238

参考文献 ……………………………………………………… 249

后　记 ………………………………………………………… 265

1. 独立学院的产生、发展和办学定位

我国的独立学院是 20 世纪 90 年代末期以来，在高等教育领域出现的一种新的办学模式。根据教育部颁布的《独立学院设置与管理办法》，独立学院是指实施本科以上学历教育的普通高等学校与国家机构以外的社会组织或者个人合作，利用非国家财政性经费举办的实施本科学历教育的高等学校。作为高等教育的一种新形式，独立学院是保证我国高等教育今后持续健康发展的一项重大举措，是中国高等教育发展的重要组成部分。独立学院将会成为今后一个时期高等教育发展的一大亮点。

1.1 独立学院的产生

改革开放以后，随着我国经济社会的发展，国家提出"科学技术和教育也是生产力"的观点，人们逐渐认识到"知识就是力量，知识就是财富"。在这种思想的指导下，社会各界对高等教育的需求空前高涨。面对如此局面，仅靠当时现有的高等教育力量显然是不够的。到了 1999 年，党中央、国务院加快了实施"科教兴国"的战略，做出了高等教育大扩容的重大决策，启动了高校扩招和高等教育大众化进程。但很快大部分公办大学的潜力已经充分发挥，容量已经接近饱和，部分高校甚至处于超负荷运转状态。同时，"穷国办大教育"已使我国政府的教育财政负担非常沉重。于是，寻找一种新的教育模式，既可满足社会对高等教育的巨大需求，又不增加国家的财政负担，就显得刻不容缓了。

1. 独立学院的产生、发展和办学定位

尽管我国自1980年起，以邓小平亲笔题写校名"北京自修大学"为标志，开启了民办高校的进程，但由于当时民办高校的社会认可度较低、办学层次较低、获得颁发国家认可学历资格的院校较少、师资力量薄弱、教育管理体系不完善等原因，当时的民办院校显然难以在高等教育大众化进程中独当一面。

于是，依托国有公立大学的社会知名度、管理模式和优秀师资，自筹社会资金创办的本科层次的独立学院就应运而生了。

1.2 独立学院的发展历程

独立学院最早的前身是公有民办二级学院（或称为国有民办二级学院、民营二级学院）。它是以国家财政拨款以外的社会资源为主要经费来源，在原有公立高校中运用民办机制创办的新制二级学院，实行国有民营的运作方式，有较大的自主权，在相对独立的情况下与母体大学互相协调进行办学（邵波，2003）。一般认为，我国的独立学院产生于1999年，以浙江大学与杭州市人民政府联合创办浙江大学城市学院为标志。独立学院至此已有近15年的发展历史，大体可以分为三个发展阶段：借助母体高校办学的"依附"期（1999—2002年）、增强办学自主性的"独立"期（2003—2008年）和独立学院发展的转制期（2008年至今）（姜代武，2009）。

1.2.1 借助母体高校办学的"依附"期（1999—2002年）

独立学院在创办初期，主要依靠申办的公立院校进行办学。这主要是因为独立学院最初并没有独立的办学主体资格，独立学院的问世是申办的公立院校出于扩招和增加收入的目的创设的，母体高校不仅是这些民办二级学院的申办者，也是它们的管理者和实际上的拥有者。同时，独立学院在初创时期，其办学条件也是由母体高校提供的，包括提供主要的师资队伍，克隆主要的专业课程设置和管理模式。所以，在这一时期，"依附于母体学校"是独立学院的

最主要特征。

1.2.2 增强办学自主性的"独立"期（2003—2008年）

2003年是独立学院发展历程中具有标志性的一年。从独立学院作为一种新的高等教育模式在我国兴起到2003年，随着扩招的潮流，全国许多省市把独立学院作为实现高等教育大众化的主要捷径，这段时期也就成了独立学院的快速发展阶段。同时这一年，教育部发布了《关于规范并加强普通高校以新的机制和模式试办独立学院管理的若干意见》（教发〔2003〕8号，简称"教育部8号文件"），这标志着独立学院开始在国家政策的支持下向自主办学机构过渡。

教育部8号文件第一次提出了"独立学院"的概念："本文所称独立学院，是专指由普通本科高校按新机制、新模式举办的本科层次的二级学院。一些普通本科高校按公办机制和模式建立的二级学院、'分校'或其它类似的二级办学机构不属此范畴。"这为独立学院的属性作出了明确的界定。

这一时期，独立学院进入了大规模、高速度发展的阶段，规模与数量急剧增加。在2004年7月，经教育部审核，在全国范围内确认了233所独立学院；到2005年4月，全国有独立学院294所；2006年11月16日，独立学院在29个省市达到318所；截至2007年4月4日，教育部公布的最新独立学院名单为313所（许志娥，2009）。在快速发展的过程中，由于专业设置的雷同性，独立学院同时又面临着生源竞争的问题，一方面是与一本、二本公立院校的竞争，另一方面是与同属三本的独立学院的竞争。迫于生存压力，不少独立学院开始转变办学方向，面向区域经济发展打造应用型本科人才培养特色。所以这段时期，"应用型"逐渐成为独立学院的特色和亮点，这明显区别于母体高校尤其是研究型大学的办学传统，踏出了独立学院走向独立的最重要的一步。

但与此同时，在这一时期独立学院快速发展的过程中，许多问题也纷纷浮出了水面,如文凭问题、产权问题、母体问题、教育质量问题等。为此,教育部除了在2003年4月颁布了《关于规范并加强普通高校以新的机制和模式试办独立学院管理的若干意见》之外,2003年8月又下发了《关于对各地批准试办的独立学院进行检查清理和重新报批工作的通知》,并组织力量根据教育部8号文件的要求,对全国各地、各高校举办的民办二级学院的"校中校"、以二级学院名义"双轨收费"、产权不明晰、民办机制不健全、不独立发文凭等办学失范行为进行了清理整顿,最后取消了一批不规范的独立学院,新的独立学院重新备案登记(刘凤泰,2005)。

从图1-1我们可以更加清晰地看出独立学院的数目在这一时期的发展变化。

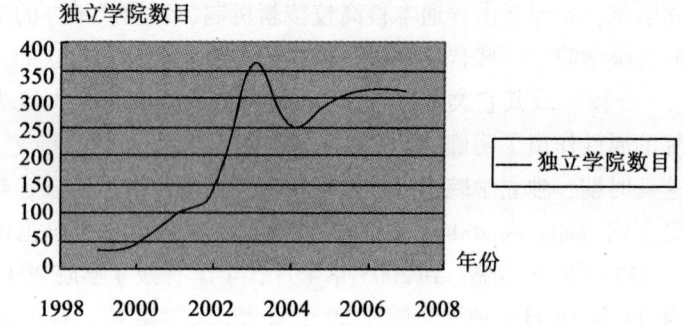

图1-1 1999—2007年独立学院数量示意图

数据来源:2003年以前的数据是由《新时期中国民办高等教育发展研究》一书中得来,2003—2007年的数据是根据教育部在网上公布的数据得来(许志娥,2009)。

1.2.3 独立学院发展的转制期(2008年至今)

教育部2008年颁布了26号令《独立学院设置与管理办法》(以下简称"教育部26号令"),规定了独立学院往后5年的改革过渡期。期满后，独立学院有三条"出路"：继续作为独立学院存在、转民办高校、撤销或合并。这一政令的发布，廓清了10年来一系列困扰人们的理论与实践问题以及办学者的疑惑，使得独立学院的发展前景也更加清晰。

教育部26号令详细规定了独立学院的性质（本办法所称独立学院，是指实施本科以上学历教育的普通高等学校与国家机构以外的社会组织或者个人合作，利用非国家财政性经费举办的实施本科学历教育的高等学校）、独立学院的权益（独立学院依法享有《民办教育促进法》及其实施条例所提出的所有鼓励性、扶持性政策，包括专项资金支持、闲置土地出租出让支持、金融信贷支持、税收优惠支持、公益事业用地支持、教职工权益保护、家庭经济困难学生资助等）、申办高校的权益（普通高等学校对独立学院投入的学校名称、知识产权等无形资产，可以按照《民办教育促进法》及其实施条例的规定，从独立学院的办学结余中取得合理回报；独立学院使用普通高等学校的管理资源和师资、课程等教育教学资源，其相关费用也要按照双方约定或者国家有关规定列入独立学院的办学成本）和参与举办者的权益（参与举办独立学院的社会组织或者个人，与普通高等学校一样都是独立学院的举办者之一；独立学院出资人依法可以从独立学院的办学结余中取得合理回报）。这些规定进一步规范了独立学院的建设，并为独立学院的下一步发展指明了方向。

在教育部26号令中规定的独立学院的三种出路之中，"真正独立"无疑是最具有战略眼光的一种选择。这既是国家宏观政策的价值导向，也是多数独立学院求生存、谋发展的必然选择。事实上，由于独立学院具有本科起点的明显优势，因而它更应该成为中国民办普通本科高校的"孵化器"。在教育部26号令发布之前，中国只批准设置了27所民办普通本科高校[①]。而2008年10月，

[①] http://baike.so.com/doc/5396477.html.

教育部就一次性批准4所独立学院转设为民办普通本科高校；2009年6月又有1所独立学院实现了成功转设①。之后每年实现"真正独立"的独立学院数目为2010年15所②、2011年12所③、2012年6所④、2013年10所⑤。从2008年到2013年，累计共有48所独立学院成功转设为普通民办本科高校。据教育部公布的数据，截至2013年6月，全国的独立学院仍然有292所⑥。

1.3 独立学院的办学定位

独立学院要想长期生存和发展下去，必须要有与之相匹配的发展定位。根据教育部2003年4月发布的《关于规范并加强普通高校以新的机制和模式试办独立学院管理的若干意见》的规定，"独立学院属于本科层次"，"独立学院的专业设置，应主要面向地方和区域社会、经济发展的需要，特别是要努力创造条件加快发展社会和人力资源市场急需的短线专业"。教育部2006年6月制定的《普通高等学校独立学院教育工作合格评估指标体系》中对独立学院的办学定位又规定如下："学院具有独立法人资格，根据自身条件和发展潜力，适应地方、区域经济和社会发展需要，确立教学型大学的类型定位和培养具有创新精神和实践能力的应用型人才的目标定位。"这些规定，为独立学院的办学定位指明了方向。

独立学院的定位问题是其发展的核心问题，但长期以来，独立

---

① http：//baike.so.com/doc/5396477.html.
② http：//gaokao.exam8.com/1735517.html.
③ http：//www.qnr.cn/stu/pgao/zixun/ce/201103/620696.html.
④ http：//www.3773.com.cn/gx/Class160/709964.shtml.
⑤ http：//gaokao.eol.cn/gxmd_2920/20130320/t20130320_919083.shtml.
⑥ http：//www.moe.edu.cn/publicfiles/business/htmlfiles/moe/moe_271/201010/109693.html.

1.3 独立学院的办学定位

学院虽独立于母体高校，但其师资、管理人员基本上来源于母体高校，在确定发展战略时很容易受母体高校管理思维、理念的影响。所以，独立学院一定要根据自身的发展目标，作出恰当的定位。其中最为关键的就是，应该树立市场办学理念，扬弃固定模式，瞄准市场需求的现状与未来，依靠独立学院师资、信息等优势，办出特色，创出品牌。浙江大学宁波理工学院院长许为民（2006）曾提出了独立学院的三个定位：在社会功能上必须融入服务型教育体系；在培养目标上必须培养应用型专业人才；在发展战略上必须坚持特色化建设道路。这是对独立学院的办学定位的很好概括。所以独立学院的人才培养目标应定位于以本科教育为主，以就业为导向，按照市场和社会需求，培养具有合格的基础理论和较强的应用能力、技术技能的人才，培养特色明显的高级应用型创新人才（李智干，2008）。

独立学院定位在以培养应用型人才为目标，是符合我国当前和未来社会经济发展的客观要求和需要的。一个国家的经济发展主要是需要大量的应用型人才，特别是随着我国经济社会的快速发展和工业化进程的不断深入，地方经济和行业经济快速发展，对应用型人才的需求大量增加，尤其是在生产一线从事技术开发、技术应用和生产管理工作的人才。对从事高层次理论研究、学术研究和技术创新开发人才的需求毕竟是少数。所以，社会经济发展迫切需要高等学校培养出在素质、能力、知识等诸多方面都适应工作需要的不同层次的应用型人才（蔡敬民、魏朱宝，2008）。然而，我国高等教育在这类人才培养上，还存在结构性短缺。一方面高等学校学生就业难，与此同时，很多企业也在为寻求不到合适的应用型人才而苦恼。传统的中等职业教育服务对象和培养层次有限，而应担负应用型人才培养的本科院校和高职高专又存在培养目标不明确的问题。因此，发展应用型教育是我国经济发展和社会进步的要求，是适应社会现代化经济发展的客观需要。应用型人才培养是高等教育发展的必然趋势（蔡敬民、魏朱宝，2008）。独立学院正好可以充分利用"机制灵活"的优势,在培养应用型人才方面大有作为。

为了适应这一办学定位,独立学院需要依据自身特点,避开热门专业和其他学校的优势学科,增设社会急需学科,逐步形成自己的品牌特色,形成独特性和不可替代性,在差异化中发展壮大,以就业为导向来确立人才培养要求,着眼于满足区域发展需要来培养人才;要优化专业设置、改革课程体系,要灵活设置特色专业,与行业的发展、市场的变化始终保持一致,同时以实用的课程为保障,增强学生的毕业适应能力;还要重视产学合作,强化实践教学,建构产学相结合的教学体系,建构能力知识型教学模式,实施订单式的培养方式。当然,这些均需要高素质的教师队伍来实现。所以,独立学院要注重外引内培,加强师资力量的建设。

2. 独立学院的招生、教学和就业现状

招生工作是独立学院建设的关键因素和生命线。独立学院的建设和发展所需经费及其他相关支出均由合作方承担或以民办机制解决，国家不负担任何财政拨款，因而向学生收取较高培养费是办学经费最主要的来源。招收到充足和理想的生源之后，按照国家对高等教育的要求进行系统而又有特色的专业教育，最后学生能够顺利毕业，在社会上发挥作用，是独立学院办学的主要任务。

2.1 独立学院的招生

招生是独立学院办学的首要环节，生源数量和质量关系到独立学院的生死存亡。根据教育部《关于规范并加强普通高校以新的机制和模式试办独立学院管理的若干意见》，独立学院实施本科层次学历教育，主要开设国家经济和社会发展急需的专业。招生时，独立学院通常要列入高校年度招生计划，并适当降低录取分数线，在本科三批中进行录取。独立学院的招生计划，是由所在地省级人民政府在国家下达的普通本科招生计划总数内统筹安排的。独立学院的招生标准，一般不得低于当地本科最低录取控制线，具体招生录取批次、办法及户籍管理与毕业生就业等相关政策，是由所在地省级人民政府按照国家有关法律和规定制定的。独立学院学生收费标准，是由所在地省级人民政府根据国家有关民办高校招生收费政策制定的。"独立学院具有法人资格，有独立的校园和基本设施、独立颁发学历证书，在招生和录取时，区别于母体高校独立进

2.1.1 招生批次

我国的高考招生录取批次一般分为提前批、本科一批、本科二批、本科三批、专科一批、专科二批等。批次录取控制分数线是根据各省(直辖市、自治区)考生高考成绩水平和招生计划,按一定的比例确定的录取新生的各批次、各科类最低成绩标准。各批次、各科类的录取分数线都会不同。独立学院除少数几所在第二批本科招生以外,其余绝大部分均在第三批本科招生,且招生程序与公办学校完全相同,都列入国家统一招生的范畴。

但是从录取分数线来看,独立学院与二本生源差距较大,例如,湖北省 2008—2013 年的高考录取分数线见表 2-1:

表 2-1　**湖北省 2008—2013 年高考录取分数线**

批次	2013 年		2012 年		2011 年		2010 年		2009 年		2008 年	
	文科	理科	文科	理科	文科	理科	文科	理科	文科	理科	文科	理科
一本	531	527	561	551	547	571	530	557	518	540	532	548
二本 1	480	462	515	494	507	517	488	506	491	506	508	516
二本 2									478	495	492	504
三本	406	358	448	400	430	410	413	400	410	406	410	410
四批 1	335	275	382	320	388	348	380	360	385	382	395	395
四批 2	200	200	235	235	235	235	242	242	262	262	258	258

数据来源:教育部考试中心网站 http://sx.neea.edu.cn/lnfscx/gaokao_hubei09.htm.

可见独立学院学生与二本院校学生的高考成绩相差 70~100 分。所以,独立学院学生总体来说文化基础较差,而且少数学生还存在着严重的偏科现象,这给独立学院的教学和人才培养工作带来了一定的困难。

2.1.2 生源特点

独立学院收取的学费较高，所以报考独立学院的学生一般家庭条件比较好，从小受到父母的溺爱，这就使得他们思维很活跃，见识比较广，自己的想法比较多，对社会各方面的认识也相对较深；而且许多学生从小受过特长教育，在文体、书画、口才、沟通、社会交往等方面表现出较强的能力，有愿望、有能力在学校组织的各项文艺、体育活动及社团活动中展现自己的才艺。虽然他们可能自信敢为，可塑性较强，但他们可能控制力较差，意志薄弱，又缺乏危机感，抗挫折能力较差。与此同时，也有一部分学生的家庭经济状况稍差，容易出现自卑等心理问题。这些人格特征和思想行为特征，给后期的学生管理工作带来了挑战。

在学习方面，独立学院学生大多在高中阶段基础知识掌握较差，且有偏科倾向。在大学阶段他们的学习毅力和刻苦精神不够，部分学生学习目的不够明确，学习态度不够端正，他们没有良好的学习习惯和饱满的学习热情，自主学习的能力和毅力不够。他们在上课时不专心，课后不自习，经常迟到、早退。部分学生自律性差，自我管理、自我服务意识较差。更有部分学生有不良的爱好，如迷恋上网聊天等。

2.2 独立学院的教学

独立学院的教学质量一直以来备受关注，因为独立学院的教学质量如何，不仅影响到独立学院自身的生存和发展，也直接影响到社会对高等教育改革的认同和评价。根据独立学院的办学定位，同时根据社会需求情况和独立学院生源的特点，独立学院人才培养目标定位应为：宽知识、强能力、重技能，培养适应社会发展需求的应用型人才。这就决定了独立学院的专业设置、全程培养方案的制定、课程的开设、教学大纲的制定、教学的实施和实习实训的开展,都要以这一定位为导向,在提高学生整体素质的同时,着力增强他们的专业技能和实际动手应用能力,才能让他们在就业时具备竞争力。

2.2.1 独立学院的师资

一所学校的师资队伍是提高人才培养质量的关键,是形成学校特色和优势的根本,是实现学校可持续发展的保证。对于独立学院来说更是如此。

独立学院师资队伍具有多元性,一般由这几部分构成:第一部分是独立学院自己招聘的专职专任教师队伍。这一部分教师大多是随着独立学院的设立而成长的,从教时间在 10 年以下,职称一般为讲师或助教,年龄大概在 25~35 岁。第二部分是校本部派遣来的在职在岗的专职教师。他们的行政编制在校本部,而人却在独立学院工作,而且是全职工作。这一部分教师主要承担行政管理工作或行政、教学双肩挑。第三部分是公办院校的退休教师,他们均具有教授或副教授高级职称,从教时间较长,经验也较丰富,但年龄普遍较大,精力、体力和热情不如年轻人。第四部分是公办院校(主要是校本部)在职在岗的签约教授或副教授。他们未脱离公办院校的工作,但又同时担任独立学院的教学工作,他们职称较高,经验丰富,但可能会出现精力顾不过来的现象。第五部分是外聘教师,由社会名流或企事业有实践经验的工程技术人员组成。这支队伍是解决独立学院专任教师力量不足的后备力量,也是独立学院实践教学的骨干力量。

独立学院这样多元化的教师队伍,是在客观条件下形成的客观现实,有其具有优势的一方面——汇集了各方面的力量,有利于学生的专业基础和实用技能的培养。但独立学院由于历史较短,师资队伍的培养和整合还不能满足独立学院人才培养的要求。尤其是独立学院面临着转制评估,对照教育部 26 号令转制评估考核体系的要求，还存在不少的问题。主要体现在以下几个方面：

第一，专职教师的数量不足。专职教师以35岁以下的青年教师居多，而35～50岁的有丰富教学经验和学术专长的中年专职教师人数很少，在有些学校中甚至没有。现有的这个年龄段的教师大部分是校本部派来的在职在编教师，如果独立学院转设为民办高校，他们极可能会选择回到校本部。

第二，签约和外聘的兼职教师存在着稳定性差、与学生沟通少、教师之间也缺乏沟通等问题。在教学中过度依赖兼职教师会严重影响教学质量，也不利于学校整体办学水平的提高和办学特色的形成。

第三，专任教师的教学水平和科研水平普遍不高。由于独立学院的在职培训机会较少，日常教学任务较重（大部分教师的周课时在20节左右），绝大部分专任教师用于研究的时间和精力极为有限，这导致他们更像是教书匠。科研是为制定教育方针政策、教育改革提供科学依据的，没有研究的教学是很难提高教学质量的（刘润清，1999）。

第四，教师队伍的职称结构和年龄结构不合理。从年龄和职称情况来看，普遍存在"两头大中间小"的现象，即老年教师和青年教师多，中年教师少。离退休教师年龄较大，职称较高，有丰富的教学经验，但是缺乏后劲，不利于学院的持续发展；刚毕业的年轻教师工作热情高、有理想、有干劲，然而职称较低，且多为聘任制，不稳定；而教育教学水平高、经验丰富的中青年骨干教师比例较小，尤其是具有高级职称的专任中青年骨干教师极其缺乏。

针对这些问题，为了切实提高人才培养质量、顺利完成转制评估和实现长久可持续健康发展，独立学院必须运用自身的优势，下大力气建设一支高水平的师资队伍。根据教育部发布的《普通高等学校独立学院教育工作合格评估指标体系》（参见本书附录1），"师生比要达到1∶18；专任教师中具有高级职称和具有研究生学位的比例均占30%以上，专职专任教师占教师总数的1/3以上；

教授、副教授的比例占主讲教师的30%以上",且"每个专业至少要有一名正高职教师,每一门专业基础课要配备两名副高职以上教师,每一门必修课程要配备一名副高职以上教师"。这些规定为独立学院的师资队伍建设提出了具体的要求。

首先,独立学院要花大代价招聘具有高级职称的中青年骨干教师。根据上述规定,具有副教授以上职称的教师是独立学院师资队伍达标的关键,而又恰恰是独立学院最奇缺的人才。一般而言,因名声和发展前景等原因,公办院校的未退休的高级职称教师不愿意到独立学院工作,那么独立学院就应该想方设法去招聘这部分人才。一是要提高这部分人才的待遇,可实行年薪制,并远远超出公办院校的标准,同时配套科研启动资金、住房、安家费等福利;二是要合理确定招聘目标,要以中小城市的院校和军校自主择业、军队转业教师为对象,吸引他们到独立学院来工作;三是要加强后期的拴心留人和培养使用,要让他们感觉到在独立学院也一样可以干出一番事业来。

其次,独立学院要加强博士生的招聘引进工作。具有博士学位的毕业生,一般两年之后就可以申请参评副教授,而且是独立学院自己培养的高级人才。所以,独立学院要花重金招聘博士,并给予科研扶持,使他们尽快出成果,尽快评聘高级职称。同样也要加强后期的拴心留人,对他们委以重任。

再次,独立学院要根据师生比招聘足够的专职专任教师,并加强培养,使得他们尽快成长。师生比是一条硬杠杠,独立学院必须要拥有足够数量的专职专任教师。学院还要重视对他们的培养,要制订对青年教师长短期培养计划。首先,新教师到校后要参加教师岗位培训,并参加教师资格证书考核;其次,要安排导师对青年教师进行教学方面的指导,实行导师制培养。导师制的指导教师应安排本学科有丰富教学经验的具有副教授以上职称的教师担任,培养形式最好采取一对一的个别指导形式。导师主要对见习期与助教职称的青年教师进行教学基本知识、基本方法的培养和言传身带,重在提高青年教师的基本功，拓宽信息来源和交流渠道，提高青年教师的教学水平及教学研究能力。还要经常请一些专家学者来讲学、作报告，取长补短，不断增长经验，促使青年教师主动成长。

最后，要充分运用独立学院机动灵活的民办机制，聘任一批教学经验丰富、科研及学术能力较强的教师投入独立学院的教学中。从母体院校相对应学科中聘请教学经验丰富、学术水平高的教授担任独立学院的学科建设及教学指导；聘请社会名流或企事业单位具有丰富理论知识和实践经验的工程技术人员参与到独立学院学生的教学和实践中来，与专职教师队伍共同打造独立学院优秀的、高素质的专兼职教师队伍。

当然，最重要的一点就是，要尊重教师，重视教师的使用和培养，在全校形成尊师重教的氛围，让教师有主人翁的自豪感。这样，教师才能够安定下来，不至于"身在曹营心在汉"，把独立学院当作跳板。

2.2.2 独立学院的专业设置

专业设置是高校的立学之本、教学之范，关系到人才培养的目标和规格，关系到教育资源的配置和优化，关系到教育的质量和效益[①]。根据独立学院的办学定位，独立学院的专业设置要体现"适应国家经济社会发展，培养应用型人才"。这是依照国家的教育方针、社会发展需要以及独立学院自身的特点而确定的，是科学和客观的，具有现实的意义。在具体设置的时候，独立学院除了要符合教育部颁布的高校专业目录和相关要求之外，还要结合国家的社会经济发展状况，设置具有自身特色的专业，打造特色品牌。

但是，在这个统一原则的指引下，全国独立学院的专业设置却又带来了雷同的问题。

---

① 出自《教育部高等学校教学指导委员会通讯》2010 年第 11 期文章《教育部启动新一轮高校本科专业目录修订工作》。

这种雷同一方面体现在独立学院与母体学校之间的雷同。不少独立学院的专业开设完全依托母体高校，母体高校的优势学科、特色专业是什么，独立学院也紧随母体高校开设相应的专业。在湖北省17所省属高校举办的20所独立学院中，共有416个本科专业早在2008年就获准招生，在这些专业中直接与母体高校雷同的有403个，比例高达96.875%；而在这20所院校中，与母体高校专业设置完全雷同的有13所院校（许承志、朱现平，2012）。究其原因，是独立学院想借助母体学校的专业优势和师资队伍帮助自身发展。殊不知，这样全盘照搬只会丧失自身的优势与特色，培养出的学生也将是母体学校的复制品。更严重的是，在就业时，与母体学校相比，其毕业生质量也必然处于劣势。

另一种雷同就是各独立学院之间。以湖北省26所独立学院为例，96.2%的院校设置了英语专业，73%的院校设置了国际经济与贸易专业和市场营销专业，81%的院校设置了计算机科学与技术专业，80%的院校设置了艺术设计专业。国际经济与贸易、法学、英语、艺术设计、自动化、电子信息、计算机科学与技术、电子科学、市场营销、会计学、工商管理、信息管理与信息系统、机械设计自动化等专业有超过10所院校同时开设。英语、艺术设计和计算机科学与技术有超过20所院校同时开设。尤其英语是湖北省独立学院中开设最多的专业，除湖北医药学院药护学院外，其余25所院校均有开设（许承志、朱现平，2012）。如此高的重复率，无疑加剧了独立学院之间的竞争。如果独立学院都争相开设同一个专业，不论这个专业的市场需求量有多大，毕业生在人才市场上的竞争力将会直接减弱。所以，除了考虑服务国家社会经济和体现自身优势之外，也要认真思考和探索如何在专业人才培养上形成"人无我有、人有我优"的办学思路。

专业设置是高校安身立足的基础，也是独立学院适应社会变革的关键。没有合理的专业设置，独立学院就难以形成特色，难以满足学生的学习要求，更难以培养出高层次的具有广泛适应性和社会竞争力的人才（朱建华，2008）。因此，独立学院在发展过程中，应把专业结构的调整和优化作为未来发展的重中之重，这就要求独立学院要做好专业设置与发展的规划设计。独立学院的专业设置要着眼于长远，要对社会需求作长期的评估与论证，并结合自身的优势，开设具有生命力的应用型专业。以前"短、平、快"的路子不能再走，要避免"招生热就业冷"的局面；也不能看到市场现在需要什么专业就盲目跟风开设热门专业，更不能再完全依赖母体高校或依托母体高校开设专业，而应结合院校发展实际制订科学的规划，明确学校发展目标，打造品牌专业，杜绝专业开设的盲目性和无计划性。这就要求独立学院在研究专业设置时，一定要充分分析、预测社会经济发展态势，使专业既能适应当前的需要，又能在相当长的一段时间内不致"老化"，而这有赖于独立学院科学的发展规划做支撑。总之，要精而不要泛，要长久而不要短命，要有特色而不要大众化。

2.2.3 独立学院的课程设置

从独立学院的办学定位来看，独立学院是要培养应用型、复合型人才，这是与一本、二本院校及高职高专院校最明显的区别。那么什么是应用型、复合型人才呢？又该如何培养应用型、复合型人才呢？时任国务院副总理李岚清同志提出："要注意培养复合型人才，既懂经济贸易，又懂工业农业；既懂经营管理，又懂生产技术。精通一门，兼知其他。"（吴德福、孙德良、张新元，1999）而"应用型人才是相对学术型人才而言的，具备一定的专业知识和专业技能，能够将学术研究成果转化为社会生产力或将这种社会生产力运用到社会生产实践当中并直接创造出社会物质财富的人才"[1]，"他们是将专业知识和技能应用于所从事的社会实践的一

---

[1] http：//www.china.com.cn/news/zhuanti/09rcbg/2009-09-21/content_18568744.htm.

种专门人才,是熟练掌握社会生产或社会活动一线的基础知识和技能,主要从事一线工作的技术或专业人才,他们主要是掌握和应用知识,而非发明和创造新知"(陈文远等,2011)。所以,独立学院毕业生最终的目标是要做到理论和实践的完美结合。具体来说,独立学院的学生与一本院校的学生相比,在组织、表达、沟通、管理等非专业素质方面要占优势,与二本院校的学生相比,在学生的实践动手能力等方面要占优势,与招生在第四批次的高职高专类学生相比,在强化学生动手能力和非专业素质培养的同时,还要让学生在专业方面具有一定的理论水平。所以,独立学院既要突出学生的非专业素质培养,也要突出学生的实践动手能力培养。如果独立学院实现了这个人才培养定位,与任何不同类型的院校相比,都有自己的优势,那么这所院校培养出来的人才势必会成为人才市场上的"抢手人才",也即是真正意义上的"复合型"人才(朱建华,2008)。

根据陈文远等(2011)学者对本科高校高素质应用型人才评价体系的研究,高素质应用型人才的评价内容分为"学业因素"和"非学业因素"两大一级指标,"学业绩效"、"基本素质"、"核心素质"、"个性化能力"四个二级指标,并以这些指标为中心,层层分解,形成能基本反映学生在相关方面本质特征的具体化、行为化、可操作的12个三级指标;在此基础上,根据不同专业制定全程培养方案。具体模型如图2-1所示。

在这种评价模型的基础上,陈文远等(2011)又进一步提出:学业因素主要包括"学业绩效"(包括课程成绩、等级考试、科研业绩、学业应用能力等)的基本理论知识、基本技术技能和专业知识运用能力等。同时,对于课程的设置,要改变过于注重知识传授的单维模式倾向,强调形成积极主动的学习态度,使获得基础知识与基本技能的过程同时成为学会学习和形成正确价值观的综合模式评价过程。还要增加学术论文、书面报告、实验、作品展示等测量方式的运用,在内容上强化课堂表现、作业、学习态度等反映学

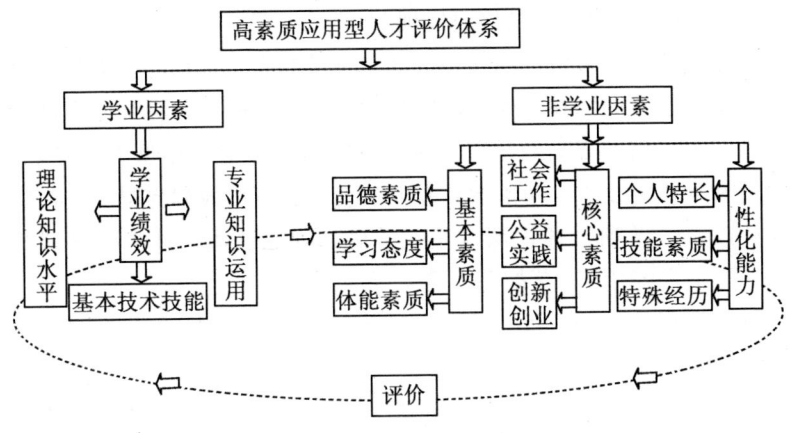

图 2-1 本科高校高素质应用型人才评价模型

资料来源：陈文远，等. 地方本科高校高素质应用型人才评价体系研究 [J]. 高等工程教育研究，2011（5）：139-143.

生情感、态度、价值观内在倾向性的要素，并将学生课外学习的成果纳入学业体系，打破传统的"课程学习成绩等于期末考试成绩和平时成绩加权平均的单维模式"。与此同时，既要重视以总成绩排名的做法，又要凸显单科成绩的地位，使学生能够认清优势、发展潜能，促进个性化发展。非学业因素主要包括"学习态度"（如学习热情、成才积极性、学习方法与策略等）、"基本素质"（如政治表现、道德品行、身心素质等）、"核心素质"（如社会责任感、创新能力、协作意识等）和"个性化能力"（如社会实践、文体特长、特殊经历等）等内容。非学业因素重视"学习态度"、"体育锻炼"、"创新创业"和"个性化能力"等方面，注重培养学生终身学习的能力，使学生掌握基本的知识、能力和方法，具有正确的情感、态度和价值观，让教育惠及学生的一生；在体育锻炼中增强学生的自信心、情绪和意志表现，对他人的理解与尊重、交往和合作精神，形成良好的身体素质和心理素质；让学生的个性化能力得到发展,潜能得到激发,创新意识、创新精神和实践能力显著增强,"为了每一个学生的终身发展"。

上述模型和分解的指标,为独立学院制定全程培养方案和课程设置指明了方向。在具体的制定过程中,要积极吸收社会、企业人士参与人才培养方案的制定工作,要围绕社会对应用型人才知识、能力和素质的要求,考虑学科专业的交叉,打通课程界限,实行模块化改革,做到"通识课实用、学科基础课适用、技术基础课管用、专业课能用"(蔡敬民、魏朱宝,2008)。

在课程的设置方面,实践能力和职业素养的培养是关键(蔡敬民、魏朱宝,2008)。应用型人才培养的重要特征就是提高学生的应用能力,而应用能力的关键要素就是学生的实践能力和职业素养。但是,以前传统的本科人才的培养体系偏重于基础知识教学和理论体系的完整,忽视应用能力的构建。那么,独立学院制定的应用型人才培养体系,就应该围绕社会对应用型人才知识、能力、素质协调发展的要求,以应用能力培养为主线,构建实践教学体系,做到理论与实践并重。这也正是独立学院区别于一本、二本和高职高专院校的最大区别。正确处理实践教学与理论教学的关系,要改变那种把实践教学依附于理论教学,把实验当作是理论验证的错误认识,实践教学不仅仅是理论教学的一个延续,而且与理论教学是密切相关、相辅相成的。实践教学相对于理论教学,独立不孤立、联系不依赖。要以学生为中心,积极探索实践教学内容和方法的改革,围绕学生能力拓展和知识结构开展实践教学,整体优化、系统构建实践教学体系和教学内容,强干削支、整合集约,尽量减少一般性的验证性的实验内容,对原来单一性的实验内容进行整合,开设综合性实验。做到能力培养与素质教育相结合、第一课堂与第二课堂相结合、校内与校外相结合、产学研相结合。

为此,独立学院必须聚焦应用型人才培养,围绕这一要求有针对性地加强自身建设。首先,要加强应用型教师队伍的建设。教师是应用型人才教育的主导者,也是应用型人才教育的实践者。要培养学生的应用能力，就必须要有具备实践背景和应用意识的教师，具有高水平的实验教师队伍。其次，要加强实习基地建设，强化学生的实践能力。学校除了以各系为主建立专业实习基地以外，还要建立校级综合实习基地，把不同专业的学生组成一个团队到同一个单位的不同部门实习，这样使对实习单位的干扰最小化，便于实习单位安排和指导，而且不同专业学生在一起可以互相交流。两种实习都要力推，根据各学校的实际情况，抓紧抓好容易实现的。

2.2.4 独立学院的教学管理与质量监控

教学管理与质量监控，是将办学定位和人才培养目标变为具体要求的管理措施，是独立学院教学质量和人才培养质量的保证，也是任何一所高校不可忽视的重要方面。独立学院要针对学生的特点、师资队伍的特点和学校的实际情况，制定切实有效的管理与监控制度。

首先是制订教学计划，要体现独立学院的办学定位和人才培养目标。独立学院的人才培养目标定位是"本科应用型人才"，所以要围绕"本科"和"应用型"这两点制订教学计划，即教学计划要符合国家关于本科教育的要求，确保专业的基础理论和基本知识达到本科水平；还要有针对性地加强实践教学的比重，突出"应用型"的特点，使得独立学院"三本"学生"在基础理论上不低于一本、二本学生，在专业技能上要超过一本、二本学生"。其次是要以学生为本，为学生提供个性化发展空间。要加大公共选修课的比例，支持并培育学生的一技之长，使学生在就业时有更多的选择。最后是要加强课程教学大纲和课堂教学的组织管理，尤其是毕业设计和实习实践要落到实处，以增强学生的应用能力为目标，不可流于形式。当然，整个教学过程要强化健全并落实规章制度，加强"建章立制"和"照章办事"的规范化，明确教学管理机构的管理职责，对课堂教学、实践实习、考试评价、教学文档资料等各个环节实行严格、科学、规范的管理，确保教学工作正常开展。

能否保证各项教学工作落到实处，还要依靠有效的教学质量监控与评价管理。2008年教育部颁布的《独立学院设置与管理办法》，明确规定了独立学院教学管理的规范，其中第四十四条规定："教育行政部门应当加强对独立学院教育教学工作、教师培训工作的指导。参与举办独立学院的普通高等学校，应当按照合作办学协议和国家有关规定，对独立学院的教学和管理工作予以指导，完善独立学院教学水平的监测和评估体系。"但由于母体高校忙于自身教学任务，难以对独立学院进行有效的监管，所以主要依靠独立学院自身的督导系统对教学质量进行监控和评价。独立学院的教学督导评估机构（一般为督导室），要针对独立学院的办学定位和人才培养目标，重点检查、督促课堂教学质量、实践教学环节等关键内容的落实。督导组成员要深入教学第一线，随堂听课，认真评议，并定期召开学生座谈会，把学生评教和教师评学结合起来，为教师改进教学工作提供指导意见，为学院教学工作提供咨询，最终的目标就是规范独立学院的教学工作，提高教育教学质量。

2.3　独立学院的学生就业

高校毕业生的就业状况是衡量高校办学水平的重要指标之一。然而近年来，大学生就业竞争不断加剧、就业压力不断增长。据报道，2013年全国面临就业的大学毕业生人数接近700万，加上以前未就业的大学生，2013年有300万以上大学生难以初次就业①；而据最新统计，2014届应届毕业生将达734万，比2013年的699万增加了近40万，这意味着就业形势会更加严峻②。这对目前社会认可度还不高的独立学院毕业生来说，无疑带来了巨大的挑战。

---

① http：//www. js. xinhuanet. com/2013-10/12/c_ 117684338. htm.

② http：//career. eol. cn/kuai_ xun_ 4343/20131118/t20131118_ 1040413. shtml.

但是，用人单位现在招聘人才主要是看真才实学和单位的实际需求，正如前述，如果独立学院真正突出了"本科应用型人才"这一人才培养特色，独立学院的毕业生真正达到了"在基础理论上不低于一本、二本学生，在专业技能上要超过一本、二本学生"，那么独立学院的学生就业还是具有一定的优势的。

从近几年全国独立学院的就业形势来看，总体上比较乐观。目前从公开的数据来看，2010年北京四所独立学院（北京邮电大学世纪学院、北京工业大学耿丹学院、首都师范大学科德学院、北京工商大学嘉华学院）就业率均在80%以上，远远超过了教育部公布的当年全国高校68%的就业率[1]。根据广东省教育厅提供的数据，广东省2011届大学生中，独立学院毕业生就业率为95.28%；而2012年广东省普通高校毕业生的初次就业率为94.65%[2]。广东省2009年普通高校毕业生就业率为96.28%，其中独立学院的就业率高达98%以上。全国独立学院毕业生就业率普遍都在80%以上，总体达到了较高的就业水平。毕业生就业率达到90%以上的独立学院还有很多，如：浙江大学城市学院初次就业率连续六年在93%以上，吉林建筑工程学院建筑装饰学院就业率平均每年都达到90%以上，北京邮电大学世纪学院第一批毕业生的就业率达到98.19%（陈梅、李超峰，2010）。以笔者所在的中南财经政法大学武汉学院为例，近几年来，毕业生的就业率都在95%以上[3]。

这些都说明，独立学院的办学特色开始显现，在社会上的认可度正在逐步提升。这首先得益于国家对独立学院毕业生的就业提供了良好的政策保障。自2003年教育部颁布《关于规范并加强普通

---

[1] http://learning.sohu.com/20100518/n272191965.shtml.
[2] http://news.xinhuanet.com/yzyd/society/20121101/c_113572586.htm.
[3] http://baike.baidu.com/view/591489.htm.

高校以新的机制和模式试办独立学院管理的若干意见》以来，国家又陆续出台了一系列的文件，积极支持各地、各高校有计划地推动独立学院的试办工作，并规定独立学院学生的毕业文凭为国家承认的本科学历，这些都为独立学院学生的就业提供了政策上的保障。其次是独立学院的办学机制灵活，专业设置和课程设置以培养应用型人才为目标，正好满足了社会经济发展的需求。再次是独立学院的学生相对于普通高校学生来说，思想活跃，社交能力强，社会关系也相对宽泛，在一定程度上增加了就业的机遇（陈冰冰，2010）。

为了能够更进一步扩大就业，增强独立学院毕业生的就业竞争力，独立学院还需要进一步发挥自身的优势，狠抓"应用型人才培养"目标的落实，凸显实用型特色。一是要将大学生的就业和教学改革相结合。独立学院应利用办学机制灵活的特点及时调整专业设置、招生计划及培养目标，减少毕业生的就业困难。独立学院应注重从宽口径和动态性等方面增强专业设置的市场适应性，以培养应用型、创新型的人才为目标，以全面推进素质教育为目的，适时制定出前瞻性的专业培养方案，加大社会急需专业的招生数量，控制长线专业的发展规模，不断深化教学、教材改革，更新知识内容，及早启动"双证"教育机制，增加学生的就业竞争力，使毕业生能够在瞬息万变的人才市场上"适销对路"（龙军、黄晓萍，2007）。二是要加强实习实训的工作力度，要真正落到实处。要把实习实训跟就业紧密挂钩，把实习实训作为就业的前奏。学生通过实习实训提高了实际应用能力，达到了"应用型"人才的要求，用人单位自然就青睐。

当然，大学生就业，最重要的一点就是要摆正心态，避免就业期望值过高。随着高等教育在中国的大众化普及，大学毕业生已不再是稀缺货，也并不意味着毕业后会得到优越的工作。如果毕业生过分看重经济待遇和工作环境，一味去追求热门职业，应聘的成功率就会大大缩小，这种"高不成低不就"的就业定位会大大缩小就业面。尤其是独立学院的毕业生，初次就业一定要放低要求，甘愿到艰苦的基层单位去锻炼自己，凭借自身的过硬技术，大胆地向用人单位推荐自己，就会找到一份满意的工作。

3. 独立学院大学英语教学

独立学院的大学英语教学，是建立在独立学院自身的特点和现实条件的基础之上的；所以前面介绍的独立学院的产生、发展和办学定位以及招生、教学及就业状况，为本章的独立学院的大学英语教学改革提供了背景信息。与此同时，独立学院的大学英语教学又是全国高校大学英语教学的重要组成部分，受全国高校大学英语教学改革的影响。所以本章将首先介绍全国大学英语教学改革的基本情况、改革历程、取得的主要成就、存在的问题以及下一步的发展方向，然后探讨独立学院的大学英语教学情况、目前的状况、存在的问题和改革发展的措施，为本研究的中心内容——案例院校（湖北省五所独立学院）的大学英语教学改革提供依据。

3.1 全国大学英语教学改革

当前，我国高等院校正在开展一场规模宏大、意义深远的外语教育教学改革，那就是大学英语教学改革。因为在经济全球化、生活信息化的今天，人们越来越意识到：一个国家外语水平特别是英语水平的高低，往往关系到信息吸收与交流的速度与质量，关系到人才培养规格和国民经济的发展。在这样的背景下，英语和英语教学的地位和作用更加引人注目，大学英语和大学英语教学作为一个重要的组成部分也概莫能外（李箭，2008）。

但与此同时，对大学英语和大学英语教学的责难和批评也越来越强烈，这些责难和批评主要包括非英语专业学生专业学习和英语学习主次颠倒、大学英语四、六级考试地位和作用"妖魔化"、大学英语教学高耗低效、大学英语教学内容脱离学生专业实际和生活世界、大学生学了多年大学英语学到的却是"聋子英语"和"哑巴英语"、大学英语教师整体素质不高而相应的培训针对性不强、缺乏实效性……这些责难如此之多，迫使我们去反思大学英语教学的现状并对如何改进大学英语教学进行探索（李箭，2008）。

3.1.1 我国大学英语教学改革回顾

我国真正重视英语、大规模开展大学英语教学，是从改革开放开始的，迄今走过了三十多年的历程。大学英语也逐渐成为高校一门重要的公共基础必修课程，并前后经历了三次大的教学改革。

第一次是从1982年至1987年，是我国大学英语教学发展的初期阶段。标志性的事件：一是1985年制定了《大学英语教学大纲（理工科本科用）》、1986年制定了《大学英语教学大纲（文理科本科用）》，这两份教学大纲是我国全面改革大学英语教学的一个重大尝试，"是以广泛的测试、调查为基础，通过各院校通力协作，几经讨论研究后制定而成的……是中华人民共和国成立以来较为完善的……公共英语教学大纲"（蔡基刚，2006），成为当时各高校进行大学英语教学的依据和指导性文件。二是1986年出版了全国高校文理科通用的《大学英语》教材，由复旦大学、北京大学、华东师范大学、中国人民大学合作编写，董亚芬教授主编。这套教材基本上体现了新制定的教学大纲的要求，达到大纲所规定的各项指标，"同以往出版的同类教材相比，这套教材从形式到内容都有所创新，吸收了国内外英语教学法研究的某些新成果，具有一定的先进性；同时，这套教材还保留了过去的教学实践业已证明行之有效的做法，符合当时和今后一段时间内我国大学英语教学的实际情况，具有广泛的可行性"（蔡基刚，2006）。三是设计实施了大学英语四、六级标准化考试，用于检查和考核大学英语教学的质量和成效。大学英语四、六级考试的实施标志着我国大学英语从教学目标到教学计划、从教学内容到教学方法以及教学评估整个教学体系的初步建立（李箭，2008）。

第二次是从1987年至2003年的稳定发展阶段。这个时期，随着我国对外开放力度的加大，国际交流的日益频繁，社会发展对大学英语教学提出了新的要求，培养具有国际竞争能力的、能听、说、读、写的外语人才已成为大学英语教学的迫切任务。所以，这个阶段完成了《大学英语教学大纲》的修订、试题库建设、九校大学英语自主考试改革试点工作、多套教材的修订和开发、大学英语四、六级考试新题型和口语测试的增加等一系列深化大学英语教学改革的工作（李箭，2008）。其中最具有标志性的事件就是制定了1999年版的《大学英语教学大纲》。修订后的大纲不再分文理科和理工科，教学对象为全国各类高等学校的文、理、工各科本科生。新修订的大纲第一次将四级定为"全国各类高等院校均应达到的基本要求"。同时考虑到全国高校的差异，提出"分类指导"的原则，在教学内容上向"两头延伸，高低兼顾，一纲多用"；并将原先的"专业阅读"改为"专业英语"，提出英语学习"四年不断线"的原则（韩其顺，1999）。它不再对理工科和文理科的大学英语教学做出区分，是一份既重视打好语言基础，又重视语言应用能力培养的文、理、工各科通用的大纲，是教学大纲的"一大进步"（陈国华，2002）。

第三次是从2003年至今，是大学英语教学的持续大变革时期。随着我国在2001年加入WTO之后，我国加快融入国际经济发展的大潮流之中，社会对大学毕业生的英语水平，尤其是英语听说能力的要求越来越高。在这种情况下，1999年制定的《大学英语教学大纲》"培养学生具有较强的阅读能力"的教学目标，也逐渐暴露了其不能适应社会需求的缺陷（陈冰冰，2010）。同时，原大纲中的教学模式和教学方法也不适应时代的发展和外语教育教学的规律，传统的大班上课、满堂灌、笔记加作业的单向课堂教学，不利于学生的英语实际运用能力的提高。另外，四、六级考试导致了应试教育，也招致较大的社会批评。在这种情况下，第三次大学英语教学改革应运而生，而且是一场有史以来规模最大、耗时最久、争议最多的外语教育教学改革运动。

这场改革运动始于 2003 年国家教育部启动的战略发展规划《高等学校教育质量与教学改革工程》，推进大学英语教学改革是这项改革工程的四个重点项目之一，也是"突破口"。教育部决定采取三项措施，改革大学英语教学：一、广泛采用先进的信息技术，推动基于计算机的英语教学改革；二、制定《大学英语课程教学要求》；三、进一步改革大学英语四、六级考试（唐琳，2008）。同年 3 月份，教育部正式启动了《大学英语课程教学要求》的编写工作，并于 2004 年 1 月份正式颁布了《大学英语课程教学要求（试行）》（简称《教学要求》）。制定《大学英语课程教学要求（试行）》是这轮大学英语教学改革的核心；清晰的改革思路以及明确的实施框架在《教学要求》中均得到了充分的展示和体现。在《教学要求》制定的基础上，改革的后续工作，如教学手段、教学内容、课程设置、考核体系等都将围绕着《教学要求》而展开（罗立胜、蔡基刚，2006）。

2004 年版的《大学英语课程教学要求（试行）》将大学英语教学的性质界定为"大学英语教学是高等教育的一个有机组成部分，大学英语课程是大学生的一门必修的基础课程。大学英语教学是以英语语言知识与应用技能、学习策略和跨文化交际为主要内容，以外语教学理论为指导，并集多种教学模式和教学手段为一体的教学体系"。把大学英语教学的目标明确为"培养学生英语综合应用能力，特别是听说能力，使他们在今后工作和社会交往中能用英语有效地进行口头和书面的信息交流，同时增强其自主学习能力、提高综合文化素养，以适应我国经济发展和国际交流的需要"。同时，"考虑到我国幅员辽阔，各地区以及各高校情况差异较大，大学阶段的英语教学要求分为三个层次，即一般要求、较高要求和更高要求。这三个不同层次的要求是我国所有高等院校非英语专业本科生经过大学阶段的英语学习与实践应当选择达到的英语水平标准,其中一般要求是每个大学毕业生必须达到的目标"。对于课程设置,"各个学校应当根据本校的实际情况,按照《课程要求》确定本校的大学英语教学目标,并以此为基础设计自己的大学英语课程体系。该课程体系不仅包括传统的面授课程,更注重开发基于计算机/网络的大学英语课程,将综合英语类、语言技能类、语言应用类、语言文化类和专业英语类等必修课程和选修课程有机结合,形成一个完整的大学英语课程体系,以确保不同层次的学生在英语应用能力方面得到充分的训练和提高"。同时教学模式要实现三个转变:实现"以教师为中心"向"以学生为中心"的转变、"单纯传授语言知识与技能的教学模式"向"既传授一般的语言知识与技能,更重视培养语言运用能力和自主学习能力的教学模式"的转变、"以教师讲授为主的单一课堂教学模式"向"基于计算机和课堂的英语多媒体教学模式"的转变。与此同时,大学英语教学的评估也必须进行相应的改变:要采取终结性与形成性评估相结合,要以形成性评估方式激励学生学习、帮助学生有效控制学习过程,要以终结性评估方式判断学生学习语言整体水平的提高和发展。为了确保大学英语教学达到既定的教学目标,要强化教学过程的指导、督促和检查;要建立完善的教学文件和教学管理文件、积极推行学分制、健全教师管理和培训体制。

《大学英语课程教学要求(试行)》的颁布施行,是大学英语教学改革的重大举措,积极推动了我国大学英语教学的改革,促进了教学质量的提高。经过3年多的试运行,教育部在广泛听取了全国各高校师生的反馈意见之后,于2006年11月讨论对《大学英语课程教学要求(试行)》进行修订,使其更加符合我国教育形势与发展和反映教学改革的实际。教育部于2007年7月正式颁布了修订之后《大学英语课程教学要求》(2007年版)(参见本书附录2)。

修订之后的《大学英语课程教学要求》保持了试行版本的基

本框架、教学理论和主要规定,主要对"教学性质和目标"、"教学要求"、"课程设置"、"教学模式"、"教学评估"、"教学管理"以及"大学英语参考词汇表"七个方面的部分内容进行调整、补充和修改,及对位置不太合适的字句做必要的调整(王守仁,2008)。修订后的《大学英语课程教学要求》标志着我国大学英语教学从统一性、规范性教学走向多样性、个性化教学,以及从纯语言考虑走向基于需求的教育理念的转变和提升,为全面实施大学英语教学改革提出了明确的目标和策略,标志着我国的大学英语教学改革开始步入较深层次的发展阶段。

解读2007年版的《大学英语课程教学要求》,改进主要体现在六个方面:一是强调外语教学理论对教学实践的指导作用;二是重视大学英语课程的工具性和人文性;三是提倡大学英语课程设置的个性化;四是促进教学评估系统的科学化;五是推动基于计算机和课堂的教学模式;六是注重建设高素质的教师队伍(贾卫国,2009)。

到了2010年左右,随着我国社会外语环境的变化和社会对外语需求的变化,大学英语教学改革又进入到了大讨论、大辩论的深层次改革阶段,以上海复旦大学外文学院的蔡基刚教授为代表的一批学者称之为"后大学英语教学改革"阶段。其核心是:他们认为大学英语教学应从通用英语(EGP)教学向专业英语(ESP)教学转移,着力培养学生的英语工作能力,以改变以往英语学习"费时低效"的诟病,以提高语言学习效率(蔡基刚,2010)。上海市2013年2月发布了《上海市大学英语教学参考框架(试行)》(参见本书附录3),并遴选了一批高校进行为期两年的试点,同时要求各个试点学校要以学术英语为核心,围绕"提高学生用英语直接从事本专业学习、工作的能力,并使其在专业领域具有较强的国际交往和竞争能力"的教学培养目标,统一思想,转变观念,加强组织,稳步推进大学英语教学改革。与此同时,全国各省市也在改革高考英语考试:北京2014年高考英语科目分值将下调50

分,向"一年两考"过渡;江苏省2016年高考英语有可能不再计入总分;山东省2014年高考英语取消听力①。可见,对于高考改革,多地都拿英语考试"开刀",这些变化势必也会影响大学英语教学改革。对于大学英语到底是坚持"通用英语"(EGP),还是转向"专业英语"(ESP),还是两者兼有,目前尚无定论。但是,这也预示着我国大学英语教学新一轮的大变革的来临。

3.1.2 大学英语教学改革的成就

我国的大学英语教学,经过上述三次较大规模的改革浪潮,尤其是2003年以来,教育部高度重视,采取有力措施,积极推进大学英语教学改革,取得了明显成效,大学英语教学理念、课程教材、教学方法、教学手段都有明显改进,大学生的英语综合应用能力得到了明显提升。成绩不小、问题不少,有进展、待突破,这是对近年来大学英语教学改革的总体评价(刘贵芹,2012)。

根据教育部高教司文科处处长刘向虹女士于2010年12月16日在"首届全国大学英语院长/系主任高级论坛"上的讲话,大学英语教学改革主要取得了如下阶段性的成果(刘向虹,2011):

第一,教学理念不断更新。高校从接受全国统一的教学大纲要求变为根据本校实际情况确定个性化教学要求,从单纯注重语言基础变为培养语言综合应用能力,从以教师为中心变为以学生为中心,从"要我学"变为"我要学"。

第二,课程体系更加科学全面。实行分级教学,为不同起点的学生设置不同的课程;基础阶段课程设置逐步显现个性化特色,在课型、班型、知识与技能组合等方面多样化发展;提高阶段课程建设发展迅速,出现了一大批较为成熟的拓展课程,更好地满足了学生的个性化学习需求。

第三,教学模式更加多样化。将课堂教学与多媒体网络应用相

---

① http://www.eol.cn/html/en/gkyygg/index.shtml。

结合的教学模式已成为教学常态；将教师有组织的教学与学生自主学习相结合的教学模式已成为教学常态；对多种教学方法的组合运用已成为教学常态；对学生自主学习能力的培养已成为教学内容的一个重要组成部分。

第四，课程评估更加体系化。包括分级考试、与课程相关的形成性评估和终结性评估以及水平考试在内的教学评估体系更加完善；形成性评估已成为教学组织中的重要活动；网络技术的运用有力提升了课程评估水平，尤其是形成性评估的客观性，使师生及时获得大量教与学的反馈；对全国大学英语四、六级考试结果的应用更加科学。

第五，大学英语教材与多媒体课件及资源建设成绩显著。越来越多的高水平大学英语立体化教材纷纷涌现；大学英语教材在教学目的、内容体系、教学组织等方面显现多样化特点；大学英语教学网站内容丰富、功能齐全，部分网站开始显现个性化特点；多媒体教学更加系统，目标更加明确；自我开发的教学资源越来越丰富。

第六，大学英语师资队伍更加合理完善。教师队伍在学历、职称、学缘结构等方面更加合理；涌现出一批热爱教学、善于教学的优秀教师；拓展了教师在职教育的途径与方法；教师在教学理念、教学方法、教育技术应用等方面的水平得到很大提高；教师教学研究能力得到增强，一大批教改项目得以完成。

第七，大学英语教学管理水平不断提高。通过"质量工程"等项目的建设，相关教学规章制度更加健全，教学管理队伍素质得以提升，教学管理水平明显提高，教学质量监控体系得以完善。

第八，大学英语校园环境显著改善。大学英语学习中心的硬件建设成绩显著；现代教育技术与大学外语教学结合得更加紧密；第二课堂活动内容丰富，已成为大学教学必不可少的组成部分。

再从宏观角度来看，根据教育部原高教司司长张尧学院士的观点，可以从四个方面比较客观地评价大学英语教学改革：第一是社会对英语教学是否还有较多批评，第二是用人单位对学生英语能力的评价有何变化,第三是大学英语教学地位和学科地位是否提升,第四是学生学习英语的积极性是否变化。这几个问题的答案切实反映改革成就。而从当前社会的反应来看,目前媒体对英语教学的批评较少,已相对较少提及"聋子英语"、"哑巴英语"等问题;用人单位普遍反映大学生英语交流能力明显提高;国家和各高校对英语教学改革的投入前所未有,英语教学地位得到大幅提升;广大英语教师通过教改获得了更多学习研究的机会,开阔了眼界,解放了思想;学生的学习积极性和主动性也大有提高,学生学习英语的概念改变了,学习自信心提高了,学习能力增强了,听说能力提高了(张尧学,2009)。

　　回顾这一路走来的历程,我国大学英语教学在教学理念、教学内容、教学评估、教学手段等方面已发生了巨大变化。在教育部的直接领导和部署下,大学英语教学改革在全国高校稳步推进。随着时间的推移,越来越多的一线教师认同改革,并积极参与改革。实践证明,大学英语教学改革方向是正确的,并取得了实效,大学英语教学改革最大的受益者是学生,他们的英语综合应用能力和自主学习能力有了明显提高。毫无疑问,大学英语教学还存在不少问题,面临新的挑战;而要解决问题,出路在继续改革。我们要面向时代要求思考教育发展,主动适应国家经济建设、社会发展和高等教育的新形势,抓住机遇,踏实工作,开拓创新,富有成效地推进和深化改革,不断提高大学英语教学质量①。

3.1.3　大学英语教学改革存在的问题

　　时至今日,大学英语教学改革仍然存在不少问题,还有一些关键的问题没有解决。我国的大学英语教学与社会的要求、学生的期望、教师的期望还有一定的差距。从宏观的角度看,全社会对大学英语教学改革没有形成统一的认识,对大学英语教学的定位、教学

---

① http://zgcetr.bjtu.edu.cn/ReadNews.asp?NewsID=1428.

目标、发展方向还存在争议,即使教育部制定了《大学英语课程教学要求》,也有一些学校不认同、不落实;而且由于中国幅员辽阔,各地发展不平衡,导致大学英语改革在不同地域、不同类型和层次的高校中发展不平衡。从微观的角度来看,还存在以下几个方面的具体问题:

第一,大学英语教学还不能满足社会和学生对英语水平和能力的需求。一般认为,非英语专业的大学生毕业时,应具有一定的英语听、说、读、写、译能力。大体如下:能够阅读并正确理解与专业相关的科研文章,能够与外国同行进行工作上的交流,能够用合乎语法且连贯恰当的英语进行书写,对英美国家的风俗习惯、文化常识有所了解。但是,现在的情况是,尽管许多非英语专业的学生已通过了四、六级英语考试,但能用地道、流利的英语进行交流的还是少数,多数毕业生的英语水平仅停留在通过四、六级考试或进行简单书写,离令人满意的程度还差得太远,还做不到用英语进行专业方面的交流探讨。

第二,评价、考试体系不科学。大学英语四、六级考试是当前大学公共英语一个很重要的考核评价指标。可以说,在过去相当长一段时间里,大学英语四、六级考试的作用是积极的、有益的。但随着改革开放的深入,社会需求发生了变化,对口语表达能力的要求提到了议事日程上来,大学英语四、六级考试的局限性随之凸显出来。特别是近些年来,大学英语四、六级考试的作用片面地被人为夸大,并最终导致其信度下降。很多高校把学生的四、六级考试成绩与学位挂钩,没有四、六级合格证书不能毕业,结果对我国大学英语教学带来了人们始料不及的负面影响,大学英语教学已经演变为应试教学。教师把很大的精力与时间投入到提高学生的四、六级通过率上来,学生语言综合应用能力的培育必然受到忽视和排挤。而且,大学英语四、六级考试本身也不尽科学合理。从测试实践上看,它重视测试的信度,忽视测试的效度;题型单一,语言能力测试项目不全。目前,我国每年有五六百万人参加四、六级考试，很多通过者怀揣四、六级证书，却不能开口、不能下笔，这就充分说明了这项考试的弊端。尽管教育部对大学英语四、六级考试多次进行改革，很多学校也不再将四级通过情况与学位挂钩，但社会对大学英语四、六级结果的误用仍然导致大学英语教学出现异化。据称，教育部正在制定《关于进一步深化大学英语教学改革的指导意见》，计划2016年取消全国大学英语四、六级考试。这足以说明四、六级考试当前带来的弊端。

第三，目前的大学英语教学模式还相对比较单一。部分学校仍然停留在以教师讲授为主的单一教学模式，大学生学习的积极性、主动性、创造性没有被调动起来，学生没有通过大学英语课堂增强对英语学习的兴趣。

第四，大学英语教学的人文教育功能发挥不够，文化传承功能发挥不足。大学英语教学在培养学生人文精神，增进大学生对不同国家、不同文化的认识和理解，增进大学生对我国优秀传统文化特别是社会主义先进文化的学习和认同方面的作用发挥得不够。

第五，大学英语教师队伍的整体素质还亟待提高。尽管近年来大学英语教师队伍建设取得了长足进展，但这支队伍的业务水平和教学能力还不能完全适应大学英语教学改革的新要求，有待进一步提高。

3.1.4　大学英语教学改革的发展方向

对于大学英语教学改革下一步的走向，目前尚存在较大争议。对于大学英语，到底是继续定位为通用英语（EGP）还是转为专业英语（ESP）？两种观点激烈碰撞，甚至出现了作为通用英语的大学英语"必然消亡"，而专业英语将成为"大学英语掘墓人"的说法。学术界对于大学英语教学的学生需求、课程性质、目标定位、课程体系、教学重点（听说优先还是读写优先）、课堂教学模式、考核与评估方式等问题还没有形成一致意见，尤其是对大学英语四、六级考试的改革或去留争论不休。

根据目前的信息，教育部透露了改革的基本思路和举措，上海市先行制定了《上海市大学英语教学参考框架（试行）》。

教育部高等教育司副司长刘贵芹在 2012 年初的一次外语教育高层论坛上表示，大学英语教学下一步改革，简单说就是"五个以"（刘贵芹，2012）：

一是以实施素质教育为主题。教育规划纲要明确提出，坚持以人为本、全面实施素质教育是教育改革发展的战略主题。大学英语教学改革也必须把全面实施素质教育作为战略主题，着力提高大学生服务国家、服务人民的社会责任感，着力提高大学生勇于探索的创新精神，着力提高大学生善于解决实际问题的实践能力。

二是以提高教学质量为核心。不断提高质量，是今后一段时期高等教育改革发展的核心任务。大学英语教学改革也要以提高质量为核心。要体现时代性，努力使大学英语教学改革更加主动适应国家经济社会发展和大学生接受教育的要求，要遵循大学英语教学规律，扎实推进课程教材、教学内容、教学方法的改革和教学团队建设，努力提高大学英语教学改革的实效。

三是以提高英语综合应用能力为重点。学习大学英语的根本目的全在于运用。要坚持能力为重，努力提高大学生的听力理解能力、口语表达能力、阅读理解能力、书面表达能力以及翻译能力，特别是提高大学生的听、说、读的能力，切实扭转部分大学生听不懂、说不出、看不明的状况。

四是以创新大学英语教学模式为突破口。教学有法，教无定法，贵在得法。要开展小班教学，多运用参与式、体验式、案例式、启发式教学，最大限度地调动大学生学习大学英语的积极性、主动性、创造性。要多运用现代教育技术手段，完善基于课堂和计算机的大学英语教学模式。要完善教学内容，着重遴选有利于提高大学生跨文化交流能力的课文，着重遴选有利于提高大学生了解中国传统文化的课文。要把握"90 后"大学生的思想、心理和认知特点，读懂教育对象，增强教学的针对性。

五是以提高教师教学能力为保障。进一步加强和改进大学英语教学改革，关键在教师。要加强培训培养，依托"十二五"期间教育部、财政部联合实施的"本科教学工程"教师发展中心建设项目，建立健全大学英语教师岗前培训和骨干教师培训制度；要搭建全国性、区域性的大学英语教师交流研讨平台，及时总结交流大学英语教学改革中的好经验、好做法，深入研讨大学英语教学改革中的重大理论和实践问题，努力建设一支师德高尚、业务精湛、结构合理、充满活力的高素质专业化大学英语教师队伍。

上海市教育委员会于2013年2月公布了《上海市大学英语教学参考框架（试行）》，明确提出要以学术英语为核心，围绕"提高学生用英语直接从事本专业学习、工作的能力，并使其在专业领域具有较强的国际交往和竞争能力"的教学培养目标，统一思想，转变观念，加强组织，稳步推进大学英语教学改革。

上海市部分高校从2013年秋季起启动大学英语教学改革。依据新出台的《上海市大学英语教学参考框架（试行）》要求，对大学生英语能力的考核，应基于学生课程表现的学业成绩考试，而非学生无需经过课程学习的语言水平考试；而且，用同一张试卷来测试不同专业学生并不符合专门用途英语教学理念。这意味着，多年来施行的英语四、六级考试或将淡出大学生英语考核体系。

对于课程设置，由过渡课程、核心课程和选修课程三类课程组成。过渡课程是主要为英语水平较低的新生补基础而设置。核心课程分通用学术英语课程和专门学术英语课程两类。通用学术英语课程主要培养跨学科的学术英语能力，课程包括学术听说、学术阅读、学术报告展示和学术写作等，为必修性质。专门学术英语课程侧重于特定学科的词汇、句法、语篇、体裁和交际策略的教学，如法律英语、医学英语、计算机英语、海事英语等。选修课程主要指培养学生通晓本专业国际规则、培养他们对不同文化的理解和容忍态度以及本民族认同感的通识英语课程，如英美社会与文化、科学发展与伦理、哲学与批判性思辨、学术中跨文化问题和英语公众演说等。如此设置，加强学生学术英语的听、说、读、写能力。

根据改革目标，非英语专业本科生的英语掌握能力将有一定的提升。大学生完成英语教学课程后，设定为两个能力等级："一般级"和"较高级"。即使是"一般级"，大学本科毕业生"听"的能力也可达到"能听懂语速一般、发音比较标准的短篇学术讲座和专业讲课；能将大意或重点记下来，就此能写简短的小结；能就讲座中没有听清楚的主题和大意进行提问和回答"。"写"的能力可达到"能写较短学术文章，运用如定义、分类、举例、原因分析、比较和对比等方法；能就专业相关的话题写一篇文献回顾；能写用于参加学术会议所递交的发言摘要；能描写表格和图表等中的信息；能运用书面表达的词汇和句法，以及委婉模糊策略；了解学术写作中的剽窃概念，并能用简单的方法避免自己写作中的剽窃"。

上海市的先行改革，将成为全国大学英语教学改革的必然趋势。与此同时，教育部于2013年已启动制定新一轮的《关于进一步深化大学英语教学改革的指导意见》（征求意见稿），以进一步改革大学英语教学，同时对全国大学生英语四、六级考试作出全面的改革。

3.2 独立学院大学英语教学改革

作为全国大学英语教学的一个重要组成部分，独立学院的大学英语教学具有外语教学的共性，符合外语教学的普遍规律；但由于独立学院自身又具有建校历史短、办学经费不足、生源质量差、师资力量弱等明显的特征，独立学院的大学英语教学与一本、二本公办院校存在一定的差别，也存在更多的困难，需要结合独立学院的办学定位，针对独立学院学生的特点，采取符合独立学院现实条件的措施，提高教学质量，增强学生的英语运用能力。

3.2.1 独立学院大学英语教学的困境

独立学院一般都是在第三批本科招生录取，生源选择空间狭窄，由此而带来生源状况整体素质较低，学生的文化基础相对较差，英语基础普遍"欠账"；同时独立学院大学英语教学普遍只有十年左右的历史，师资力量薄弱，教学改革滞后，教学模式落伍；另外独立学院的教学条件和设施相对落后，缺乏校园英语环境和第二英语课堂，这些都限制了大学英语教学的改革发展和教学质量的提升。

学生方面

第一，独立学院的学生英语基础普遍较差，导致大学英语教学的起点较低。独立学院学生的高考总分一般与二本院校的学生相差较大，英语单科成绩也远远不能与公办本科院校的学生相比。据闫彤（2009）对张家界学院历年入学学生英语高考分数的统计来看，学生平均高考成绩为80分左右（满分150分）。依据2003年《普通高中英语课程标准（实验）》：七级要求（毕业要求），学生应掌握2 500个词汇；八级要求（高考要求），学生应掌握3 300个词汇。但根据闫彤（2009）对张家界学院2005级、2007级及2008级新生测试结果看，学生入学时平均词汇量少于1 500个（其中有30%的学生词汇量不足1 000个）。任容（2006）曾对浙江省绍兴文理学院元培学院2003级、2004级和2005级学生的英语高考成绩做过统计，其不及格率分别高达29.5%、61%和23.7%；陈冰冰（2010）对温州大学城市学院的2006级、2007级和2008级学生高考英语成绩的调查表明，不及格率也分别达到45.3%、30.7%和30.4%。笔者2013年对湖北省五所具有代表性的独立学院大学一年级和二年级的学生调查表明，高考英语（总分150分）单科成绩在120以上的仅为4.6%、110~120分的占17.8%、100~110分的占21.3%、90~100分的占23.8%、80~90分的占

12.1%、70~80分的占10.1%、70分以下的占10.3%。可见,独立学院的学生英语基础整体偏低,而且个体之间的差异较大,两极分化严重。

第二,独立学院的学生英语学习动力普遍不足,主动学习英语的积极性不高。绝大部分独立学院学生学习英语并不是出于内心的兴趣,而是迫于外部现实因素(比如父母要求、毕业条件、考四级、就业的需要)等,他们还处于"要我学",而不是"我要学"的地步。据间彤(2009)对张家界学院2008级3个班学生进行的调查发现,对于大学英语的学习,学生除了完成作业,自己还能经常学习的只有4%,只是偶尔看看课外书的占71%,根本没有任何课外学习的占26%。据任容(2006)对浙江省绍兴文理学院元培学院2004级、2005级(不包括英语专业、对外汉语专业)学生中随机抽取的300名学生(约占在校生1/10)的课外大学英语自主学习的状况做的调查结果显示,业余时间学生每天花在英语学习上的时间为:两小时以上的占4.93%,一到两小时的占22.53%,一个小时以内的占40.49%,基本不看的占32.05%。可见,独立学院的学生在课外自主学习英语的时间远远不够,基本不学英语的学生占到了近1/3,如果再加上每天学习不足一个小时的学生,总数就占到了近3/4。而目前大学英语的周课时为4节,每个单元的新词汇量达100个左右,加上大学英语的课后练习、课外听力等,这就要求每个学生必须有足够的课外时间自主学习大学英语。但事实上,独立学院许多学生由于每天花在英语学习上的时间很少,结果造成在课堂上跟不上进度,感觉大学英语课程没意思,也对大学英语没有兴趣,久而久之,学好大学英语的自信心就会严重不足,从而形成恶性循环。

第三,独立学院学生在英语学习的过程中使用英语学习策略的水平较低,导致学习的效率不高,学习质量不高。语言学习策略在英语学习过程中至关重要,但独立学院的学生英语基础较差,学习英语的积极性不高,课业成绩普遍不高。他们基本上按照高中英语学习的模式，很少考虑使用英语学习策略自主进行英语学习。在六大类英语学习策略类型中，独立学院学生最常使用补偿策略，最少使用情感策略。据李祖华和邹立（2007）的调查，只有16%的独立学院学生对自己的学习方法表示很满意或满意，其余的有43%的学生对自己的英语学习方法不满意，38%的学生无法做出判断。另据徐微（2010）对湖北省四所独立学院四个年级226名学生进行的调查，对于"学习是否有自己的计划"（单选），选择"老师需要时就制订计划"和"没有计划"的占到40.3%和34.5%，"有计划"的只占25.2%；对于"当你有自己的学习目标时，你是否想过要用什么方法来实现？"（单选），回答排序分别是"很少想这个问题"（47.5%）、"想过，但是不太清楚"（25.8%）、"没有想过"（15.3%）、"想过，并找到了自己认为最恰当的方法"（11.4%）；对于"当你学习总是不尽如人意时，你会怎么做"（多选）的回答，选择"继续努力"的占35.3%，选择"重新思考方法是否有问题"的占25.1%，选择"无所谓，不管它"的占20.3%，而选择"向老师和同学求助"的只占18.4%；当被问及具体的学习策略如预习、复习、练习的问题时（多选），选择"很少预习"、"老师要求就预习"的占到26.4%和23.1%，选择"老师布置作业就做作业"的占56.3%，而选择"自己经常复习和练习"的只占10.2%；对于"课余时间主要干什么"（多选），有46.7%的同学选择"上网、聊天、看电影、玩游戏"，选择"做与学习有关的事情"的只占25.3%。这表明独立学院非英语专业学生较少有学习计划，不主动思考，不习惯求助于别人；大学英语学习策略使用意识非常弱，英语学习方法滞后。这需要教师在教学过程中，要有意识地对学生进行学习策略培养，自然也给独立学院的大学英语教学带来了困难。

教师方面

第一，独立学院的大学英语教学一直面临着师资短缺的窘境。

近年来，随着独立学院的办学规模不断扩大，对教师的需求量也在不断增加，而现实的状况是大学英语教师的数量严重不足。目前大部分独立学院的大学英语教师每周课时都在20节左右，江汉大学文理学院外语学部的大学英语教师甚至每周达到28节之多。教师们平时每天均疲于奔波于课堂，很少有时间进行教学研究和科学研究，很少考虑如何改进自己的教学，教学质量也就难以提高。

第二，独立学院的大学英语教师队伍构成较为复杂，个体差异较大，难以统一管理。其教师队伍一般由这几部分构成：第一部分是独立学院自己招聘的专职专任教师队伍。这一部分教师大多是随着独立学院的设立而成长的，从教时间在10年以下，职称一般为讲师或助教，年龄大概为25~35岁。第二部分是校本部派遣而来的在职在岗的专职教师，他们的行政编制在校本部，而人却在独立学院工作，而且是全职工作。这一部分教师主要承担行政管理工作或行政、教学双肩挑。第三部分是公办院校的退休教师，他们均具有教授或副教授高级职称，从教时间较长，经验也较丰富，但年龄普遍较大，精力、体力和热情不如年轻人。第四部分是公办院校（主要是校本部）在职在岗的签约教授或副教授，他们未脱离公办院校的工作，但又同时担任独立学院的教学工作，身兼两职，他们职称较高，经验丰富，但可能会出现精力顾不过来的现象。第五部分是外聘教师，由社会名流或企事业有实践经验的工程技术人员组成，这支队伍是解决独立学院专任教师力量不足的后备力量，也是独立学院实践教学的骨干力量。多元化的师资队伍，有其有利的一面，但也难以管理。

第三，独立学院的大学英语教师队伍年龄结构不合理。多年来，独立学院的大学英语教师队伍一直呈现出"两头大、中间小"的"哑铃型"结构，老的老，小的小，缺乏中间骨干力量。但笔者于2013年在湖北省五所独立学院进行的调查表明，这一结构已有一定的改善，把五个部分组成的教师全部计算在内，60岁以上的占1.2%、50~60岁的占2.2%、40~50岁的占8.4%、30~40

岁的占 40.0%、30 岁以下的占 48.2%。另据程玮等（2010）对河南财经学院成功学院师资的调查，该校有 50 名英语教师，其中 47 名为 30 岁以下，占 94%，3 名为 50 岁以上，占 6%，更是表明独立学院的大学英语教师以年轻人为主。

第四，独立学院的大学英语教师队伍职称结构不合理。由于独立学院建校历史较短，年轻教师居多，所以教师的职称普遍偏低。高级职称的教师主要是退休、签约和外聘的教师，独立学院自己的专职教师则主要以讲师和助教居多。据笔者于 2013 年在湖北省五所独立学院进行的调查，教授占 6.5%、副教授占 5.6%、讲师占 71.2%、助教占 16.6%；而据程玮等（2010）的调查，河南财经学院成功学院的大学英语教师中，47 名为助教，占 94%，3 名为副教授，占 6%。可见，独立学院自己的专职教授和副教授极为缺乏。

第五，教师的课堂教学方法有待进一步提高。由于独立学院大学英语教学师资短缺，教师的主要任务是完成日常课堂教学，对独立学院大学英语教学的特点和规律等方面的理论和教育实践缺乏系统的研究，对英语教学的模式和特点缺乏创造性的探讨和实践；大多数教师仍然沿用"一言堂"、"满堂灌"的做法，学生主要是被动听讲，互动性教学开展得不好。例如，课文讲解还在沿用传统的教学程式，即领读、讲解生词、分析语法结构、翻译课文、做课后练习。这种以教师为中心的单一教学模式不利于调动学生的学习兴趣，不能有效达到提高培养学生实际运用语言能力的目的。同时，由于条件所限，教师在教学中很少应用现代教育技术，对有助于提高大学英语教学质量的录音、录像、电视、网络以及多媒体等课件的应用不多。在英语教学课堂上，现在仍然是一本教材、一块黑板、一支粉笔，影响了学生综合应用能力的培养和提高。在大部分独立学院，还没有实现向"以学生为主体、以教师为主导"教学模式的转变。多数教师没有及时更新知识、提高素质和增强能力，教学水平和教学质量也就很难得到明显的提高。

学校方面

第一，教学体系照搬"母体"学校，未能体现独立学院特色。独立学院的办学定位和最大的特色应该是培养"应用型"本科人才。教育部制定的《大学英语课程教学要求》提出，"大学英语教学的目标是培养学生的英语综合应用能力，特别是听说能力，使他们在今后的工作和社会交往中能使用英语有效地进行口头和书面的信息交流"。若将该目标与独立学院应用型人才培养的目标进行交叉，不难看出，独立学院大学英语教学的目标是培养学生在未来的职场环境中使用英语的能力，培养以英语作为交际工具的应用型人才（韩红建，2013）。"大学阶段的英语教学要求"分为三个层次，即一般要求、较高要求和更高要求。独立学院的大学英语教学目标应该定位于一般要求，即在听、说、读、写、译等方面符合一般要求；而重点在"应用型"方面建立起特色。但独立学院的整套教学系统，包括专业设置、全程培养方案、教学大纲、教学目标和教学评价等，基本上都是移植"母体"学校的。可是独立学院的"母体"学校都是一本、二本院校，它们注重理论和学术研究，目标是培养复合型人才，"大学阶段的英语教学要求"也是较高要求或更高要求。这样一套模式，对独立学院的学生来讲，显然是不切实际的，也势必给教师的课堂教学带来"拉不动"的效果，严重影响了教学质量。与此同时，独立学院本身应有的特色和优势却没有发挥出来。

第二，课程体系未能体现应用型人才培养目标。大学英语课程体系的构建就是对不同类型的英语课程进行设置和决策的过程。课程体系的构建，必须以课程设置和课程体系构建的理论为指导，确保课程设置和课程体系构建的必要性与合理性，顺应大学英语教学改革的潮流，彰显不同学校的人才培养特色（韩红建，2013）。独立学院的人才培养特色是"培养应用型本科人才"；但如前所述，独立学院的课程体系大部分是移植"母体"学校的，自然也无法体现应用型人才培养目标。

第三，教学班级人数过多，难以保证教学质量。由于独立学院大学英语教师人数有限，同时也为了节约成本，大学英语课堂往往跟政治类课程一样进行合班上课，导致教学班级人数过多。据调查，独立学院中的英语教学班都在 40 人以上，有的教学班人数竟在 70 人以上（徐竹青等，2007）。据笔者对湖北省五所独立学院进行的调查，大学英语教学班级一般也都在 50 人左右。这种大班上课的形式，既不利于调动和发挥学生自主学习的积极性，也违背了语言学习的规律，更不利于学生英语综合实际应用能力的培养，难以保证教学质量。

第四，教学条件有待改善。目前不少独立学院还没有全部配备多媒体教室，尚未构建起英语教学的网络环境，也没有建立起学生自主学习室；教师没有条件进行新教学模式的有益尝试，学生也还在传统教学模式下进行学习。甚至还有不少独立学院的大学英语课程只是使用传统的黑板、粉笔和录音机，更谈不上购买相关学习软件，导致教学效果较差。这已成为当前独立学院大学英语教学改革顺利进行的瓶颈，在很大程度上限制了学生自主学习能力的提高，从而影响教学效果和教学质量。

第五，教学评价未能适应"应用型"本科人才培养的要求。教学评价是检查、督促、评估、改革教学、保证教学质量的重要手段，同时其评价的指标对于改革的方向和成效具有重要的指导作用。独立学院的教学评价应该加大对学生应用知识的评估，以适应独立学院"应用型"人才培养的需要。但目前，不少独立学院仍然延续"母体"学校的评价模式，采用"应试教育"的方式，只对学生的大学英语学习进行终结性考核，导致"应试"教学的状况没有得到根本的改变，学生的知识应用能力没有进行有效的检测，对学生的英语学习策略、英语交际能力以及实际应用能力缺乏考核，容易使学生对英语学习产生错误的认知和厌学心理，不利于学生的英语综合运用能力的培养，与独立学院的"应用型"人才培养目标不一致。

3.2.2 独立学院大学英语教学的出路

独立学院的大学英语教学的改革，必须要符合外语教育教学的客观规律和全国大学英语教学改革的总体思路，又必须要满足独立学院办学定位和人才培养目标的需要，这两者结合起来就是独立学院大学英语教学的定位，也是唯一的出路。教育部《大学英语课程教学要求》提出，"大学英语教学的目标是培养学生的英语综合应用能力，特别是听说能力，使他们在今后的工作和社会交往中能使用英语有效地进行口头和书面的信息交流"。将该目标与独立学院应用型人才培养的目标进行交叉分析，可以看出，独立学院大学英语教学的目标则是培养学生在未来的职场环境中使用英语的能力，培养以英语作为交际工具的应用型人才（韩红建，2013）。

第一，要明确独立学院大学英语教学的定位和目标，重基础、重应用。独立学院是介于一本、二本院校和高职高专学校之间的"应用型"本科院校，所以其教学体系既不同于高职高专学校，也不能照抄照搬"母体"学校。独立学院的大学英语教学，应着重培养学生的英语综合应用能力，在听、说、读、写、译等技能方面达到《大学英语课程教学要求》中规定的一般要求，少数基础较好的学生应该达到较高要求。注重英语综合应用的训练，这是独立学院大学英语教学的核心和关键，也是与其他院校的本质区别。这就要求教师在日常教学过程中，要改变传统的教学模式，不能实行"满堂灌"的理论，而要加强英语技能的训练；同时，要结合学生的专业，有意识地向专业英语的方向靠拢。当然，针对独立学院学生英语基础较弱的现实，在教学过程中也要加强词汇、语法等基础知识的弥补和训练。

第二，要构建符合独立学院大学英语教学目标的课程体系。为了达到既打基础、又要提高英语应用能力的目标，设计一套有针对性的大学英语课程体系至关重要。在目前各独立学院大学英语课程

16个左右必修学分的基础上,要适当增加选修学分,形成"综合英语的基础类课程"、"语言技能的拓展类课程"和"专业英语的应用类课程"三个课程模块。做到英语学习不断线,体现"基础性、应用性、行业性、立体化"的特点,按照"基础→应用→提高"的总体思路整体推进。具体的参考课程体系见表3-1。

表3-1 独立学院大学英语课程体系

学期	目标	必修课程名称(学分)	选修课程名称(学分)
第1学期	打基础	综合英语1(4学分)	英语语音(1学分)
第2学期	打基础	综合英语2(4学分)	英语语法(2学分)
第3学期	打基础	综合英语3(4学分)	英语词汇(2学分)
第4学期	技能训练	英语听说(4学分)	英语口语(2学分)
第5学期	英语应用		英汉翻译(2学分) 英语写作(2学分)
第6学期	英语应用		各类专业英语(2学分)

当然,有条件的学校或者对于英语有独特需要的专业,在第7学期还可以继续开设专业英语的选修课。

同时,除了课内教学之外,还要加强课外实践教学,构建浓厚的校园英语学习氛围,检验和评估学生的英语应用能力。开展英语课外实践环节,构建实践教学体系。课外实践教学的开展应贯彻"课内布置,课外实践,过程指导,以赛促学,纳入考核"的理念和原则(韩红建,2013),每周举办一次英语角活动,每学期举办一次英语周活动,每年举办一次英语演讲比赛、英语写作大赛和英语翻译大赛,在学生中不断掀起学英语的热潮,以赛促学,课内课外形成良好互动。

第三,要建设一支适应独立学院大学英语教学需要的教师队伍。独立学院大学英语教学改革的成败关键就在于教师队伍建设。要结合独立学院的办学定位和大学英语教学目标的要求,建立一支精干、专兼结合、专长明显的大学英语教师队伍。在人员构成上，要以自己的专职教师为主，聘用"母体"学校和其他高校的兼职教师为辅。其中，自己的专职教师也可由大学英语教师和英语专业教师两部分组成，因为《英语语音》、《英语语法》、《英语口语》、《英语写作》、《英语翻译》等选修课程，最好由英语专业的教师承担，而大学英语教师则主要承担《综合英语》的教学任务。根据上述的"独立学院大学英语课程体系"，教师承担的教学任务可见表3-2：

表3-2　　　独立学院大学英语教学任务表

学期	必修课程名称（学分）（承担的教师）	选修课程名称（学分）（承担的教师）
第1学期	综合英语1（4学分）（专职或兼职的大英教师）	英语语音（1学分）（专职或兼职的英专教师）
第2学期	综合英语2（4学分）（专职或兼职的大英教师）	英语语法（2学分）（专职或兼职的英专教师）
第3学期	综合英语3（4学分）（专职或兼职的大英教师）	英语词汇（2学分）（专职或兼职的英专教师）
第4学期	英语听说（4学分）（专职或兼职的英专教师）	英语口语（2学分）（专职或兼职的英专教师）
第5学期		英汉翻译（2学分）（专职或兼职的英专教师）英语写作（2学分）（专职或兼职的英专教师）
第6学期		各类专业英语（2学分）（专业课教师）

所以，独立学院的大学英语教师队伍建设要以此为纲，按照这一需求和分工来招聘和培养教师，在优胜劣汰的基础上要保证教师

主体的稳定性，避免教师流动过于频繁。同时，学院还应该定期对青年教师进行教学方法、教育心理学、教学理念等方面的培训，多为青年教师提供进修深造的机会，以提升教师自身的素质和修养，尽快优化英语师资队伍的学历结构和职称结构，努力提升队伍的教学和科研能力。

第四，独立学院大学英语教学应该采取分级教学。"分层次教学"思想源于孔子提出的"因材施教"。因材施教是公认的优秀传统教学原则之一，它贯穿于我国古代教学史。而独立学院学生英语基础参差不齐，如果不加区分地在一个大班集中授课，势必难以把握教学的难易程度和学生的个体需求，实际教学效果和教学质量也不会理想。根据学生的英语基础实际状况，确定不同的教学目标、教学方法和教学内容，给予不同的辅导，组织不同层次的考查、评价，使每个学生人人有兴趣，个个有所得，在各自的"最近发展区"得到最充分的发展，从而提高全体学生的素质，以达到最佳的授课和学习效果（刘斌，2010）。可以根据学生的高考英语成绩，或者再次组织入学后摸底考试，将学生分成快（或 A 级）、中（或 B 级）、慢（或 C 级）三个层次，每个层次再分成若干个教学班级（尽量以同一专业或者同一院系相近专业编班）。其中，快班重英语应用能力的训练，慢班重英语基础知识的弥补，中班两者兼顾；快班以"听说领先"的教学方法为主，慢班则以课堂讲解与训练为主，中班两者兼顾。同时，还要实行"优胜劣汰"的机制，期末考试成绩公布以后，慢班中排在前 5% 的学生下学期可以晋升到中班，中班中前 5% 的学生晋升到快班；而快班中排在后 5% 的学生应该降到中班，中班中排在后 5% 的学生应该降到慢班。这样，给学生带来一定的动力和压力，促使他们努力学习。

第五，独立学院的大学英语教学要改进课堂教学模式，增强教学课堂的活力。教学模式的改变不仅仅是教学活动或教学手段的转变，而且是教学理念的转变，是实现从以教师为中心、单纯传授语言知识和技能的教学模式，向以学生为中心、注重培养学生语言运用能力和自主学习能力的教学模式的转变。教师的角色,要摒弃"一言堂"、"满堂灌"的"独角戏",转向教学活动的组织者、引导者、鼓励者、帮助者、评估者和监督者,要充分发挥教师在课堂教学中的主导作用和学生的主体角色,要把以"教"为重心逐渐转移到以"学"为重心,促使学生爱学习,会学习,养成良好的学习习惯。可采用师生问答、小组讨论、两两对话、个人展示和角色扮演等方式,创设真实的语言交际环境,使学生在说英语、用英语的氛围中主动学习和掌握英语。同时,还应重视和加强实践性教学环节,根据学生的学习需求、专业背景和职业发展,着力培养他们探究和解决问题的能力、勤于思考和善于实践的能力以及个性化的自主学习能力。例如,通过模拟职业情景等活动加强学生的职业英语交际能力,使教学过程更好地与所学专业和就业预期相结合,这对于独立学院培养面向经济和社会发展、具有语言能力优势的应用型人才是十分必要的(孙璐,2012)。

第六,改进教学评价模式,突出英语综合应用能力的考核。独立学院大学英语教学目标是提高学生的英语综合应用能力,那么教学评价就必须要紧紧围绕这一目标展开。对学生的学习评价要彻底摒弃期末一张试卷定成绩的做法,要加大形成性评估,关注日常英语学习的情况和效果,尤其是要突出英语应用能力的检测,每次测试都要对学生在英语听、说、读、写、译等方面的能力做出评价,指出弱项和今后努力的方向和路径,促使学生一个阶段一个阶段地提高。对于教师评价,要以学生的感受为主,同时结合督导、领导和同事的听课反应,做出综合评价。评价的权重可参考如下比例:学生打分占50%,督导听课打分占30%,领导听课打分占10%,同事听课打分占10%。这样对一名教师的教学评价就会做到客观公正。同时,也要对学生所在的院系教学管理进行评价,因为日常的教学管理对于学生学习英语的积极性和大学英语教学质量的提高也具有一定的影响。评价的权重可参考如下比例:任课教师打分占50%,督导打分占30%,学生打分占 20%。这样有助于凝聚各方面的力量，强化各方面的通力配合，共同搞好大学英语教学，促进教学质量的提高。具体评价权重如表 3-3 所示。

表 3-3　　　　独立学院大学英语教学评价权重表

评价对象	评价构成及权重比例
学生	期末考试 50% +课堂表现 10% +参与课外英语实践活动 20% +平时学习实践效果 20%
教师	学生打分 50% +督导听课打分 30% +领导听课打分 10% +同事听课打分 10%
所在院系	教师打分 50% +督导打分 30% +学生打分 20%

第七，独立学院应该加大硬件建设投入，改善教学条件。教育部制定的《大学英语课程教学要求》明确规定，新的教学模式应以现代信息技术为支撑，使英语教学朝着个性化学习、不受时间和地点限制的学习、主动式学习方向发展。所以，独立学院要对全校的大学英语学习环境进行整体规划，为大学英语教学提供有利的环境和硬件支撑。首先是授课的教室要配备多媒体和网络，做到读写课使用多媒体教室，听说课使用语音室；其次是要建立全校的英语自主学习中心，并装备分门别类的英语学习软件，保证每名学生每周能够上机学习 2~3 个小时；还有，全校要建设专门的大学英语学习网站，供全校的学生学习和交流，也供教师进行通知发布、作业布置、在线考核和答疑反馈；最后，图书馆要购买、收藏各种英语图书和报纸杂志。独立学院为了评估转制的需要，"生均适用图书，理、工、农、医类应不低于 80 册，人文、社会科学类和师范院校应不低于 100 册，体育、艺术类应不低于 80 册"①。独立学院

---

① 《普通本科学校设置暂行规定》，教育部二〇〇六年九月二十八日制定。

在购买藏书时,应该对英语类书籍有所偏重,除了满足日常英语教学的需要,还要购买、订阅西方社会与文化、英语口语、英语听力、四六级考试等方面的书籍和报刊。所以,独立学院董事会及校领导要重视校园英语环境的建设,尤其是对于硬件的建设,要逐步加大资金投入;外语院系的教师要积极组织和参加,发挥主导作用,把校园英语环境建设与外语教学改革结合起来,号召和要求全体学生加强课外英语自主学习,指导学生参加课外英语第二课堂,以切实提高他们的英语实际运用能力。

总之,独立学院的大学英语教学改革,随着独立学院的转制评估和国家关于支持民办高校一系列政策的出台,正处于大变革的关键时期,面临着前所未有的机遇和挑战。大学英语教学一定要紧紧围绕学校的办学定位和人才培养目标,打牢学生的英语基础,突出学生的英语综合应用能力提升,凝聚各方面的力量,加强师资队伍建设,锐意改革,制定出符合独立学院特色的大学英语教学大纲,才能出成效,才能真正满足社会和学生对应用型本科人才英语能力的需求,独立学院的大学英语教学才能走出困境,找到改革的出路。

4. 案例院校基本情况

湖北省是教育大省。据统计，湖北省 2013 年在校大学生数量已经超过 100 万人，位居全国第一，综合科研实力位居全国前三；高校数量达到 135 所，其中一本、二本普通本科院校 39 所，专科院校 54 所，独立院校 26 所，民办高校 16 所①。据教育部 2013 年 6 月公布的数据，全国共有 292 所独立学院，而其中湖北省就有 26 所，约占全国的 1/11。在湖北省 26 所独立学院中，既有以文科为主要特色的院校（如中南财经政法大学武汉学院、湖北工业大学商贸学院、武汉纺织大学外经贸学院、湖北经济学院法商学院、华中师范大学武汉传媒学院），也有以理科为主要特色的院校（如华中科技大学文华学院、武汉理工大学华夏学院、三峡大学科技学院、湖北工业大学工程技术学院、武汉工程大学邮电与信息工程学院），当然更多是文、理兼具的综合性院校（如华中科技大学武昌分校、武汉科技大学城市学院、江汉大学文理学院、中国地质大学江城学院、武汉大学珞珈学院）。本章将首先介绍湖北省独立学院的基本情况，然后重点介绍本研究选取的五所案例院校，最后介绍本研究的学生样本信息，为后面的具体分析提供背景信息。

---

① http://tieba.baidu.com/p/2128302909.

4.1 湖北省独立学院概况

湖北省是一个教育大省,是中国第三大教育资源聚集区;湖北高校众多,师资力量雄厚,退休教师带来大量的富余师资力量,为独立学院的师资提供了保障(郑涛,2010)。湖北省的独立学院起步并不是最早的(起步于1999年),但发展比较迅猛,尤其是2003—2006年。经过短短十多年的发展,湖北省已经成为独立学院大省强省。湖北省最多的时候有31所独立学院,近年来相继有5所独立学院转设为民办高校(武汉工业学院工商学院→武昌工学院、中南民族大学工商学院→武汉长江工商学院、华中师范大学汉口学院→汉口学院、武汉大学东湖分校→武汉东湖学院、武汉科技大学中南分校→武昌理工学院),现仍有26所独立学院。见表4-1:

表4-1　湖北省独立学院一览表(截至2013年6月)

序号	名称	学校网址	办学地址
1	华中科技大学武昌分校	www.hustwb.edu.cn	武汉市武昌狮子山街特1号
2	华中科技大学文华学院	www.hustwenhua.net	武汉市武昌东湖路150号
3	中南财经政法大学武汉学院	www.whxy.net	武汉市洪山区雄楚大道666号
4	武汉理工大学华夏学院	www.1957.cn	武汉东湖新技术开发区关山大道589号
5	湖北大学知行学院	www.hudazx.cn	武汉市谌家矶兴谌大道特1号

4. 案例院校基本情况

续表

序号	名称	学校网址	办学地址
6	三峡大学科技学院	kjxy. ctgu. edu. cn	湖北省宜昌市大学路18号
7	武汉科技大学城市学院	www. city. wust. edu. cn	武汉市东湖生态旅游风景管理区黄家大湾一号
8	湖北工业大学工程技术学院	gcxy. hbut. edu. cn	武汉市武昌南湖李家墩一村
9	湖北工业大学商贸学院	www. hugsm. e21. edu. cn	武汉市洪山区雄楚大道634号
10	武汉工程大学邮电与信息工程学院	www. witpt. edu. cn	武汉市洪山区卓豹路366号
11	武汉纺织大学外经贸学院	cibe. wtu. edu. cn	武汉市东湖梨园渔光村特1号
12	江汉大学文理学院	www. jdwlxy. cn	武汉经济技术开发区博学路9号
13	湖北汽车工业学院科技学院	kjxy. qcxy. hb. cn	湖北省十堰市车城西路133号
14	湖北经济学院法商学院	fsxy. hbue. edu. cn	武汉江夏藏龙岛科技园区杨桥湖大道8号
15	武汉体育学院体育科技学院	www. kjxy. wipe. edu. cn	武汉市江夏区藏龙岛科技园区环岛大道
16	湖北师范学院文理学院	www. wlxy. hbnu. edu. cn	湖北省黄石市团城山桂林南路
17	湖北工程学院新技术学院	www. hbeutc. cn	孝感市学院路158号
18	湖北民族学院科技学院	hbmykjxy. com	湖北省恩施市学院路39号

续表

序号	名称	学校网址	办学地址
19	湖北医药学院药护学院	yhgj.hbmu.edu.cn	湖北省十堰市人民南路30号
20	湖北文理学院理工学院	www.hbasstu.net	湖北省襄阳市襄城区尹集东街28号
21	中国地质大学江城学院	www.jccug.com/index.aspx	武汉市江夏区纸坊街熊廷弼路
22	长江大学文理学院	wlxy.yangtzeu.edu.cn	湖北省荆州市郢都路27号
23	长江大学工程技术学院	gcxy.yangtzeu.edu.cn	湖北省荆州市学苑路199号
24	华中师范大学武汉传媒学院	www.whmc.edu.cn	武汉市江夏区藏龙岛凤凰大道特1号
25	华中农业大学楚天学院	www.hnctxy.com	湖北省武汉市江夏区藏龙岛开发区杨桥湖大道1号
26	武汉大学珞珈学院	luojia-whu.cn	武汉市洪山区新路村1号

从地域分布来看，这26所独立学院分布为武汉市17所、宜昌市1所、十堰市2所、黄石市1所、孝感市1所、荆州市2所、襄阳市1所、恩施市1所。

从中国校友会发布的全国独立学院排行榜来看，湖北省独立学院整体实力较强，排名前十名的独立学院至少有2名是湖北省的，最多的时候是2007年湖北省有5所独立学院入选前十名，从2010年至2013年每年均有3所入选前十名，而且华中科技大学武昌分校一直稳居第一。具体见表4-2：

4. 案例院校基本情况

表4-2　　2010—2013年全国独立学院排名前十名名单

2013年全国独立学院排名前十名

名次	学校名称	所在省市	总分	办学设施	人才培养	综合声誉
1	华中科技大学武昌分校	湖北	100.00	100.00	100.00	97.58
2	华中科技大学文华学院	湖北	98.68	98.52	98.99	96.02
3	吉林大学珠海学院	广东	97.95	97.86	97.62	96.20
4	浙江大学城市学院	浙江	97.55	92.49	98.94	100.00
5	四川大学锦江学院	四川	96.27	97.86	96.97	90.72
6	云南师范大学商学院	云南	95.79	96.75	96.96	90.36
7	燕山大学里仁学院	河北	95.35	94.93	95.89	92.78
8	武汉科技大学城市学院	湖北	95.24	94.88	96.45	91.60
9	北京师范大学珠海分校	广东	95.19	91.06	98.19	93.97
10	河南理工大学万方科技学院	河南	93.71	96.91	92.26	89.27

2012年全国独立学院排名前十名

名次	学校名称	所在省市	总分	办学设施	人才培养	综合声誉
1	华中科技大学武昌分校	湖北	100	100	99.65	100
2	华中科技大学文华学院	湖北	98.48	96.35	96.02	96.27
3	海南大学三亚学院	海南	98.41	97.79	96.68	93.03
4	吉林大学珠海学院	广东	98.38	95.98	96.68	95.41
5	北京师范大学珠海分校	广东	98.31	93.04	100	94.12
6	四川大学锦江学院	四川	97.66	98.81	94.74	91.77
7	燕山大学里仁学院	河北	97.47	96.15	95.91	92.88
8	浙江大学城市学院	浙江	96.97	91.08	97.01	96.23
9	云南师范大学商学院	云南	96.31	95.86	94.94	90.34
10	武汉科技大学城市学院	湖北	95.61	94.74	93.36	91.64

续表

2011年全国独立学院排名前十名

名次	学校名称	所在省市	总分	办学设施	人才培养	综合声誉
1	华中科技大学武昌分校	湖北	100	100	96.62	100
2	北京师范大学珠海分校	广东	97.67	97.91	97.98	92.38
3	华中科技大学文华学院	湖北	97.31	95.89	96.31	96.13
4	浙江大学城市学院	浙江	97.03	93.12	100	93.81
5	海南大学三亚学院	海南	94.48	92.83	93.28	94.00
6	四川大学锦江学院	四川	93.52	93.54	92.95	89.96
7	燕山大学里仁学院	河北	93.34	92.61	93.32	90.06
8	吉林大学珠海学院	广东	93.09	92.67	93.59	88.67
9	云南师范大学商学院	云南	93.04	92.62	92.85	89.55
10	武汉科技大学城市学院	湖北	92.60	92.89	92.58	87.94

2010年全国独立学院排名前十名

名次	学校名称	所在省市	总分	办学设施	人才培养	综合声誉
1	华中科技大学武昌分校	湖北	100	100	96.41	93.59
2	浙江大学城市学院	浙江	98.85	95.23	100	91.04
3	北京师范大学珠海分校	广东	98.42	96.89	96.37	92.17
4	浙江大学宁波理工学院	浙江	97.26	95.67	96.34	89.67
5	华中科技大学文华学院	湖北	96.23	92.93	93.96	92.97
6	海南大学三亚学院	海南	95.71	91.97	92.86	93.89
7	燕山大学里仁学院	河北	95.32	92.87	93.97	89.71
8	武汉科技大学中南分校	湖北	95.29	89.09	90.17	100
9	四川大学锦江学院	四川	91.83	91.86	91.45	82.17
10	云南师范大学商学院	云南	91.70	88.65	91.34	85.98

资料来源：新浪教育网http://edu.sina.com.cn/gaokao/

从上表中可以看出，华中科技大学武昌分校、华中科技大学文华学院从2010年至2013年一直处于全国前十名，武汉科技大学城市学院从2011年至2013年一直处于全国前十名，可见湖北省独立学院具备较强的实力。

4.2 五所案例院校简介

本研究选取湖北省具有代表性的五所独立学院，有以理工类为主的院校（华中科技大学文华学院、武汉理工大学华夏学院），有以文科类为主的院校（中南财经政法大学武汉学院），也有综合性的院校（中国地质大学江城学院、江汉大学文理学院）；有排名靠前的，有居中的，也有靠后的：据2013年1月9日中国校友会网发布的《2013中国大学评价研究报告》，在全国独立学院排名中，华中科技大学文华学院排名第2、武汉理工大学华夏学院排名第28、中南财经政法大学武汉学院排名第35、中国地质大学江城学院排名第44、江汉大学文理学院则排名靠后①。所以，本研究选取的五所独立学院具有较强的代表性。

4.2.1 中南财经政法大学武汉学院②

中南财经政法大学武汉学院是教育部批准成立的一所包含经济学、管理学、法学、文学、理学、工学、艺术学七大学科门类的普通高等教育学院，实施全日制普通本、专科学历教育。学院下设财会系、法律系、工商管理系、金融系、经济系、外语系、新闻传播系、信息系、艺术系共9个系和一个部即公共课部，现开设有本科

---

① http://edu.sina.com.cn/gaokao/2013-01-09/1047368499.shtml? fr＝hao10086.com.

② 中南财经政法大学武汉学院主页 http://www.whxy.net/aboutschool.aspx.

专业（含方向）32个、专科专业9个，现有在校学生10 200余人。

学院积极探索办学管理机制和育人模式，以教学为中心，把提高教学质量作为学院发展的生命线，建立健全了教学质量评估、监控和保障体系，成立教学督导室，聘请学科专家教授每天深入课堂，检查和指导教学；重视基本理论训练、重视实践教学环节，培养"技能过硬、特长突出、素质优良、行为规范"，具有创新能力、实践能力与创业能力的应用型、实用型、专业化人才。学院大力推进专业建设、课程建设与教材建设，着力打造专业与学科特色，形成了教学管理的制度化、规范化、科学化，形成了教风与校风良性互动、学风与班风相互促进的格局。学院出台了以优厚条件引进人才的方案，筑巢引凤，招贤纳士，高起点打造师资队伍，除学科带头人外，还从海内外引进50余名博士，加上在读博士，目前已拥有博士及准博士近70名，是独立学院中拥有高学历、高学位教师最多的大学。同时合理调整师资队伍结构，逐步提高师资队伍的整体素质，大力开展一流的师资队伍建设。一年多来，学院已获得20多项省部级教学研究项目立项，其中有2项属于国家社科基金的青年项目，实现了学院国家级科研项目零的突破。学生方面，高分新生入学可惠免学费，学生考研上线率逐年提高，有不少学生多次获得校外各级各类比赛的优秀名次，近几年毕业生就业率都在90%以上，已就业的毕业生得到大多数用人单位的好评。

武汉学院十分注重学生思想政治教育工作，除专职辅导员外，还聘请一批社会名流作社会导师。在培养学生学会学习、学会做人、学会生活、学会工作上寻找切入点，以人为本，全方位管理学生的日常行为、学习纪律、思想政治等，切实加强学生传统思想品德教育，养成学生高尚的人文情怀和良好的公民意识；重视"第二课堂"和社会实践活动，挖掘学生潜力，发挥学生特长，努力提高学生综合素质；重视学生就业工作，以就业服务为突破口，党政齐抓共管，努力办让学生满意、让家长满意、让社会满意的大学。为了鼓励学生勤奋学习、拼搏创新，武汉学院有较为完善的奖助学措施，设有"陈一丹奖学金"、"松海教育基金"，同时每年有300万元左右的优秀学生奖学金，品学兼优的贫困学生还可以享有国家奖学金、励志奖学金、贫困生助学金和专门为贫困生设立的勤工俭学岗位。武汉学院党校定期组织学生参加培训，积极发展学生党员，提高学生的思想政治觉悟，为社会主义现代化建设培养有理想、有道德、有文化、有纪律的接班人。学院注重营造高雅的校园文化氛围，每年定期举行"校园文艺展示月"、"校园体育节"、"社团文化节"等系列活动，为创建和谐校园、人文校园起到了良好的导向作用。学院学生组织有大学生艺术团、文学艺术联合会、校园之声广播站、体育协会、书法协会、英语协会、计算机协会、音乐舞蹈协会、动漫协会、创业者协会等20多个社团组织，他们开展了丰富多彩的社团活动，培养了一批在武汉地区高校有影响力的社团骨干，校园文化欣欣向荣。

4.2.2 华中科技大学文华学院①

华中科技大学文华学院创办于2003年5月，为普通全日制高校。

办学宗旨

文华学院创办以来，始终坚持"育人为本、质量第一"的办学宗旨，确定了"以学生为中心"的办学理念。学校努力探索为每个学生提供适合的教育，探索多样性创新人才培养模式，实施个性化教育，努力营造有利于创新型、应用型人才健康成长的校园环境与氛围。

---

① 华中科技大学文华学院主页 http://www.hustwenhua.net/xygk/xyjj/201311/8027.html.

办学目标

经过三十年的努力,"十年建校、十年发展、十年提高",把学校建设成为国内有较高知名度,在国际上有一定影响的多科性、应用类、教学型民办大学。以培养具有竞争力和创业能力的高素质专业人才为培养目标。

学校发展定位

学校发展战略:在立足湖北、服务国家中部崛起基础上,克服同质化倾向,走差异化发展之路,找准自身的位置、选择适宜的人才培养模式、突出自己的优势和特色;充分发挥比较优势,并转化为学校的核心竞争力,确立学校在全国同类高校中的领先地位。

学历学位

学校对符合国家学籍管理规定、成绩合格的毕业生颁发华中科技大学文华学院毕业证书;符合学士学位授予条件者,授予华中科技大学文华学院学士学位。

专业设置

学校现有普通全日制在校生 14 000 多人,其中本科生 11 000 多人,专科生 3 000 人。设置了本科专业 36 个、专科专业 10 个,涵盖工、管、文、法、经、艺术 6 大学科门类,初步形成"工学为主,多学科协调发展"的学科专业发展格局。学校面向全国 27 个省、市招生,还与美国、英国、加拿大、澳大利亚等国家的多所著名高校建立了校际合作关系。

师资力量

学校在华中科技大学的帮助和指导下,建立了科学的教学质量监测和评估体系。学校拥有一支专业水平过硬、教学经验丰富、职称年龄结构合理的师资队伍。现有专任教师850人，其中正高职专任教师102人，具有副高级及以上专业技术职务的教师占专任教师总数的40%，拥有博士和硕士学位的占64%。

学校教师学术梯队建设规划科学合理，措施得力，形成了合理的学术梯队，一批"国家教学名师奖"获得者、名教授担任学术领头人、学科专业负责人，上课堂讲课。学校还聘请了华中科技大学等名校在职教师500余人兼职任教。

特色学科建设

学校十分重视特色专业和精品课程的建设，现有精品课程10门、在建7门、立项3门。《微积分》、《大学物理》被评为学校精品课程和优质课程。还有1个湖北省重点学科、2个湖北省独立学院重点培育专业、1个湖北省普通本科高校"专业综合改革试点"项目、1个湖北省战略性新兴（支柱）产业人才培养计划本科项目和1门湖北省精品课程。

科学研究

学校坚持科研与教学的紧密结合与相互促进，以发展应用研究为主线，采用"夯实基础，强化应用，错位竞争，特色发展"的策略，加强科研基础条件和人才队伍建设，凝练科研方向，培育科研特色，创新科研管理体制与管理机制，主动服务地方经济和社会发展。

截至2012年年底，学校教师科技成果共计663项；公开发表论文628篇，其中核心期刊以上论文204篇，三大索引收录43篇，获奖论文20篇；出版著作4本，获奖1本；设计发表作品19件，获奖18件；获国家实用新型专利5件；科技成果奖6项。

目前，学校教师共承担教育部、省教育厅以及企事业单位课题共计43项，其教师参加校级及以上教研、科研比例达到89%；教师通过参加教研、科研工作，促进了教学质量不断提高，成效明显，科研经费达到省内同类高校的先进水平。

教育特色

文华学院大胆创新教育理念，改革人才培养模式，逐步在形成个性化教育特色。2013年3月，学校《独立学院本科学生个性化教育的探索与实践》科研课题获第七届湖北省高等学校教学成果一等奖。

学校制定个性化教育的目标，探索给每个学生提供最合适的教育，培养有个性的创新人才。发掘学生"潜能"，进行"立志"教育，创设"发展空间"；从专业特色培育开始，进行课程模块、结构及课程内容的重构；制定新的个性化人才培养方案，量身定制培养计划，实施个性化课表。学校在本科学生中，探索实践个性化教育的有效路径和方法，初步构建了"一个中心，三个关键，五个注重"的个性化教育体系。

学校实行了潜能导师制，充分挖掘大学生的优质潜能，激发学生的学习主动性和创造性。从2009年到2012年，该校共聘请了三批824名潜能导师与学生交朋友，提高了学生的素质，激发了学生的潜能。

学校设立了"大学生创新基地"，一批大学生"创新工作室"应运而生，培养了学生的动手能力和创新思维，每年一大批优秀人才参加全国和省市组织的电子设计大赛等竞赛，获各级奖励和实用技术专利数百项。

人才培养成绩

据不完全统计，2008年至2011年，文华学院学生在参加国家级和省部级各类学科知识、技能竞赛活动中，共获得奖励1 181项，还获全国性科技文化竞赛奖项共计454人次。2012年，学生共获全国性学科知识与技能性竞赛特等奖2项、一等奖50项、二等奖87项。

近三年来，学校学生全国大学英语四级考试（CET-4）的通过率超过80%。2009年至2012年，该校考研录取率占应届本科毕业生比例，从13.4%、15.6%、16.4%到17.59%，一直保持上升。其中考入北京大学、武汉大学、华中科技大学等国家"211"、"985"重点大学的人数占录取人数的近一半。

文华学院的毕业生有较强的竞争优势，连续四年来，毕业生初次就业率一直保持在90%以上。2009年学校被新华社《瞭望》周刊杂志社等国家权威传媒机构评选为全国民办高校毕业生竞争力调查《年度十佳样本院校》。用人单位普遍评价文华学院的毕业生"综合素质高、专业知识扎实、实践动手能力强"；称赞其"留得住、用得着、成长快"。

4.2.3 武汉理工大学华夏学院[①]

武汉理工大学华夏学院设有机电工程系、汽车工程系、土木与建筑工程系、信息工程系、化学与制药工程系、经济与管理系、人文与艺术系、外语系共八个系及思想政治课部、体育课部。现有33个专业，形成了以工为主，工、经、管、文、艺等学科协调发展的专业结构，现有在校生12 000余人。

学院依托武汉理工大学优质教学资源，始终坚持"育人为本，质量至上"的办学宗旨和"质量求生存、管理求规范、特色求优势、创新求发展"的办学理念，以教学和培养人才为中心，努力提高教育教学质量和办学水平，着力培养有较扎实的基础理论、较强的专业知识和实践能力、有健康的心理素质和创新精神的应用型人才。

学院师资力量雄厚，拥有专任教师712人。其中副高级以上职称占30%，博士、硕士以上学历占67%。

为加强学生专业知识的学习和实践能力的培养，学院每年投入

---

① 武汉理工大学华夏学院主页 http：//www.1957.cn/modules-645.html.

1 000余万元建设实验室,广泛开展校企合作,积极探索多形式校企合作培养模式,建立人才培养的新途径。近年来,学院与东风汽车、三江航天、武重集团、江钻股份、元丰汽车零部件公司等数百家国内知名企业签订了校企合作协议;与安徽华茂集团、天风证券、东风精铸等企业签订了定向培养协议,开启了校企合作、定向培养人才的新模式。

学院高度重视学生就业工作。学院现建就业实习基地百余个,近年来,学院毕业生就业率一直稳定在93%左右,始终居于全省独立学院前列,毕业生深受用人单位和社会各界的好评。对愿意继续深造学习的学生,学院提供了一切便利条件(免费考研辅导、考研专用自习室、出国学习咨询服务等),近几年,考研录取率均在本科毕业生人数的11%~13%之间。

学院重视校园文化建设,创办了"华夏讲坛",每年邀请知名专家、学者、高级管理人员与社会名流走进校园,就社会热点问题和学生关注的问题作专题报告,与学生交流互动,拓展学生视野。学院每年组织学生参加各类学科竞赛和文体比赛,获得省级以上奖励的学生达100多人次。

学院以规范办学、严格管理和优良的学风赢得了良好的口碑,深受社会广泛好评。

4.2.4　中国地质大学江城学院[①]

中国地质大学江城学院是2004年经教育部批准,由中国地质大学(武汉)与武汉众邦德龙科技发展有限公司共同举办的以本科层次教育为主的全日制普通高校。

学院现有教职员工近千人,31.4%的专任教师具有副高级以上职称,69%的专任教师拥有硕士以上学位。教学效果良好,各专业

[①]　中国地质大学江城学院主页 http://www.jccug.com/menhudaohangliebiao/xueyuangaikuang/xueyuanjianjie/2013-07-20/1268.html.

均基本形成了教学团队和学术梯队。现有校内实验室和校外实习基地覆盖所有专业，较好地满足了各专业的实践教学需要；图书馆馆藏丰富，各类图书、期刊、数据库种类齐全，能很好地满足师生教学科研学习之用。

根据地方经济社会发展需求以及学院发展规划，学院科学调整专业设置，逐步形成了以"地质、珠宝"为特色的工、管、艺、文、经、理多学科协调发展的专业结构体系。

学院"信息与通信工程"学科被列为湖北省"十二五"重点培育学科。"测绘工程专业"、"艺术设计"专业被列为湖北省重点培育专业。"地理信息科学专业"被列为湖北省高等学校战略性新兴（支柱）产业人才培养计划。《地理信息系统原理》课程被评为省级精品课程。

学院坚持以学生为中心，培养德、智、体、美全面发展，具有社会责任感和竞争力，能适应行业及区域经济和社会发展需要，具有创新精神和职业能力，培养"基础扎实、本领过硬、特点鲜明"的高素质应用型人才。实行学年学分制教学管理制度，促进学生自主学习、全面发展。有完整的教学管理规章制度，坚持按照规章制度严格管理教学各个环节，确保教学的正常运行。严格实行教学督导制度，不断提高教学质量。

学院大胆创新教育教学理念，走特色办学之路。先后与韩国、澳大利亚等国的多所知名大学达成了长期友好的合作办学意向，为学生出国深造创造了便利的条件。在学生管理中，学长制的实行、职业生涯规划及心理健康教育活动的开展，为学生的全面、健康成长奠定了坚实的基础。

校园文化生活丰富多彩，学生科技活动、创新创业活动、职业生涯设计及心理健康教育全面开展，注重学生综合能力提升。近年来，学生论文质量显著提高，每年均有多篇论文入选当年省级优秀学士学位论文，获奖数量居省内独立学院前列；学生考研上线率逐年提高；毕业生就业率稳定在90%以上。

4.2.5　江汉大学文理学院[①]

江汉大学文理学院是经国家教育部批准设立的实施全日制高等学历教育的普通高等学校（独立学院）。

学院面向全国招生。学生毕业后颁发由国家统一印制署名江汉大学文理学院的毕业证书，符合学士学位授予条件者，江汉大学文理学院授予国家认可的学士学位证书。

学院设有24个本科专业、17个专科专业、40余个专业模块（方向），覆盖文、理、工、农、经、管、法七大学科门类。现有各类在校生12 000多人。学院开设有校际交流班，与国外大学合作培养人才。

学院师资力量雄厚，聘请了20多位著名学者担任各学科首席教授和特聘教授。任课教师中具有教授、副教授职称的人员比例占30%以上。

学院秉承"以人为本"和对社会负责的教育宗旨，实施"以质量为核心、以就业为导向"的人才培养战略和分层培养、分段教学、校企结合、国际合作、专业融合的"分分合合"教学改革，开展让学生能尽快适应社会的形式多样的实践演练活动，着力为学生编织脱颖而出的成长摇篮。近年来毕业生就业率保持在90%以上，考研升学率逐年攀升。江汉大学文理学院遵循"融文汇理、立德树人"的院训，致力于为武汉、湖北乃至中部地区的经济建设和社会发展培养应用型高级专门人才。

从以上学校简介可以看出，这五所独立学院规模均较大，办学规范，特色明显，专业设置多样化，社会口碑较好，基本代表了湖北省独立学院的整体水平。这也是本研究选取这五所独立学院为案例院校的原因。

[①] 江汉大学文理学院主页 http：//www.jdwlxy.cn：8080/about/xxjj.asp?i=0.

4.3 调查样本属性分析

本研究共进行了两次大规模的学生问卷调查，以期全面地了解独立学院大学英语教学情况。第一次调查选取中南财经政法大学武汉学院一所独立学院（参见本书附录4）；第二次调查则选取湖北省五所独立学院，以扩大样本量，使调查范围更广（参见本书附录5）。

4.3.1 中南财经政法大学武汉学院样本

此次调查覆盖中南财经政法大学武汉学院 7 个系（外语系和艺术系除外），发放问卷 700 份，回收 625 份，信息填写完整的问卷有 478 份。问卷内容广泛，涉及学生的基本信息、英语学习态度与认知、英语学习方法与策略、大学英语课堂教学模式、学生对大学英语教学各方面的满意程度等。

调查样本结构

表 4-3　　　　　武汉学院样本的性别结构

	Frequency	Percent
男生	153	32
女生	325	68

本次调研中，男生占 32%，女生的比例为 68%，这与武汉学院在校生中男女比例基本一致。这说明，样本的性别结构符合总体特征，具有较强的代表性（见表4-3）。

将回收的有效问卷进行统计，一年级学生占 56.5%，二年级学生的比例为 43.5%，两个年级的比例比较接近，样本的抽样结构能够代表目前开设大学英语课程的两个年级的学生（见表4-4）。

表4-4　　　　　武汉学院样本的年级结构

	Frequency	Percent
大一	270	56.5
大二	208	43.5

本次调研中，在高中所学文理科的学生比例差异不大，基本一致，这样可以保证样本分析结果不会因为学生的学科结构差异太大而引起偏颇和误差（见表4-5）。

表4-5　　　　　武汉学院样本的高中学科结构

	Frequency	Percent
文科	241	51.4
理科	237	48.6

另外，关于学生的年龄特征，受访的学生年龄最大的23岁，最小的17岁，平均年龄19.78岁，与实际情况基本一致。

学生的英语学习基础和现状

从表4-6可以看出，学生的英语基础差异较大。本次调研学生中，高考分数最高的可达591分，最低的仅为296分，二者相差295分，平均高考成绩为485.14分；在高中英语基础方面，高考英语分数最高的为136分，最低的为27分，二者相差达109分，平均高考英语成绩为102.87分。该学院学生的高考总分和高考英语成绩差异较大，反映出该学院学生的学习能力和英语学习基础两极分化严重，差异极大，这就给学院英语教学带来了极大的挑战。

4. 案例院校基本情况

表4-6　　　　　武汉学院样本的英语学习基础

	Minimum	Maximum	Mean	Std. Deviation
高考英语	27	136	102.87	15.976
高考总分	296	591	485.14	30.338

从表4-7可以看出，受访学生中，有19.7%已经通过三级考试，但只有13%的受访学生已经通过四级，有超过80%的学生既没有通过三级考试，也没有通过四级考试。学生的英语学习考证表现较弱，间接反映出学生目前的英语学习水平还比较差。

表4-7　　武汉学院样本整体的英语三、四级通过情况

	Percent		Percent
通过三级考试	19.7	通过四级考试	13
未通过三级考试	80.3	未通过四级考试	87

分年级来看，大二学生通过英语三、四级考试的比例比大一学生明显要高，但大二学生通过三、四级考试的比例仍然较低（不到50%）（见表4-8）。而大一学生由于入学当年九月份参加军训，没有报名参加三级考试，已经通过的是在高中阶段完成的。

表4-8　　武汉学院样本分年级的英语三、四级通过情况

	通过三级考试	未通过三级考试	通过四级考试	未通过四级考试
大一	1.9%	98.1%	0.4%	99.6%
大二	42.8%	57.2%	29.3%	70.7%

4.3.2 湖北省五所独立学院样本

此次调查覆盖上述五所独立学院所有大学英语任课教师和所有大一、大二非英语、非艺术专业的本科班级。每个班级按照学号间隔顺序选取 10 名学生,由该班辅导员组织发放和回收问卷;整个调查过程该班大学英语任课教师不参与、不知晓。共发放问卷 1 500 份,回收有效问卷 1 383 份,涉及 5 所学院的所有大学英语教师。受访学生的属性如下。

第一,学生性别:男生占 50.2%,女生占 49.8%。

第二,学生年级:大一学生占 58.7%,大二学生占 41.3%。

第三,学生专业:理工类学生占 50.4%,文史类学生占 49.6%。

第四,学生高中文理科:受调查的学生中,高中学文科的占 34.3%,学理科的占 65.7%。

第五,学生的高考总分和高考英语成绩:本研究中的五所案例院校的学生生源质量有较大差别,根据湖北省高考招生办公室公布的信息,华中科技大学文华学院的录取分数线最高,江汉大学文理学院的录取分数线最低。本调查将这五所独立学院综合起来进行分析,受调查的学生的高考总分和高考英语成绩见表 4-9:

表 4-9 五所独立学院受调查学生的高考总分和高考英语成绩表

高考成绩	分数	550 分以上	520~550	500~520	480~500	450~480	400~450	400 分以下	Total
	百分比	1.1	4.8	20.3	29.7	26.2	14	3.9	100
高考英语成绩	分数	120 分以上	110~120	100~110	90~100	80~90	70~80	70 分以下	Total
	百分比	4.6	17.8	21.3	23.8	12.1	10.1	10.3	100

4. 案例院校基本情况

第六，学生的三、四级通过情况：本调查是在大二的第二学期开学之初进行的，不少学生还没有参加四级考试或者只参加过一次，并且不少学生没有参加三级考试，所以本研究中的三、四级通过率只作参考。从调查的整体数据来看，三级通过率为 28.7%，四级通过率为 11.9%。其中，女生比男生的通过率情况要好；大二学生的通过情况要明显好于大一学生。具体分析情况见表 4-10、表 4-11：

表4-10 五所独立学院受调查学生三、四级通过情况分析表

	三级		四级	
	通过	未通过	通过	未通过
男	43.4%	53.6%	11.6%	88.4%
女	56.6%	46.4%	12.3%	87.7%
说明	通过与未通过三级考试的比例：男生 OR 比为 0.810，女生 OR 比为 1.220		通过与未通过四级考试的比例为：男生 OR 比为 0.967，女生 OR 比为 1.033	
	三级		四级	
	通过	未通过	通过	未通过
大一	19.5%	80.5%	1.1%	98.9%
大二	43.4%	56.6%	27.3%	72.7%
说明	通过与未通过三级考试的比例：大一学生 OR 比为 0.598，大二学生 OR 比为 1.888		通过与未通过四级考试的比例：大一学生 OR 比为 0.085，大二学生 OR 比为 2.758	

表 4-11　五所独立学院受调查学生的三、四级通过率的交叉表分析结果

		性别		年级		专业类型		高中文理科	
		男	女	大一	大二	文史类	理工类	文科	理科
三级通过率	通过	24.6%	33.0%	19.5%	43.4%	27.0%	29.9%	27.2%	29.4%
	未通过	75.4%	67.0%	80.5%	56.6%	73.0%	70.1%	72.8%	70.6%
四级通过率	通过	11.6%	12.3%	1.1%	27.3%	7.5%	16.3%	7.2%	14.6%
	未通过	88.4%	87.7%	98.9%	72.7%	92.5%	83.7%	92.8%	85.4%

从表 4-12 可以看出，这五所独立学院受调查学生的英语三、四级通过率与其高考英语成绩存在着密切的关联，即高考英语成绩越好，英语学习基础就更好，其三、四级通过率就会越高。

表 4-12　五所独立学院受调查学生的三、四级通过率与其高考英语成绩的关联分析

高考英语成绩	三级		四级	
	通过	未通过	通过	未通过
120 分以上	48.2%	51.8%	30.2%	69.8%
110~120	36.5%	63.5%	22.7%	77.3%
100~110	36.6%	63.4%	15.4%	84.6%
90~100	30.2%	69.8%	6.0%	94.0%
80~90	19.4%	80.6%	7.5%	92.5%
70~80	16.7%	83.3%	3.0%	97.0%
70 分以下	11.6%	88.4%	4.4%	95.6%
卡方检验结果	$X^2=57.237$, $P=0.000$		$X^2=81.226$, $P=0.000$	

5. 独立学院学生大学英语学习动机调查与分析

教与学是外语教育的两个方面。教师的教和学生的学是教育学所包含的两个重要内涵，教学的成效取决于教学双方。要想提高独立学院的大学英语教学质量，就需要根据独立学院的实际情况，从"教"和"学"两个方面进行研究。

在前面四章介绍了独立学院的基本情况、独立学院的大学英语教学和案例院校的基本情况之后，从本章开始，将从"学"和"教"两个方面分析独立学院学生的英语学习动机和英语学习策略、大学英语教师的课堂教学行为和课堂教学质量；在问卷调查和数据统计的基础上，提出相应的策略和建议。从学生和教师两个方面进行改进，形成合力，才能共同促进独立学院的大学英语教学质量的提高。

第5章将主要探讨独立学院学生的英语学习动机，第6章探讨独立学院学生的英语学习策略，第7章以中南财经政法大学武汉学院一所独立学院为例，从基于学生感知的角度，分析独立学院大学英语教师课堂教学行为，第8章则以湖北省五所具有代表性的独立学院为例，从学生满意度的视角，探讨独立学院大学英语教师课堂教学质量和大学英语教师队伍建设问题。这四章也是本研究的重点和难点。

5.1 学习动机概述

学习动机是影响外语学习成功与否的一个重要因素，它不仅是学习者开始学习的诱因，还是促使学习者不断努力的源泉，它直接影响学习者的学习策略、学习时间、学习效能及最终学习结果。甚至有学者认为，在语言习得中影响学习者学习的所有因素中，动机所起的作用约占33%（Jakobovits, 1970），位列第一。还有研究表明，学习动机与学习成果呈显著的正相关，具有强烈学习动机的学习者，学习效果就好，学习成绩就高（李楠、吴一安，2007）。由此可见学习动机对于语言学习的重要作用。因此，研究外语学习动机能够帮助学习者调动学习积极性和主动性，有助于提高课堂学习效率和整个外语教学质量。

5.1.1 学习动机的定义

什么是学习动机呢？国内外学者均从不同的角度，给出了不同的定义。国外最早有加拿大心理学家 Gardner & Lambert（1985）教授曾指出：动机是指学习某种语言的愿望及为此所付出的努力和对学习某种语言所持良好态度的综合。学习动机是推动学生学习的动力，作为一种非智力因素，间接对学习起促进作用。Gardner & MacIntyre（1993）把动机看作由三部分组成，即达到目标的愿望，朝着目标方向的努力和对任务的满意程度。Brown（1994）认为动机是指对所追求目标的选择和为之所付出努力的程度。Pintrich & Schunk（1996）则认为：动机是激发和维持指向目标的活动过程（Motivation is the process whereby goal-directed activity is instigated and sustained）。M. Williams & R. L. Burden（1997）提出：动机是一种认知和情感的唤醒状态，它导致有意识的决定来采取行动，并导致一段时间内持续的脑力和/或体力的付出，其目的是要达到一个（或几个）既定的目标（Motivation may be constructed as a state of cognitive and emotional arousal, which leads to a conscious decision to act, and which gives rise to a period of sustained intellectual and/or physical effort in order to attain a previously set goal (or goals).）。他们认为,"学习动机"一词,属于教育心理学范畴,是指激发个体进行活动,维持已引起的学习活动,并致使个体学习活动朝向一定的学习目标的内部启动机制。他们把动机看成是认知和情感的激发状态,在这种状态下为达到所设定的目标,决定所采取的行动,并维持着心智和身体的努力。Dornyei（1998）认为动机可以是持续的过程,也可由于其他外力作用而终止,他综合静态和动态两方面的含义,给出动机的定义为"a process whereby a certain amount of instigation force arises, initiate action, and persists as long as no other force comes into play to weaken it and thereby terminate action, or until the planned outcome has been reached"。Johnstone（1999）把动机看作是"指向目标的驱动力"（a drive directed towards a goal）。国内的文秋芳（1996b）认为:"英语学习动机可以简单地解释为学习英语的原因和目的"。何兆熊和梅德明（1999）把语言学习的动机定义为"学习者总的目标或方向"（the learner's overall goal or orientation）。从以上定义可以看出:学习动机在学习的动力系统中,具有核心意义,是激发学习积极性的最关键因素。学习动机具有三种功能:激发功能、指向功能、维持和调节功能。

5.1.2 学习动机的分类

对于外语学习动机的分类,国内外也存在不同的理解。国外主要有四种分类。Biggs（1979）根据行为主义心理学的刺激反映理论把学习动机分为深层动机（deep motive）和表层动机（surface motive）。表层动机通常与个人前途和经济利益直接相关,学习的动力来自通过考试、就业、出国等表层物质的刺激;深层动机则指深层的非物质刺激,学习动力来自于对所学语言或文化本身的兴趣。而根据 Gardner & Lambert（1985）的理论,英语学习动机可以可分为两种类型：融合型动机（integrative motivation）和工具型动机（instrumental motivation）。融合型动机指学习者对目的语本身及其社团的文化和生活方式有真正的兴趣，希望参与或融入该社团的生活。工具型动机指学习目的在于获取一些利益，是因为它有利于某些"工具型"的目标，如获取信息、通过考试、胜任一份工作或提升晋职等。融合型动机一般形成较早，具有较强的稳定性和持续性，在很长时间内不会有明显变化。工具型动机往往受不断变化的外部环境和条件影响，效果不如融合型动机明显。Deci & Ryan（1985）的自我决定理论（self-determination theory）把动机分为内部动机和外部动机，内部动机是为了从语言学习活动本身获得愉快和满足，而外部动机则将外国语言学习作为一种达到某一目标的途径。但 Brown（1994）则提出了三种不同的动机：整体动机，指为了学会一种第二语言的整体的动力，是语言学习的一般态度；情景动机，指随环境变化的动机，如在无人教授的自然习得环境下学习者的动机不同于课堂学习者的动机；任务动机，指对具体学习任务的动机，随任务的不同而变化。对于以上四种主要分类，Chambers（1999）认为 Gardner 和 Deci 的两个观点是彼此对应的，即融合型动机是内部动机，工具型动机是外部动机。而且总体而言，融合型动机和工具型动机的分类，受到最广泛的认同和应用。虽然国外相关的动机研究影响深远，可是国内学者却对这些动机分类提出怀疑，并结合中国学生的特点开展了大量的实证研究。高一虹（2003）在全国不同高校进行了本科生的英语学习动机问卷调查，其研究结果显示，中国大学本科生英语学习动机类型主要有七种："内在兴趣动机、成绩动机、出国动机、学习情境动机、社会责任动机、个人发展动机和信息媒介动机。"王永（2012）通过对144名中国理工类大学大一、大二、大三学生进行的调查表明，中国理工大学非英语专业学生学英语的动机有 7 种：（1）工具型，学习英语是因为课程、考试和文凭的需要；学习英语为了将来容易得到一份体面的工作或者是有不错的收入；学习英语对进一步求学很有用，例如考研究生或出国留学，及学习英语是想看懂外国文学作品、杂志报纸、看电影和听懂英文歌曲。(2) 融合型，学习英语有助于出国旅游、生活或学习，及英语是了解其他国家文化和其他人的桥梁。(3) 外在型，例如因为父母的期待所以我学习英语；学习英语是为了适应社会对人才的要求；学习英语是一个国际环境的要求；学习英语的动机很大程度上取决于个人的英语成就感；学习英语的劲头很大程度上取决于是否喜欢英语教师，及学习英语有利于未来职业生涯的发展。(4) 内在型，知道自己学习英语的动机；学习英语的时候觉得很快乐和学习英语是为了拓宽自己的知识面和增长知识，成为一个知识渊博的人。(5) 交往型，想和外国人交朋友，所以要学习英语。(6) 成就型，当完成难度很大的英语练习的时候，或者是掌握了一个复杂的英语语法的时候，感到很有满足感和快乐，为此学习英语；讲一口流利标准的英语感到很有成就感，及会说英语感到很体面。(7) 无动机，不知道自己为什么学英语。国内外学者们的这些分类，都是从不同的角度进行分析的，有理论剖析的，有实证研究的，但目前尚未达成一致意见。尤其是对于中国学生的英语学习动机分类，还缺少系统的、大范围的实证材料支持。本研究将以独立学院的非英语专业、非艺术专业本科生为研究对象，采用高一虹的调查量表，对湖北省五所具有代表性的独立学院进行问卷调查，并进行因子分析，试图归纳出独立学院学生的英语学习动机类型，也是一种学习动机分类的尝试。

5.1.3 外语学习动机研究现状

国外对于外语学习动机的研究最早始于20世纪50年代，比较有代表性的是Gardner、Dornyei、Clément、Williams & Burden、Chambers等学者。1959年，加拿大心理学家Gardner和Lambert开启了第二语言学习动机研究的先河，他们以加拿大英语为母语的法语学习者为研究对象，从社会心理学的角度，把学习动机分为融合型动机和工具型动机，并设计出了态度/动机测验量表AMTB（Attitude/Motivation Test Battery），至今仍然是定量研究学习动机的一种主要测量工具。后来，Gardner 和 Tremblay 于 1995 年在承认学习动机的变量会受到学习环境的文化差异、语言学习的基础和学生的个体差异的影响的基础上，又增加了目标显著性、效价及自我效能三个要素，进一步完善了学习动机的框架模式。第二个比较有影响的是 Dornyei 提出的外语学习动机三层次说。他认为外语学习动机应该结合具体的学习情境和学习环境，测量外语学习动机应该从语言层面、学习者层面和学习情境三个层面来进行；并且学习动机是一个动态的、不断变化的循环过程，研究学习动机要从以上三个层面跟踪动机的动态变化和发展过程。20 世纪 90 年代以后，研究者们不断把心理学上的各种动机理论和因素引入到外语学习动机研究中来，开始从认知心理学、社会学、构建心理学、教育心理学等不同视角进行多元化研究。比较典型的有 Clément 在 1994 年提出的"动机三结构"，即融合动机、语言自信和对教室环境的评价（包括对教师、教材及学习集体的评价）。他尤其强调自信是外语环境中一个很重要的动机因素。另外，Williams 和 Burden 根据心理学自我决定论理论，把外语学习动机分为外在动机和内在动机。内在动机源于学习者对语言学习本身的浓厚兴趣，而外在动机则是源于外界的影响，学习动机各因素之间是相互影响的。其他的研究者则主要集中于如何增强学生外语学习动机的策略与方法。如 Chambers 提出要对学生进行肯定、奖赏和鼓励，以激发他们的学习动机。McNamara 和 Rossie 认为要增强学生利用外语进行交际的愿望，以提高他们的融合型动机。

  国内对外语学习动机的研究相对较晚，始于 20 世纪 80 年代。当时王初明（1989）提出了中国学生的外语学习模式，他认为，工具型学习动机在中国学生的外语学习中占主导地位；文秋芳（1996b）从行为心理学的角度，认为中国学生也具有 Biggs（1979）提出的表层动机和深层动机两种外语学习动机。华慧芳（1998）提出"证书动机"（certificate motivation）对中国学生来说比融合型动机更加重要,她认为中国学习者的动机80%是属于"证书动机",即学英语的目的是为了应付考试,为了得到证书,很少考虑交际的需要和实际能力的培养,导致的结果是学生的高分低能。但随着1999年新大纲的颁布把培养学生使用英语"获取信息"的能力提高到了培养学生使用英语"交流信息"的高度,以及国际交往的日益频繁,如中国加入WTO和第29届奥运会在中国北京的成功举办,都使得一大批外语学习者不再满足于获得证书,而重视语言的实际运用和语言能力的培养,证书动机即工具型动机就开始转化为归附动机,外在动机转化为内在动机。2000年之后,研究者们开始从实证的角度来探讨中国学生外语学习动机的类型和影响因素。其中最有代表性的是文秋芳和高一虹。文秋芳(2001)通过大量调查发现,深层动机比表层动机更能影响中国学生的英语学习。高一虹(2003)在全国范围内进行了问卷调查,其研究结果显示,中国大学本科生英语学习动机类型主要有七种:"内在兴趣动机、成绩动机、出国动机、学习情境动机、社会责任动机、个人发展动机和信息媒介动机。"随后的几年,不少研究者从不同的学生对象来调查外语学习动机。李淑静(2003)调查了研究生的英语学习动机,结果发现,学生的"性别"对"内在兴趣动机"有显著影响,即女生的"内在兴趣"显著高于男生。袁荣儿(2007)调查了高职高专非英语专业学生的学习动机,发现"信息媒介动机"排在第一位;而饶玲、董显辉(2007)的研究则显示高职非英语专业学生的第一动机是"成绩动机"。郭继东(2009)调查了研究生的英语学习动机之后,发现深层动机强于表层动机。

通过文献研究可以发现,以上对外语学习动机的研究多涉及重点院校本科生,虽然有不少研究的对象已扩展到高职生和研究生,但是对于目前兴起的独立学院学生的英语学习动机研究仍不多见,深入调查独立学院学生英语学习动机类型及影响因素的文章更是凤毛麟角。针对这种现状，本研究旨在通过实证研究的方式，调查独立学院本科生的英语学习动机类型、原因以及男女生、文理科和各年级学生学英语的动机差异和特点，从而使独立学院的大学英语教师懂得如何激发学生的英语学习动力。

5.2 本研究设计

本研究选取湖北省五所具有代表性的独立学院为例，向所有非英语、非艺术专业大一、大二学生按学号顺序间隔发放调查问卷 1 500 份，回收有效问卷 1 383 份；除调查了五所独立学院学生性别、年级、专业、高中文理科、高考英语分数、学生通过大学英语三、四级考试等基本信息之外，重点调查了学生的英语学习动机情况。受调查的学生中男生占 50.2%，女生占 49.8%；大一学生占 58.7%，大二学生占 41.3%；理工类学生占 50.4%，文史类学生占 49.6%；高中学文科的占 34.3%，学理科的占 65.7%。

此次测量的量表为高一虹（2003）在全国 30 所大学进行的问卷调查量表。问卷包括 30 个有关为什么学习英语的问题，是高一虹等研究者根据在多个省区采集的开放式反馈编制而成，具有较高的信度和效度。学生对每个问题，需要在"非常赞同=1、赞同=2、中立=3、不赞同=4、非常不赞同=5"中进行选择，然后利用 SPSS18.0 对数据进行一般描述统计分析（百分比和均值）、因子分析和多元方差分析，以探析独立学院学生的英语学习动机到底有哪些类型，以及个人特征不同的学生有何学习动机差异。本研究试图通过对大样本的系统调查分析，自下而上地归纳出独立学院非英语专业、非艺术专业本科生英语学习动机类型；其主要目的是找出共有的动机类型，其次是考察个人因素对动机类型的影响。具体研究问题如下：（1）独立学院本科生英语学习的动机有哪些？（2）性别、专业、英语水平、年级、高考成绩等方面不同的学习者,在动机类别上是否存在差异?

5.3 数据统计与分析

5.3.1 信度检验分析结果

Cronbach's Alpha 系数值为 0.892>0.8,表明关于英语学习动机各题项得分间具有内在一致性,具有分析的可靠性。

5.3.2 一般描述统计分析

将学生对 30 个问题的选择进行百分比统计分析,并将"非常赞同"和"赞同"两项合并进行排序,可以发现:独立学院学生的英语学习动机排在前 5 名的分别是"Q13 学好英语对我很重要,因为它是当今社会非常有用的交流工具"(77.10%)、"Q3 上大学前学习英语,主要是为了升学考试"(74.60%)、"Q29 英语是人生前进路上一块重要的敲门砖"(70.70%)、"Q16 学好英语,将来我才可能找到一份好工作"(68.80%)、"Q14 学好英语能让我获得成就感"(66.90%);而排在后 5 名的则分别是"Q28 我学习英语是为了最终移民外国"(21.20%)、"Q9 上大学后,我学英语的劲头很大程度上取决于所用的教材"(26.20%)、"Q1 我对英语一见钟情,说不出有什么特别的原因"(29.20%)、"Q10 上大学后,我学英语的劲头很大程度上取决于是否喜欢我的英语班"(32.20%)、"Q22 我学习英语是为了让世界了解中国"(33.00%)。可见,独立学院学生的英语学习动机主要是以实用、利己为主,比较现实,注重英语学习对自身的好处。具体情况见表 5-1。

表 5-1　　独立学院学生英语学习动机调查一览表

排序	英语学习动机	非常赞同和赞同	非常赞同	赞同	中立	不赞同	非常不赞同
1	Q13 学好英语对我很重要，因为它是当今社会非常有用的交流工具	77.10%	28.20%	48.90%	19%	2.40%	1.50%
2	Q3 上大学前学习英语，主要是为了升学考试	74.60%	27.40%	47.20%	15.80%	8.20%	1.50%
3	Q29 英语是人生前进路上一块重要的敲门砖	70.70%	22.50%	48.20%	23.80%	3.90%	1.70%
4	Q16 学好英语，将来我才可能找到一份好工作	68.80%	21.50%	47.30%	24%	5.80%	1.40%
5	Q14 学好英语能让我获得成就感	66.90%	21.60%	45.30%	26.70%	4.90%	1.50%
6	Q4 上大学前，我学英语的劲头很大程度上取决于我的成绩	65.50%	18.80%	46.70%	24.40%	8.80%	1.30%
7	Q30 讲一口流利的英语，是教育程度和修养的象征	60.80%	22%	38.80%	28.70%	7.10%	3.40%
8	Q20 对英语歌曲/电影的爱好使我对英语产生了很大兴趣	60.50%	19.30%	41.20%	30.50%	7.80%	1.20%
9	Q15 我学习英语，是为了更好地学习其他专业	59.40%	16.60%	42.80%	32.60%	6.40%	1.50%
10	Q25 学好英语，我才能不辜负父母的期望	57.10%	13.90%	43.20%	33.30%	7.50%	2.10%
11	Q11 我学英语的一个重要目的是获取大学毕业证书	56.40%	14.20%	42.20%	24.90%	16.10%	2.60%
12	Q2 我开始学英语是因为父母/学校要我学	54.60%	15.50%	39.10%	26.30%	16.40%	2.70%

续表

排序	英语学习动机	非常赞同和赞同	非常赞同	赞同	中立	不赞同	非常不赞同
13	Q8 上大学后,我学英语的劲头很大程度上取决于英语课质量	53.40%	10%	43.40%	34.60%	10%	1.90%
14	Q12 我学英语的直接目的是在出国或国内升学、求职考试中取得好成绩	50.70%	14.80%	35.90%	33.30%	13%	3.10%
15	Q5 上大学前,我学英语的劲头很大程度上取决于是否喜欢英语老师	46.10%	10.20%	35.90%	35%	16.40%	2.50%
16	Q17 我学习英语是为了了解世界各国的经济、科技发展情况	43.10%	11.80%	31.30%	41.90%	12.80%	2.20%
17	Q26 我学习英语是为了出国寻找更好的受教育和工作机会	42.30%	11.90%	30.40%	41.80%	12.90%	3%
18	Q18 我学习英语是因为对英语国家的人和他们的文化感兴趣	42.10%	12%	30.10%	40.40%	15.40%	2.10%
19	Q7 上大学后,我学英语的劲头很大程度上取决于是否喜欢英语老师	40.70%	7.90%	32.80%	37.30%	19.50%	2.40%
20	Q6 上大学后,我学英语的劲头很大程度上取决于我的成绩	40.60%	9.70%	30.90%	37.10%	19.90%	2.40%

续表

排序	英语学习动机	非常赞同和赞同	非常赞同	赞同	中立	不赞同	非常不赞同
21	Q19 我对语言学习有特别的爱好	40.10%	10.50%	29.60%	41.90%	15.60%	2.50%
22	Q27 我学习英语是为了出国亲身体验英语国家的文化	39.90%	11.60%	28.30%	40.60%	16%	3.60%
23	Q24 学好英语，我才能很好地为中国的富强尽力	37.30%	8.60%	28.70%	48.50%	10.50%	3.70%
24	Q21 我学习英语是因为我喜欢这门语言本身	36.10%	9.90%	26.20%	44.10%	16.20%	3.60%
25	Q23 对英语文学作品的爱好使我对英语产生了很大兴趣	34.20%	7%	27.20%	43.70%	18.90%	3.20%
26	Q22 我学习英语是为了让世界了解中国	33.00%	8.60%	24.40%	48.90%	13.60%	4.50%
27	Q10 上大学后，我学英语的劲头很大程度上取决于是否喜欢我的英语班	32.20%	6.70%	25.50%	42.60%	21.70%	3.60%
28	Q1 我对英语一见钟情，说不出有什么特别的原因	29.20%	6.60%	22.60%	43.60%	20.30%	6.90%
29	Q9 上大学后，我学英语的劲头很大程度上取决于所用的教材	26.20%	4.40%	21.80%	45.60%	23.70%	4.40%
30	Q28 我学习英语是为了最终移民外国	21.20%	5.70%	15.50%	37.10%	30.50%	11.20%

5.3.3 英语学习动机的因子分析

因子分析的适合度分析：KMO 值 = 0.907 > 0.8，Bartlett's 检验卡方值 = 13102.528，P = 0.000，适合做因子分析。通过主成分法进行因子分析，且进行正交旋转，可以获得五个特征值大于 1 的因子，其对原始变量的累积方差达到 53.72% 以上。

因子分析结果如下：公因子 1、2、3、4、5 分别代表内在动机、兴趣动机、利己实用动机、外部动机和直接目的动机五大类。这五个公因子可以解释原来 30 个变量的 53.7% 以上；且其因子载荷系数分别为 0.267、0.110、0.077、0.049、0.035。详见表 5-2。

表 5-2 旋转后的因子载荷矩阵 Rotated Component Matrix[a]

英语动机公因子	独立学院学生英语学习动机陈述	Component				
		1	2	3	4	5
公因子 1：内在动机（7 项）	Q22 我学习英语是为了让世界了解中国	.590	.431		.111	
	Q23 对英语文学作品的爱好使我对英语产生了很大兴趣	.569	.453		.176	
	Q24 学好英语，我才能很好地为中国的富强尽力	.673	.221	.200	.116	
	Q25 学好英语，我才能不辜负父母的期望	.468		.452	.134	.211
	Q26 我学习英语是为了出国寻找更好的受教育和工作机会	.688	.198	.253		
	Q27 我学习英语是为了出国亲身体验英语国家的文化	.679	.369	.213		
	Q28 我学习英语是为了最终移民外国	.702	.191		.202	

续表

英语动机公因子	独立学院学生英语学习动机陈述	Component				
		1	2	3	4	5
公因子2：兴趣动机（6项）	Q1 我对英语一见钟情，说不出有什么特别的原因	.214	.562		.202	-.243
	Q17 我学习英语是为了了解世界各国的经济、科技发展情况	.311	.540	.386		
	Q18 我学习英语是因为对英语国家的人和他们的文化感兴趣	.271	.692	.201	.128	
	Q19 我对语言学习有特别的爱好	.213	.769	.132		
	Q20 对英语歌曲/电影的爱好使我对英语产生了很大兴趣	.187	.528	.270		
	Q21 我学习英语是因为我喜欢这门语言本身	.330	.683	.180		-.155
公因子3：利己实用动机（6项）	Q13 学好英语对我很重要，因为它是当今社会非常有用的交流工具		.229	.713		
	Q14 学好英语能让我获得成就感		.378	.672		
	Q15 我学习英语，是为了更好地学习其他专业	.170	.262	.606		.126
	Q16 学好英语，将来我才可能找到一份好工作	.130		.704		.109
	Q29 英语是人生前进路上一块重要的敲门砖	.314		.700		
	Q30 讲一口流利的英语，是教育程度和修养的象征	.342	.135	.563		

续表

英语动机公因子	独立学院学生英语学习动机陈述	Component 1	2	3	4	5
公因子4:外部动机(5项)	Q5 上大学前,我学英语的劲头很大程度上取决于是否喜欢英语老师		.162		.609	.151
	Q7 上大学后,我学英语的劲头很大程度上取决于是否喜欢英语老师				.763	
	Q8 上大学后,我学英语的劲头很大程度上取决于英语课质量			.251	.698	
	Q9 上大学后,我学英语的劲头很大程度上取决于所用的教材	.258	.105		.725	.125
	Q10 上大学后,我学英语的劲头很大程度上取决于是否喜欢我的英语班		.210		.722	.138
公因子5:直接目的动机(6项)	Q2 我开始学英语是因为父母/学校要我学					.648
	Q3 上大学前学习英语,主要是为了升学考试		-.122			.769
	Q4 上大学前,我学英语的劲头很大程度上取决于我的成绩		.133	.100	.118	.676
	Q6 上大学后,我学英语的劲头很大程度上取决于我的成绩	.157			.420	.436
	Q11 我学英语的一个重要目的是获取大学毕业证书		-.204		.263	.600
	Q12 我学英语的直接目的是在出国或国内升学、求职考试中取得好成绩	.194		.210		.514

公因子1包含7项：大部分跟出国有关（如第Q22、Q26、Q27、Q28项），Q25是为了不辜负父母的期望，Q24是为了中国的富强，Q23是因为对英语文学作品的爱好。这些因素都可以归纳为学生的内在动机，是深藏于学生内心深处的动机。

公因子2包含6项：这6项都与学生对英语/英语国家/英语文艺作品感兴趣有关，其中Q1、Q19和Q21是对英语本身感兴趣，Q17是对英语国家的经济、科技发展感兴趣，Q18是对英语国家的人和他们的文化感兴趣，Q20是对英语歌曲/电影感兴趣。所以公因子2可以归纳为兴趣动机。

公因子3包含6项：都是提升自身素质和形象的目的，Q13是为了提高自己的社交能力，Q14是为了让自己获得成就感，Q15是为了利用英语学好其他专业，Q16是为了找到一份好工作，Q29是为了在人生前进路上取得成功，Q30是为了提升自身素质。所以公因子3可以归纳为利己实用动机。

公因子4包含5项：都是关于上大学前和上大学后学习英语的劲头来源于何种外部因素，比如教师、教材、课堂教学质量和班级，这些都是外部的影响因素，所以公因子4可以称为外部动机。

公因子5包含6项：都是学习英语的直接目的，比如Q2是因为父母/学校要求学习英语，Q3是为了升学考试，Q4和Q6是因为自己的英语成绩，Q11是为了获取大学毕业证书，Q12则是为了在出国或国内升学、求职考试中取得好成绩。所以公因子5可以称为直接目的动机。

所以，独立学院非英语、非艺术专业本科生的英语学习动机可以概括为"内在动机"、"兴趣动机"、"利己实用动机"、"外部动机"、"直接目的动机"。这与高一虹（2003）的研究发现（内在兴趣动机、成绩动机、出国动机、学习情境动机、社会责任动机、个人发展动机和信息媒介动机）既有共同点，也有不同点。独立学院的学生在英语学习动机方面，与公办一本、二本院校的学生相比，更加注重个人的兴趣和实际需求，强调英语学习更多的是为自身的现实利益服务。

5.3.4 各动机类型的组间差异

将学生的性别、年级、专业和英语基础分别与上述五种英语学习动机进行交叉分析和独立样本 T 检验,以考察学生的个人因素对动机类型的影响。

分析结果显示,学生的性别、专业和英语基础对动机类型有显著的主效应,而学生的年级则对动机类型没有统计学上的差异。

性别差异

将学生的性别与五种英语学习动机类型进行独立样本 T 检验,结果如下(见表5-3):

因为 $F=0.889$,$P=0.346$,且 $T=0.232$,$P=0.817>0.05$,故男女生除了在公因子 4 上不存在统计学意义上的学习动机差异外,在其他学习动机方面均存在着差异。女生在学习动机 1、2、3 上比男生强烈,而男生在学习动机 5 上比女生强烈;说明女生更加注重内动机、兴趣动机和利己实用动机,而男生则更加注重直接目的动机。

年级差异

将学生的年级与五种英语学习动机类型进行独立样本 T 检验,结果如下(见表5-4):

由于五种公因子的 P 值均大于 0.05,表明大一、大二学生在学习动机上不存在统计学意义上的显著差异。

专业差异

将学生的理工、文史类专业属性与五种英语学习动机类型进行独立样本 T 检验,结果如下(见表5-5):

可以发现,公因子 2 和公因子 3 的 P 值均等于或小于 0.05,表明理工和文史类学生仅在兴趣动机和利己实用动机上存在着统计学意义上的显著差异,且文史类学生的学习动机要比理工类强烈。

5.3 数据统计与分析

表 5-3 学生性别与动机类型独立样本检验结果表

		方差方程 Levene 检验		均值方程的 t 检验					差分的 95% 置信区间	
		F	Sig.	t	df	Sig.(双侧)	均值差值	标准误差值	下限	上限
动机公因子1	假设方差相等	4.244	.040	2.448	1323	.014	.63809	.26065	.12676	1.14943
	假设方差不相等			2.449	1314.502	.014	.63809	.26053	.12700	1.14918
动机公因子2	假设方差相等	1.947	.163	4.931	1311	.000	1.12363	.22788	.67657	1.57068
	假设方差不相等			4.932	1304.531	.000	1.12363	.22781	.67670	1.57055
动机公因子3	假设方差相等	1.013	.314	5.806	1325	.000	1.21068	.20852	.80162	1.61974
	假设方差不相等			5.807	1321.833	.000	1.21068	.20847	.80171	1.61966
动机公因子4	假设方差相等	.889	.346	.232	1322	.817	.04336	.18698	-.32346	.41017
	假设方差不相等			.232	1318.600	.817	.04336	.18700	-.32349	.41020
动机公因子5	假设方差相等	2.054	.152	-2.350	1312	.019	-.48776	.20759	-.89501	-.08051
	假设方差不相等			-2.351	1307.999	.019	-.48776	.20751	-.89485	-.08068

表 5-4　学生年级与动机类型独立样本检验结果表

		方差方程 Levene 检验		均值方程的 t 检验					差分的 95% 置信区间	
		F	Sig.	t	df	Sig.（双侧）	均值差值	标准误差值	下限	上限
动机公因子 1	假设方差相等	.316	.574	-1.716	1320	.086	-.45157	.26312	-.96774	.06460
	假设方差不相等			-1.708	1161.208	.088	-.45157	.26442	-.97036	.06722
动机公因子 2	假设方差相等	.166	.684	.219	1308	.827	.05069	.23152	-.40351	.50488
	假设方差不相等			.220	1199.135	.826	.05069	.23076	-.40205	.50342
动机公因子 3	假设方差相等	.343	.558	-1.321	1322	.187	-.28030	.21212	-.69642	.13582
	假设方差不相等			-1.324	1193.372	.186	-.28030	.21168	-.69561	.13500
动机公因子 4	假设方差相等	.002	.967	1.036	1320	.300	.19587	.18906	-.17502	.56676
	假设方差不相等			1.031	1167.029	.303	.19587	.18993	-.17678	.56852
动机公因子 5	假设方差相等	.016	.900	1.345	1310	.179	.28400	.21122	-.13037	.69837
	假设方差不相等			1.346	1190.580	.179	.28400	.21106	-.13010	.69810

5.3 数据统计与分析

表5-5 学生专业与动机类型独立样本检验结果表

		方差方程 Levene 检验		均值方程的 t 检验					差分的95% 置信区间	
		F	Sig.	t	df	Sig.(双侧)	均值差值	标准误差值	下限	上限
动机公因子1	假设方差相等	2.106	.147	1.259	1313	.208	.33074	.26261	-.18445	.84592
	假设方差不相等			1.259	1309.641	.208	.33074	.26262	-.18447	.84594
动机公因子2	假设方差相等	.006	.939	2.829	1301	.005	.65157	.23034	.19968	1.10345
	假设方差不相等			2.828	1300.137	.005	.65157	.23036	.19964	1.10349
动机公因子3	假设方差相等	.135	.714	3.962	1316	.000	.83417	.21055	.42113	1.24722
	假设方差不相等			3.962	1315.137	.000	.83417	.21055	.42111	1.24723
动机公因子4	假设方差相等	.528	.467	.849	1312	.396	.15936	.18780	-.20907	.52779
	假设方差不相等			.849	1310.748	.396	.15936	.18781	-.20908	.52781
动机公因子5	假设方差相等	.614	.433	-.016	1302	.987	-.00339	.21011	-.41558	.40879
	假设方差不相等			-.016	1301.945	.987	-.00339	.21010	-.41556	.40878

英语基础差异

将学生的高考英语成绩与五种英语学习动机类型进行单因子方差分析,结果如表5-6:

表5-6　学生英语基础与动机类型单因子方差分析表

		平方和	df	均方	F	显著性
		ANOVA				
动机公因子1	组间	746.692	6	124.449	5.641	.000
	组内	28701.573	1301	22.061		
	总数	29448.265	1307			
动机公因子2	组间	1820.620	6	303.437	19.105	.000
	组内	20504.652	1291	15.883		
	总数	22325.273	1297			
动机公因子3	组间	764.217	6	127.369	8.962	.000
	组内	18519.405	1303	14.213		
	总数	19283.622	1309			
动机公因子4	组间	53.139	6	8.857	.770	.593
	组内	14944.065	1300	11.495		
	总数	14997.204	1306			
动机公因子5	组间	360.115	6	60.019	4.268	.000
	组内	18142.523	1290	14.064		
	总数	18502.638	1296			

从五种动机类型的显著性结果来看,不同英语基础的学生除了在公因子4(外部动机)方面不存在统计学意义上的显著差异之外,在公因子1(内在动机)、公因子2(兴趣动机)、公因子3

（利己实用动机）、公因子5（直接目的动机）这四种动机类型方面均存在着显著差异。

进一步将学生的高考英语成绩与五种动机类型进行多重比较，以试图找出具体的差异。结果如表5-7：

表5-7　学生英语基础与动机类型多重事后结果比较表（Scheffe）

因变量	高考英语成绩	高考英语成绩	均值差（I-J）	标准误	显著性	95%置信区间	
						下限	上限
动机公因子1	120分以上	110~120	.42744	.66286	.999	-1.9286	2.7835
		100~110	-.72256	.65098	.975	-3.0364	1.5912
		90~100	-.34335	.64488	1.000	-2.6355	1.9488
		80~90	-.98015	.69531	.921	-3.4515	1.4912
		70~80	-1.21732	.71632	.823	-3.7633	1.3287
		70分以下	-2.30019	.71543	.112	-4.8430	.2427
	110~120	120分以上	-.42744	.66286	.999	-2.7835	1.9286
		100~110	-1.15000	.41684	.269	-2.6316	.3316
		90~100	-.77079	.40724	.733	-2.2183	.6767
		80~90	-1.40759	.48315	.205	-3.1249	.3097
		70~80	-1.64476	.51292	.114	-3.4679	.1783
		70分以下	-2.72763*	.51168	.000	-4.5463	-.9090
	100~110	120分以上	.72256	.65098	.975	-1.5912	3.0364
		110~120	1.15000	.41684	.269	-.3316	2.6316
		90~100	.37921	.38760	.987	-.9985	1.7569
		80~90	-.25759	.46671	.999	-1.9164	1.4013
		70~80	-.49476	.49747	.986	-2.2629	1.2734
		70分以下	-1.57763	.49619	.121	-3.3412	.1860

97

5. 独立学院学生大学英语学习动机调查与分析

续表

因变量	高考英语成绩	高考英语成绩	均值差(I-J)	标准误	显著性	95%置信区间	
						下限	上限
动机公因子1	90~100	120分以上	.34335	.64488	1.000	-1.9488	2.6355
		110~120	.77079	.40724	.733	-.6767	2.2183
		100~110	-.37921	.38760	.987	-1.7569	.9985
		80~90	-.63680	.45816	.926	-2.2653	.9917
		70~80	-.87397	.48946	.785	-2.6137	.8657
		70分以下	-1.95684*	.48815	.014	-3.6919	-.2218
	80~90	120分以上	.98015	.69531	.921	-1.4912	3.4515
		110~120	1.40759	.48315	.205	-.3097	3.1249
		100~110	.25759	.46671	.999	-1.4013	1.9164
		90~100	.63680	.45816	.926	-.9917	2.2653
		70~80	-.23717	.55422	1.000	-2.2070	1.7327
		70分以下	-1.32004	.55306	.458	-3.2858	.6457
	70~80	120分以上	1.21732	.71632	.823	-1.3287	3.7633
		110~120	1.64476	.51292	.114	-.1783	3.4679
		100~110	.49476	.49747	.986	-1.2734	2.2629
		90~100	.87397	.48946	.785	-.8657	2.6137
		80~90	.23717	.55422	1.000	-1.7327	2.2070
		70分以下	-1.08287	.57925	.745	-3.1417	.9760
	70分以下	120分以上	2.30019	.71543	.112	-.2427	4.8430
		110~120	2.72763*	.51168	.000	.9090	4.5463
		100~110	1.57763	.49619	.121	-.1860	3.3412
		90~100	1.95684*	.48815	.014	.2218	3.6919
		80~90	1.32004	.55306	.458	-.6457	3.2858
		70~80	1.08287	.57925	.745	-.9760	3.1417

续表

因变量	高考英语成绩	高考英语成绩	均值差（I-J）	标准误	显著性	95%置信区间 下限	95%置信区间 上限
动机公因子2	120分以上	110~120	-.32162	.56925	.999	-2.3450	1.7017
		100~110	-1.58065	.55955	.241	-3.5695	.4082
		90~100	-1.94910	.55474	.055	-3.9209	.0227
		80~90	-2.83230*	.59832	.001	-4.9589	-.7056
		70~80	-3.19530*	.61587	.000	-5.3843	-1.0063
		70分以下	-4.10794*	.61510	.000	-6.2942	-1.9216
	110~120	120分以上	.32162	.56925	.999	-1.7017	2.3450
		100~110	-1.25903*	.35327	.049	-2.5147	-.0034
		90~100	-1.62748*	.34560	.001	-2.8559	-.3991
		80~90	-2.51068*	.41193	.000	-3.9748	-1.0465
		70~80	-2.87368*	.43703	.000	-4.4271	-1.3203
		70分以下	-3.78632*	.43595	.000	-5.3358	-2.2368
	100~110	120分以上	1.58065	.55955	.241	-.4082	3.5695
		110~120	1.25903*	.35327	.049	.0034	2.5147
		90~100	-.36845	.32939	.974	-1.5392	.8023
		80~90	-1.25165	.39842	.131	-2.6678	.1645
		70~80	-1.61465*	.42432	.025	-3.1229	-.1065
		70分以下	-2.52730*	.42321	.000	-4.0315	-1.0231
	90~100	120分以上	1.94910	.55474	.055	-.0227	3.9209
		110~120	1.62748*	.34560	.001	.3991	2.8559
		100~110	.36845	.32939	.974	-.8023	1.5392
		80~90	-.88320	.39164	.533	-2.2752	.5088
		70~80	-1.24620	.41796	.181	-2.7318	.2394
		70分以下	-2.15884*	.41682	.000	-3.6404	-.6773

续表

因变量	高考英语成绩	高考英语成绩	均值差（I-J）	标准误	显著性	95%置信区间	
						下限	上限
动机公因子2	80~90	120分以上	2.83230*	.59832	.001	.7056	4.9589
		110~120	2.51068*	.41193	.000	1.0465	3.9748
		100~110	1.25165	.39842	.131	-.1645	2.6678
		90~100	.88320	.39164	.533	-.5088	2.2752
		70~80	-.36300	.47427	.997	-2.0487	1.3227
		70分以下	-1.27564	.47327	.298	-2.9578	.4065
	70~80	120分以上	3.19530*	.61587	.000	1.0063	5.3843
		110~120	2.87368*	.43703	.000	1.3203	4.4271
		100~110	1.61465*	.42432	.025	.1065	3.1229
		90~100	1.24620	.41796	.181	-.2394	2.7318
		80~90	.36300	.47427	.997	-1.3227	2.0487
		70分以下	-.91264	.49528	.758	-2.6730	.8477
	70分以下	120分以上	4.10794*	.61510	.000	1.9216	6.2942
		110~120	3.78632*	.43595	.000	2.2368	5.3358
		100~110	2.52730*	.42321	.000	1.0231	4.0315
		90~100	2.15884*	.41682	.000	.6773	3.6404
		80~90	1.27564	.47327	.298	-.4065	2.9578
		70~80	.91264	.49528	.758	-.8477	2.6730
动机公因子3	120分以上	110~120	.17737	.54103	1.000	-1.7456	2.1004
		100~110	-.84719	.53321	.866	-2.7424	1.0480
		90~100	-1.04950	.52806	.683	-2.9264	.8274
		80~90	-1.57510	.56730	.261	-3.5915	.4413
		70~80	-1.80067	.58367	.147	-3.8752	.2739
		70分以下	-2.31582*	.58367	.016	-4.3904	-.2413

续表

因变量	高考英语成绩	高考英语成绩	均值差(I-J)	标准误	显著性	95%置信区间 下限	95%置信区间 上限
动机公因子3	110~120	120分以上	-.17737	.54103	1.000	-2.1004	1.7456
		100~110	-1.02456	.33321	.151	-2.2089	.1598
		90~100	-1.22686*	.32491	.027	-2.3817	-.0720
		80~90	-1.75247*	.38542	.002	-3.1224	-.3826
		70~80	-1.97804*	.40914	.001	-3.4322	-.5238
		70分以下	-2.49319*	.40914	.000	-3.9474	-1.0390
	100~110	120分以上	.84719	.53321	.866	-1.0480	2.7424
		110~120	1.02456	.33321	.151	-.1598	2.2089
		90~100	-.20231	.31170	.999	-1.3102	.9056
		80~90	-.72791	.37435	.706	-2.0585	.6027
		70~80	-.95348	.39873	.456	-2.3707	.4637
		70分以下	-1.46863*	.39873	.036	-2.8858	-.0514
	90~100	120分以上	1.04950	.52806	.683	-.8274	2.9264
		110~120	1.22686*	.32491	.027	.0720	2.3817
		100~110	.20231	.31170	.999	-.9056	1.3102
		80~90	-.52560	.36699	.915	-1.8300	.7788
		70~80	-.75117	.39182	.720	-2.1438	.6415
		70分以下	-1.26632	.39182	.108	-2.6590	.1263
	80~90	120分以上	1.57510	.56730	.261	-.4413	3.5915
		110~120	1.75247*	.38542	.002	.3826	3.1224
		100~110	.72791	.37435	.706	-.6027	2.0585
		90~100	.52560	.36699	.915	-.7788	1.8300
		70~80	-.22557	.44329	1.000	-1.8012	1.3500
		70分以下	-.74072	.44329	.834	-2.3163	.8349

续表

因变量	高考英语成绩	高考英语成绩	均值差(I-J)	标准误	显著性	95% 置信区间	
						下限	上限
动机公因子3	70~80	120 分以上	1.80067	.58367	.147	-.2739	3.8752
		110~120	1.97804*	.40914	.001	.5238	3.4322
		100~110	.95348	.39873	.456	-.4637	2.3707
		90~100	.75117	.39182	.720	-.6415	2.1438
		80~90	.22557	.44329	1.000	-1.3500	1.8012
		70 分以下	-.51515	.46405	.975	-2.1645	1.1342
	70 分以下	120 分以上	2.31582*	.58367	.016	.2413	4.3904
		110~120	2.49319*	.40914	.000	1.0390	3.9474
		100~110	1.46863*	.39873	.036	.0514	2.8858
		90~100	1.26632	.39182	.108	-.1263	2.6590
		80~90	.74072	.44329	.834	-.8349	2.3163
		70~80	.51515	.46405	.975	-1.1342	2.1645
动机公因子4	120 分以上	110~120	.46606	.48102	.988	-1.2437	2.1758
		100~110	.56470	.47232	.964	-1.1141	2.2435
		90~100	.82576	.46882	.796	-.8406	2.4921
		80~90	.43159	.50520	.994	-1.3640	2.2272
		70~80	.41149	.51983	.996	-1.4361	2.2591
		70 分以下	.35770	.52113	.998	-1.4946	2.2100
	110~120	120 分以上	-.46606	.48102	.988	-2.1758	1.2437
		100~110	.09864	.29923	1.000	-.9649	1.1622
		90~100	.35970	.29367	.959	-.6841	1.4035
		80~90	-.03447	.34882	1.000	-1.2743	1.2053
		70~80	-.05457	.36969	1.000	-1.3686	1.2594
		70 分以下	-.10836	.37152	1.000	-1.4289	1.2121

续表

因变量	高考英语成绩	高考英语成绩	均值差(I-J)	标准误	显著性	95% 置信区间	
						下限	上限
动机公因子4	100~110	120 分以上	-.56470	.47232	.964	-2.2435	1.1141
		110~120	-.09864	.29923	1.000	-1.1622	.9649
		90~100	.26106	.27918	.990	-.7312	1.2534
		80~90	-.13311	.33671	1.000	-1.3299	1.0637
		70~80	-.15321	.35829	1.000	-1.4267	1.1203
		70 分以下	-.20700	.36018	.999	-1.4872	1.0732
	90~100	120 分以上	-.82576	.46882	.796	-2.4921	.8406
		110~120	-.35970	.29367	.959	-1.4035	.6841
		100~110	-.26106	.27918	.990	-1.2534	.7312
		80~90	-.39417	.33178	.965	-1.5734	.7851
		70~80	-.41427	.35366	.967	-1.6713	.8427
		70 分以下	-.46806	.35558	.942	-1.7319	.7958
	80~90	120 分以上	-.43159	.50520	.994	-2.2272	1.3640
		110~120	.03447	.34882	1.000	-1.2053	1.2743
		100~110	.13311	.33671	1.000	-1.0637	1.3299
		90~100	.39417	.33178	.965	-.7851	1.5734
		70~80	-.02010	.40063	1.000	-1.4441	1.4039
		70 分以下	-.07389	.40233	1.000	-1.5039	1.3561
	70~80	120 分以上	-.41149	.51983	.996	-2.2591	1.4361
		110~120	.05457	.36969	1.000	-1.2594	1.3686
		100~110	.15321	.35829	1.000	-1.1203	1.4267
		90~100	.41427	.35366	.967	-.8427	1.6713
		80~90	.02010	.40063	1.000	-1.4039	1.4441
		70 分以下	-.05379	.42055	1.000	-1.5486	1.4410

续表

因变量	高考英语成绩	高考英语成绩	均值差(I-J)	标准误	显著性	95% 置信区间	
						下限	上限
动机公因子4	70分以下	120 分以上	-.35770	.52113	.998	-2.2100	1.4946
		110~120	.10836	.37152	1.000	-1.2121	1.4289
		100~110	.20700	.36018	.999	-1.0732	1.4872
		90~100	.46806	.35558	.942	-.7958	1.7319
		80~90	.07389	.40233	1.000	-1.3561	1.5039
		70~80	.05379	.42055	1.000	-1.4410	1.5486
动机公因子5	120 分以上	110~120	.59745	.53254	.974	-1.2954	2.4903
		100~110	1.14927	.52260	.565	-.7082	3.0068
		90~100	1.48436	.51928	.227	-.3614	3.3301
		80~90	1.29957	.55930	.494	-.6884	3.2875
		70~80	1.60317	.57642	.259	-.4456	3.6520
		70 分以下	2.23651*	.57569	.020	.1903	4.2827
	110~120	120 分以上	-.59745	.53254	.974	-2.4903	1.2954
		100~110	.55182	.33201	.838	-.6283	1.7319
		90~100	.88691	.32677	.289	-.2745	2.0484
		80~90	.70211	.38722	.772	-.6742	2.0784
		70~80	1.00572	.41156	.427	-.4571	2.4686
		70 分以下	1.63906*	.41054	.014	.1798	3.0983
	100~110	120 分以上	-1.14927	.52260	.565	-3.0068	.7082
		110~120	-.55182	.33201	.838	-1.7319	.6283
		90~100	.33509	.31030	.978	-.7678	1.4380
		80~90	.15029	.37343	1.000	-1.1770	1.4776
		70~80	.45390	.39862	.972	-.9629	1.8707
		70 分以下	1.08723	.39756	.280	-.3259	2.5003

续表

因变量	高考英语成绩	高考英语成绩	均值差(I-J)	标准误	显著性	95%置信区间 下限	95%置信区间 上限
动机公因子5	90~100	120分以上	-1.48436	.51928	.227	-3.3301	.3614
		110~120	-.88691	.32677	.289	-2.0484	.2745
		100~110	-.33509	.31030	.978	-1.4380	.7678
		80~90	-.18480	.36878	1.000	-1.4956	1.1260
		70~80	.11881	.39426	1.000	-1.2825	1.5202
		70分以下	.75215	.39319	.723	-.6454	2.1497
	80~90	120分以上	-1.29957	.55930	.494	-3.2875	.6884
		110~120	-.70211	.38722	.772	-2.0784	.6742
		100~110	-.15029	.37343	1.000	-1.4776	1.1770
		90~100	.18480	.36878	1.000	-1.1260	1.4956
		70~80	.30361	.44565	.998	-1.2804	1.8876
		70分以下	.93694	.44471	.618	-.6437	2.5176
	70~80	120分以上	-1.60317	.57642	.259	-3.6520	.4456
		110~120	-1.00572	.41156	.427	-2.4686	.4571
		100~110	-.45390	.39862	.972	-1.8707	.9629
		90~100	-.11881	.39426	1.000	-1.5202	1.2825
		80~90	-.30361	.44565	.998	-1.8876	1.2804
		70分以下	.63333	.46606	.933	-1.0232	2.2899
	70分以下	120分以上	-2.23651*	.57569	.020	-4.2827	-.1903
		110~120	-1.63906*	.41054	.014	-3.0983	-.1798
		100~110	-1.08723	.39756	.280	-2.5003	.3259
		90~100	-.75215	.39319	.723	-2.1497	.6454
		80~90	-.93694	.44471	.618	-2.5176	.6437
		70~80	-.63333	.46606	.933	-2.2899	1.0232

对于公因子 1（内在动机）：高考成绩在 70 分以下的学生与 110~120 分之间的学生存在差异（P=.000），与 90~100 分之间的学生也存在差异（P=.014）。但总体上呈现出英语基础越好，内在动机就越强烈的显著特征。

对于公因子 2（兴趣动机）：以高考成绩 90 分为界线，90 分以上和 90 分以下的学生在兴趣动机方面均存在显著的差异；而 90 分正好是高考英语考试的及格线。这说明高考英语及格与不及格的学生在兴趣动机方面存在较大差异。也是总体上呈现出英语基础越好，兴趣动机就越强烈的显著特征。

对于公因子 3（利己实用动机）：主要表现在 70 分以下的学生与高分学生存在显著差异。从 70 分到 120 分，英语基础越好，就越注重英语学习的利己实用目的；但 120 分以上的学生利己实用动机的强烈程度则又开始下降。

在公因子 4（外部动机）方面不存在统计学意义上的显著差异，P 值均大于 0.05。

对于公因子 5（直接目的动机）：仅仅是 70 分以下的学生与 110 分以上的学生存在差异，其他的学生则不存在显著差异。但总体上呈现出英语基础越差，直接目的动机就越强烈的显著特征。

所以，综合起来看，英语基础较差与较好的学生在内在动机、兴趣动机、利己实用动机和直接目的动机方面存在显著差异，尤其是高考成绩在 70 分以下的学生与高分学生之间的差异更加明显。而对于外部动机，则不存在统计学意义上的差异。

5.4 研究结论与讨论

5.4.1 研究结论

通过上述统计分析，对于独立学院非英语、非艺术专业本科生

的英语学习动机,可以得出如下结论:

第一,独立学院学生的英语学习动机主要是以实用、利己为主,比较现实,注重英语学习对自身的好处和利益。他们认为学好英语主要是为了提高自己的社交能力、升学考试、找到好工作、事业取得成功等;而对于喜欢英语本身、为中国的富强尽力、了解英语国家的文化等抽象目标则显得并不那么强烈。

第二,通过主成分法进行因子分析,独立学院学生的英语学习动机可以分为内在动机、兴趣动机、利己实用动机、外部动机和直接目的动机五大类。内在动机主要跟出国、满足父母的期望以及喜爱英语文学作品有关;兴趣动机主要跟学生对英语/英语国家/英语文艺作品感兴趣有关;利己实用动机主要跟提升自身素质和形象、找到好工作、事业取得成功有关;外部动机主要跟教师、教材、课堂教学质量和班级等外部因素有关;直接目的动机主要跟升学考试、大学毕业、取得好成绩等有关。

第三,女生更加注重内在动机、兴趣动机和利己实用动机,而男生则更加注重直接目的动机;而他们在外部动机方面不存在差异。大一、大二学生在学习动机上不存在统计学意义上的显著差异。理工和文史类学生仅在兴趣动机和利己实用动机上存在着统计学意义上的显著差异,且文史类学生的学习动机要比理工类强烈。英语基础较差与较好的学生在内在动机、兴趣动机、利己实用动机和直接目的动机方面存在显著差异,尤其是高考成绩在 70 分以下的学生与高分学生之间的差异更加明显;而对于外部动机,则不存在统计学意义上的差异。

5.4.2 学习动机激发策略

动机激发策略是提高教学质量的切入点和关键点。根据独立学院学生的特点和英语学习动机,应该从以下几个方面采取措施激发学生的英语学习动机。

第一,以提升自身能力素质和服务社会为导向,引导学生树立正确的学习动机。本研究结果显示,独立学院学生的英语学习动机主要是以实用、利己为主,比较现实,注重英语学习对自身的好处和利益;而对于喜欢英语本身、为中国的富强尽力、了解英语国家的文化等抽象目标则显得并不那么强烈,表现出强烈的学习动机功利化的一面。这在日常学习过程中则表现为对对自身职业发展有利的专业性、技能性和实用性等"硬知识"就认真学习,而对文学、艺术、哲学等人文社科类似乎"无用"的"软知识"则敷衍了事,无心学习。但是,随着经济全球化步伐的加快,国际的竞争更加激烈,社会对高素质人才的需求日益强烈,用人单位特别看重大学生的综合素质。所以,独立学院要引导学生应以提升自身综合素质和培养能力为导向,不断激发求知兴趣,树立正确的学习观;杜绝唯利是图、物质享受等不良的学习动机,努力把自己培养成全面发展的应用型人才。

第二,针对不同类型和层次的学生,要采取不同的激发策略。独立学院的学生个体之间差异较大,英语基础整体上较差。学校应该实行分级教学,根据学生的高考英语成绩分成 A 班(快)、B 班(中)、C 班(慢)三个层次,并制定切合实际的教学目标和教学方法,确保他们能够取得相应的成果,并帮助他们完成任务。目标的实现会使学生产生成就感和自信心,从而激发他们的兴趣动机。

第三,课堂教学和课外英语活动同步进行,全方位地激发学生的英语学习兴趣。教师在英语课堂上要增加实践教学环节,注重英美文化的导入;同时要注重学生在英语听、说、读、写、译实际应用技能方面的训练,让学生感到自己的英语应用能力得到了明显的提高。课外也要加强英语的浸透式接触和练习,通过社会实践、社团活动、校园文化活动、英语竞赛等形式,努力营造良好的英语学习环境和氛围,在潜移默化中增强学生的英语学习兴趣和提高学生对英语的实际应用能力。

总之,独立学院学生的英语学习动机总体上呈现出功利性的特点。教师应该结合学生的英语基础和独立学院的现有条件，有针对性地进行正确引导，帮助他们端正动机，增强兴趣，才能真正提高大学英语的教学质量。

6. 独立学院学生大学英语学习策略调查与分析

几乎所有的研究者都认为,英语学习能否达到比较理想的学业成就,与是否采用有效的学习策略联系紧密(文秋芳,1995;刘振前、袁凤识、许保芳,2005;刘亚宁,2004)。程晓堂、郑敏(2002)指出:"很多学生花了大量的时间和精力,但外语学习的效果还是不理想。虽然可能有各方面复杂的原因,但最根本的原因就是学生没有掌握有效的外语学习方法和学习策略。"同一所学校、同一个班级、同一个教师、同一种教材、同一种教法,学生的学习效果却千差万别,这其中的原因就在于学生是否掌握了正确的学习方法和策略。即使是同一个学生,在不同的学习阶段运用不同的语言学习策略,也会产生不同的学习效果。但是,不少学生并不了解和掌握语言学习策略,也不知晓如何运用语言学习策略去指导自己的外语学习。尤其是独立学院的学生,他们在高中阶段没有系统地掌握外语学习方法,或者只是一知半解;进入大学之后,如果教师不教授他们外语学习策略,他们学习英语必然是茫然的,学习效果自然也就不理想。也就是说,针对学生学习大学英语的现状,要积极开展语言学习策略的教学,帮助他们掌握正确的学习策略。语言学习策略教学指在语言教学过程中教师依据教学的需要对学生较为系统地教授语言学习的方法、途径和策略,使学生探索出适合自己的语言学习方法,增强学生独立学习和自主学习的能力,提高学习效果,实现学习目标,最终成为语言学习的主体(文秋芳,1996a;王立非,

2001)。所以，调查了解独立学院学生掌握学习策略的程度和缺陷，然后有针对性地对他们进行指导，使他们掌握正确的学习方法和策略，才能帮助他们有效地进行学习，取得好的学习效果，独立学院的大学英语教学质量才能提高。

6.1 学习策略的定义与类别

对于语言学习策略的研究，在近二三十年才受到普遍的关注，取得了一些重要的研究成果，并不断向纵深方向发展。最重要的关注点当然是学习策略如何影响学习效果，以及如何利用正确的学习策略指导语言学习。但是，学术界对于什么是学习策略、学习策略的含义是什么以及学习策略分为哪些类别，却一直没有形成统一意见。笔者将列举学术界较为有影响力的几种观点，并归纳其共同点。

6.1.1 学习策略的定义

国内外的学者从不同的角度探讨学习策略的内涵和特征，对于学习策略的定义大致可分为以下几个阶段和种类：

Stern (1983) 认为策略指语言学习者所采用方法 (approach) 的一般趋势或总体特点、技巧 (techniques)，指学习者或多或少有意识使用的可视行为的具体形式。

Chamot (1987) 认为学习策略是学生采取的技巧、方法或刻意的行动，其目的是便于学习和回忆语言的形式和内容。

Rubin (1987) 认为学习策略是有助于学习者自我构建的语言系统发展并直接影响学习的策略。

O'Malley & Chamot (1990) 认为学习策略是个体用以帮助其理解、学习或保持新信息的特殊想法或行为。

Oxford (1990) 则认为语言学习策略是学习者所采取的特殊行动，这种行动使学习更加轻松愉快、更加高效、更加自主(specific actions taken by the learner to make learning easier, faster, more enjoyable, more self-directed, more effective, and more transferable to new situations)。

Wenden（1998）认为学习策略是学习者为学习一种新的语言并调节为之所作出的努力而使用的心理步骤或操作。

可见，学习策略可以看作是学习者在学习的过程中对学习的认识以及所采取的步骤、规则、方法和技巧等。其定义可以简单地概括为：外语学习策略是学习者用以直接或间接提高外语学习效率的内隐或外显的方法和技巧（倪清泉，2008）。

6.1.2 学习策略的分类

关于语言学习策略的归类，国外和国内的学者均从不同的角度进行了尝试。在国外，比较流行的有以下3种：

第一种：O'Malley & Chamot（1990）根据信息处理理论，将语言学习策略分为元认知策略、认知策略、社会情感策略。

第二种：Oxford（1990）对学习策略的分类更为系统，他先将它分为两大类——直接策略和间接策略，然后又将每一类各分为三个小类，直接策略指直接与目标语学习相关的策略，它与大脑的语言加工直接相关，包括记忆策略、认知策略和补偿策略；间接策略指能够间接地有助于语言学习的策略，如包括元认知策略、情感策略和社交策略。

第三种：Cohen（1998）根据运用策略的目的，将学习策略分为学习语言的策略和运用语言的策略。

在国内，文秋芳、王海啸（1996）的分类与国外的学者有较大的差异。他们依据 Stern（1983）提出的三大理论争端（即 L1-L2 connection, the explicit-implicit option 和 the code-communication dilemma）将策略分为形式操练策略、功能操练策略和母语策略。形式操练策略比较注重传统的精读和精听，注重语言的准确性；功能操练策略强调在大量接触和运用外语的过程中自然吸收新的语言知识；母语策略使用则偏好通过翻译来学习外语的各项技能。他们的分类既重视学习策略与学习过程的关系，又强调学习策略与学习材料的关系，特别强调管理策略的通用性和对语言策略的管理功能。文秋芳的分类法具有明显的中国特色。

本研究选取的是应用较多的 Oxford（1990）的分类法，因为在众多的语言学习策略分类体系中，Oxford（1990）的分类更为全面、详尽，较为广泛地被世界各地的学者普遍接受和认同（Ellis, 1994）。这些策略适用于一切语言学习，既适合于母语学习，又适合于外语或第二语言的学习。这些都为研究哪些策略或哪些策略组合更能有效促进学习效果提供了基础和依据。根据 Oxford（1990）的分类的阐述，记忆策略是"用来记忆、复习新信息的策略"、认知策略是"用来理解和产生语言的策略"、补偿性策略是"使学习者在新语言知识有限的情况下能够运用新语言的策略"、元认知策略是"用来帮助学习者协调自身的学习活动和认知处理过程的策略"、情感策略是"用来管理所需的自信心和毅力的培养的策略"、社交策略是"向学习者提供更多的交互作用和移情上的理解的策略，是与其他学习者合作学习的策略"。其中记忆策略、认知策略和补偿策略直接参与目标语的学习，属于直接策略；元认知策略、情感策略和社交策略通过注意力集中、计划、评价、寻找机会、控制焦虑、增强合作和移情等手段，为语言学习提供间接的支持，属于间接策略。直接策略和间接策略对英语学习的作用不同，即直接策略能直接有效地提高英语学习效率，而间接策略只能对英语学习起间接或辅助的作用。

6.2　外语学习策略研究进展与成果

对学习策略的研究，最早始于 20 世纪 50 年代，当时的研究者们对于学习的研究开始将重心从教学和教师转移到学习者和学习过程。Carton（1968）首次提出外语学习中的线索推理三策略（即语内、语际和语外推理策略）；Rubin（1975）在权威杂志 *TESOL Quarterly* 第9期上发表了颇具影响的研究论文"What the Good Language Learner Can Teach Us"；后来，不少国外的学者如 Tarone、Richards、Carrol、Naiman、Frohlich、Todesco、Rubin、O'Malley、Chamot、Oxford 以及我国的文秋芳、章兼中、王宗炎、赵勇等，对语言学习策略进行了大量的研究。

总地来讲，外语学习策略研究的范围主要包括以下几个方面：对优秀外语学习者的研究；优秀外语学习者与非优秀外语学习者的对比研究；外语学习策略的使用与外语成绩的关系；影响外语学习策略使用的因素；外语学习微观策略层面与宏观策略层面的研究；外语学习策略培训和教学研究及成效。

学习策略研究的一个很重要的使命就是试图找出优秀外语学习者所使用的学习策略，并确定学习策略和学习效果的关系，找出有助于提高学习效果的策略，从而将优秀外语学习者的策略迁移到非优秀外语学习者，对他们进行学习策略训练，从而提高其学习效率和成绩。因此，早期的研究者首先就集中在对优秀外语学习者所使用的学习策略的研究。根据 Rubin（1975）、Stern（1975）和 Naiman et al（1978）的调查研究，倪清泉（2008）归纳优秀外语学习者具有五大特征：(1) 关注语言形式，即善于把语言作为一个系统来学习，进行有效的跨语言比较、分析目标语、使用参考书；(2) 关注语言意义，即运用学习材料中的意义，通过寻找自然语言使用的机会进行真实语言交际；(3) 积极参与语言活动，即主动引入话题、一边听别人讲外语一边重复等；(4) 能够意识到自己的学习过程，即善于思考、对自己的学习过程有较高的意识程度、能用元语言知识评价需要和进步并指导学习；(5) 善于根据不同的学习任务灵活、恰当地运用策略。

但是，优秀外语学习者使用的策略，是不是一定能够用于非优秀的外语学者呢？所以从20世纪80年代以后，研究者开始对比优秀外语学习者与非优秀外语学习者在使用策略上的差异。国外的Abraham &Vann（1987）、O'Malley & Chamot（1990）、Green & Oxford（1995）、Bremner（1999）、Oxford & Nyikos（1989），国内的刘亦春（2002）、韩文莉（2003）、张烨、邢敏、周大军（2003）、张彬、师彦灵（2004）、丁怡（2006）等，通过问卷调查，将优秀外语学习者和非优秀外语学习者所使用的学习策略进行对比实证研究。尽管对比研究的结果不完全一致，但多数研究者认为，成功者使用策略的宽度和频度总体上显著大于不成功者。也就是说，优秀外语学习者所使用的策略还是值得非优秀外语学习者借鉴和参考的。

学习策略研究的根本目的，还是论证策略使用与外语水平之间的关系。使用正确的学习策略是否能够提高外语水平或学习成绩呢？提高的程度究竟又有多大呢？弄清这一问题，就可以直接为外语学习和外语教学提供指引。所以，从20世纪80年代初期开始，国外的研究学者Bialystok（1981）、Politzer & McGroarty（1985）、Green & Oxford（1995）、Bremner（1999）和国内的文秋芳（1995）、文秋芳、王海啸（1996）、张彬、师彦灵（2004）、刘振前、袁凤识、许保芳（2005）、郝玫、付红霞（2006），就在通过实证研究比较成功者策略和不成功者策略的同时，开始探索策略使用与外语水平的关系问题，有的研究外语水平对策略使用的影响，有的考察策略使用是否有助于外语水平的提高。从现有报告来看，有四种不同的研究结果。第一，策略使用与外语水平不相关。第二，策略使用与外语水平部分相关。第三，策略使用总体上与外语水平相关。第四，策略使用与外语水平互为因果，策略使用推动外语水平的提高，外语水平的提高反过来又促进策略的积极运用，从而使两者呈螺旋性上升（倪清泉，2008）。但我国学者文秋芳（1995）、文秋芳、王海啸（1996）的研究发现最具有代表性：英语学习成功者与不成功者在听、说、读、写方法上都有显著差异，成功者与不成功者、快进步组与慢进步组在学习观念与策略上都存在明显差异。这表明，使用正确的语言学习策略，对于提高外语学习成绩和水平具有重要的作用和帮助。

但是，非优秀外语学习者是不是能够很好地使用学习策略呢？语言学习策略的使用会不会受到很多因素的限制呢？这也是学术界需要弄清楚的一个重要问题。国外的学者 O'Malley & Chamot（1985）、Chamot（1987）、Wenden（1987）、Oxford & Nyikos（1989）、Bacon（1992）、Green & Oxford（1995）、Oxford & Anderson（2001）、Taguchi（2002）、Ehrman & Oxford（2005）和国内的学者文秋芳（1995）、王立非（2001）、江晓红（2003）、林莉兰（2006）、王京华等（2006）、郝玫、付红霞（2006）、张莉（2008），经过大量的实证研究发现：影响外语学习策略使用的因素可归纳为两类，一是与学习者本人有关的因素（如观念、年龄、性别、学能、动机、学习风格、学习时间长短、学习经历等），一是与语言学习环境有关的因素（目的语、语言环境、任务、文化背景、学科等）。前者统称为学习者因素，注重内部或微观层面；后者统称为环境因素，注重外部或宏观层面。这些研究发现表明，在外语学习和外语教学过程中，要注意考虑到这些因素对学习者的影响，要因地制宜、因人而异地使用语言学习策略。

既然语言学习策略对于语言学习者具有非常重要的作用，但学习者不可能天生就知晓并掌握正确的学习策略，所以，就需要对他们进行有针对性的训练了。这就是 20 世纪 90 年代初期不少学者开始着手研究的另一项重要内容了，即学习策略的训练。Willing（1989）强调指出，策略训练与培养语言技能一样重要，应该列入课程大纲。至于策略训练的目的，一是要提高学习者的策略意识，增加策略选择范围；二是教会学习者怎样、何时、为什么使用某个策略以提高学习效率；三是促进学习者的自主学习、自我指导和自我管理能力。关于策略训练的方式，存在两种不同的观点：一是专门的集中训练，二是镶嵌式分散训练（倪清泉，2008）。与策略研究的其他方面比较，策略训练的研究相对较少，研究的成果也未能经过实践证明。但是，总体来说，策略训练能够增加学生使用策略的频度和效度，有助于外语成绩的提高，学生对课堂策略教学的做法及产生的教学效果普遍持认同态度（文秋芳、王立非，2004）。所以，在外语教学过程中，教师还是要有意识、有针对性地对学生进行学习策略的训练。

上述关于外语学习策略的研究成果，为独立学院大学英语教学改革提供了理论依据。要根据独立学院学生对学习策略的掌握情况和他们自身及学校的现状，有针对性地开展学习策略训练，提高他们使用正确的学习策略的意识，才能最终提高他们的英语学习效果和成绩，提升独立学院大学英语教学的质量。

6.3 本研究设计

本研究选取湖北省五所具有代表性的独立学院为例，向所有非英语、非艺术专业大一、大二学生按学号顺序间隔发放调查问卷1 500份，回收有效问卷1 383份；除调查了五所独立学院学生性别、年级、专业、高中文理科、高考英语分数、学生通过大学英语三、四级考试等基本信息之外，重点调查了学生对英语学习策略的认识、掌握和运用情况。受调查的学生中男生占50.2%，女生占49.8%；大一学生占58.7%，大二学生占41.3%；理工类学生占50.4%，文史类学生占49.6%；高中学文科的占34.3%，学理科的占65.7%。

本次测量的量表，则是选取R. Oxford于1990年公布的"英语语言学习策略量表 SILL" ESL/EFL 7.0 版。全表共设 50 个陈述句，针对每句陈述设五个级别的应答供学生选择：1＝这种做法完全或几乎完全不适合我的情况（0～25%）、2＝这种做法通常不适合我的情况（25%～50%）、3＝这种做法有时适合我的情况（50%）、4＝这种做法通常适合我的情况（50%～75%）、5＝这种做法完全或几乎完全适合我的情况（75%～100%）。学生根据符合自身实际情况的大致比例选择最接近的一个选项数字，从完全不符合自身情况到完全符合自身情况。这 50 个陈述选项，又分为"记忆策略"（9 项）、"认知策略"（14 项）、"补偿策略"（6 项）、"元认知策略"（9 项）、"情感策略"（6 项）、"社交策略"（6 项）六个类别。本研究主要以六个类别为单位进行统计和分析，最后计算每个大类学生选择的平均值（Means）；平均值的大小表示该策略被使用的频率。Oxford（1990）将策略使用的平均值作了以下说明：平均值在 4.5～5.0 之间表示"总是使用该策略"、3.5～4.5 之间表示"通常使用该策略"、2.5～3.4 之间表示"有时使用，使用情况一般"、1.5～2.4 之间表示"很少或通常不使用该策略"、1.0～1.4 之间表示"从不使用该策略"。

本研究主要探讨如下几个问题：一、独立学院非英语、非艺术专业本科生的大学英语学习策略的使用情况；二、不同性别的学生使用英语学习策略的差异；三、不同年级的学生使用英语学习策略的差异；四、不同专业类型的学生使用英语学习策略的差异；五、不同高考成绩的学生使用英语学习策略的差异；六、不同英语基础的学生使用英语学习策略的差异。

6.4 数据统计与分析

6.4.1 信度检验分析结果

Cronbach's Alpha 系数值为 0.948，表明关于英语学习策略量表中各题项得分间具有内在一致性，具有分析的可靠性。

6.4.2 独立学院学生学习策略使用情况

从统计的结果来看（见表6-1），独立学院的学生使用英语学习策略的总体平均值为3.0841，使用直接策略的平均值为3.1668，使用间接策略的平均值为3.0015，使用其他各类别的策略的平均值为2.5~3.4。这表明，独立学院的学生对于英语学习策略"有时使用，使用情况一般"，既没有较少使用的，也没有经常使用的策略，比较集中，但总体频率并不高。这说明，独立学院的学生对学习策略在英语学习中的重要作用认识不够，这也与他们很少接受英语学习策略训练或因学习经验不足而缺乏策略知识有关。因为，独立学院的学生在高中阶段属于成绩不好不坏的中间群体，他们对于英语学习策略有所了解，但又掌握不够全面和透彻；进入大学之后，又没有对他们进行系统的策略训练，所以导致他们使用英语学习策略的整体水平不高。当然，这需要一个过程。Skehan 认为，学习者需要一定的时间，才能熟悉某些学习策略（倪清泉，2009）。

对于直接策略和间接策略，两者平均值比较接近（3.1668和3.0015），都属于"有时使用，使用情况一般"；但直接策略稍高一点，说明独立学院的学生更注重能直接提高英语学习效率的学习策略，对于间接或辅助提高英语学习成效的策略的掌握和运用则稍逊一筹。

而对于六个类别的学习策略，也都属于"有时使用，使用情况一般"的层次。平均值最高的是"补偿策略"（3.4016），接近"通常使用该策略"层次；独立学院的学生使用"补偿策略"最频繁，表明他们善于寻求一些技巧（如猜测、迂回）来弥补语法和词汇等英语基础方面的不足，以获得更多的交际机会、维持交际以及提高交际效果。这可能与独立学院的学生在思想方面比较活跃有关。但这同时又反映出学生的英语听、说、读、写技能还比较欠缺，学生在不能自由、流利进行口头或笔头交流或读不懂文章时，就会用猜词、手势、替代等方式将活动进行下去。平均值排在第二的是"认知策略"（3.1024），这表明独立学院的学生在处理具体的语言任务（比如口语、听力、写作、翻译等）时，能够采取"模仿、推理、联想、想象、记笔记、做标记、概括、翻译、归纳/演绎"等方法。这可能与他们在高中阶段形成的习惯有关。平均值排在第三的是"元认知策略"（3.0477），是为了确保学习的有效性，在学习过程中进行积极安排、监控和调节，这对于将来在新的学习环境中自主学习、独立思考、做学习的主人非常有帮助。但独立学院的学生对此策略的掌握和运用一般。平均值排在第四的是"社交策略"（3.0083），而社交策略是"向学习者提供更多的交互作用和移情上的理解的策略，是与其他学习者合作学习的策略"，对学习者的成绩影响最大，是优秀语言学习者更常使用的策略（高原，2009）。但独立学院的学生在这一策略的使用上明显不足，这同时也说明独立学院的大学英语教学在交际互动活动方面还不够多，不管是在课内还是在课外，都需要开展更多的英语交际互动活动。平均值排在第五的是"记忆策略"（2.9964），说明独立学院的学生不喜欢记忆或不善于记忆，直接导致了他们高中英语成绩不理想、英语基础比较薄弱，他们考上大学之后，仍然沿袭以前的习惯，不重视记忆，也没有接受记忆策略的相关训练。平均值排在最后的是"情感策略"（2.9484），情感策略是"用来管理所需的自信心和毅力的培养的策略"，这表明独立学院学生在增强自己学好英语的信心、激发和端正学习动机、坚持不懈地学习等方面，还不善于使用情感策略，这直接导致他们英语学习自信心不足、动机偏离、动力不足、容易放弃等后果。总地来说，此次调查反映出独立学院非英语、非艺术专业本科生在英语学习策略的运用方面，整体频率偏低,"补偿策略"使用最多,其次是"认知策略"和"元认知策略",使用最少的是"社交策略"、"记忆策略"和"情感策略"。

表6-1　　　　独立学院学生英语学习策略总表

大类策略	均值	策略类别	均值	频率排序
直接策略	3.1668	记忆策略	2.9964	5
		认知策略	3.1024	2
		补偿策略	3.4016	1
间接策略	3.0015	元认知策略	3.0477	3
		情感策略	2.9484	6
		社交策略	3.0083	4
总体策略			3.0841	

6.4.3　学生属性与英语学习策略使用差异分析

将学生的人口属性与英语学习策略的使用情况进行交叉分析,可以看出不同类型的学生在使用学习策略方面的区别。

学生性别

按照学生的性别进行交叉分析,结果表明(见表6-2):男女生在使用学习策略方面整体上比较接近,但女生比男生稍强,均值分别为3.1032和3.0579。其他不管是在直接策略、间接策略这两个大类策略,还是在记忆策略、认知策略、补偿策略、元认知策略和社交策略这些类别策略方面,女生都比男生稍强;而在情感策略方面,男生比女生稍强一点。在策略使用的频率排序方面,男女生完全一致。可见,独立学院男女学生在英语学习策略的使用方面,整体上比较接近,女生稍强一点。

表6-2　　　不同性别的学生英语学习策略差异

大类策略	均值		策略类别	均值		频率排序	
	女	男		女	男	女	男
直接策略	3.1889	3.1398	记忆策略	3.0146	2.9725	5	5
			认知策略	3.1212	3.0776	2	2
			补偿策略	3.4310	3.3694	1	1
间接策略	3.0175	2.9760	元认知策略	3.0826	2.9992	3	3
			情感策略	2.9416	2.9458	6	6
			社交策略	3.0282	2.9831	4	4
总体策略				3.1032	3.0579		

学生年级

将学生的就读年级与英语学习策略使用频率进行交叉分析，可以看出：大一学生的学习策略使用整体上比大二学生要强，均值分别为3.1092和3.0423；而且不管是在直接策略、间接策略这两个大类策略方面，还是在记忆策略、认知策略、补偿策略、元认知策略、情感策略、社交策略这些类别策略方面，大一学生都要比大二学生强。这说明，独立学院的学生进入大学之后，教师们基本上没有对他们进行英语学习策略的培训和指导，相反，他们更加不使用在高中阶段学会的学习策略了，他们对于英语学习策略显得更加迷茫。所以，在新生入学之后的第一学期和第二学期，大学英语教师要有意识地对他们进行英语学习策略的培训，进一步强化他们在高中掌握的正确学习策略，并教会他们一些新的学习策略；同时还要指导他们在日常学习过程中频繁使用。只有这样，独立学院的学生才会知晓和全面掌握正确的英语学习策略，才会提高英语学习效果和成绩，独立学院的大学英语教学质量才会得到提升。

表6-3 独立学院不同年级的学生英语学习策略差异

大类策略	均值		策略类别	均值		频率排序	
	大一	大二		大一	大二	大一	大二
直接策略	3.1876	3.1330	记忆策略	2.9934	2.9924	5	4
			认知策略	3.1369	3.0501	2	2
			补偿策略	3.4326	3.3566	1	1
间接策略	3.0308	2.9516	元认知策略	3.0555	3.0251	3	3
			情感策略	2.9844	2.8879	6	6
			社交策略	3.0524	2.9417	4	5
总体策略				3.1092	3.0423		

学生的专业类型

将学生的理工类和文史类专业类型与英语学习策略的使用频率进行交叉分析,可以看出(见表6-4):文史类学生不管是在英语学习策略的整体使用方面,还是在直接策略和间接策略的运用方面,或者是在记忆策略、认知策略、补偿策略、元认知策略、情感策略、社交策略的掌握方面,都比理工类学生要稍强。这说明,文史类学生更加注重英语学习策略,而理工类学生往往忽视这一点。所以,独立学院尤其要加强对理工类学生的英语学习策略培训。

表6-4 独立学院不同专业类别的学生英语学习策略差异

大类策略	均值		策略类别	均值		频率排序	
	文史类	理工类		文史类	理工类	文史类	理工类
直接策略	3.1834	3.1483	记忆策略	3.0119	2.9766	5	4
			认知策略	3.1141	3.0872	2	2
			补偿策略	3.4242	3.3811	1	1

续表

大类策略	均值		策略类别	均值		频率排序	
	文史类	理工类		文史类	理工类	文史类	理工类
间接策略	3.0259	2.967	元认知策略	3.0844	2.9961	3	3
			情感策略	2.9560	2.9300	6	6
			社交策略	3.0373	2.9749	4	5
总体策略				3.1046	3.0577		

学生高中文理科情况

将学生在高中学习文理科的情况与英语学习策略的使用频率进行交叉分析,可以看出(见表6-5):高中学习文科的学生,不管是在英语学习策略整体使用方面,还是在直接策略和间接策略的运用方面,或者是在记忆策略、认知策略、补偿策略、元认知策略、情感策略、社交策略的掌握方面,都比高中学习理科的学生稍强一些。这说明,文科学生更加注重英语学习策略,而理科学生往往忽视这一点。这与前面的文史类学生和理工类学生的调查结果一致。

表6-5 独立学院不同高中文理科的学生英语学习策略差异

大类策略	均值		策略类别	均值		频率排序	
	理科	文科		理科	文科	理科	文科
直接策略	3.1543	3.1868	记忆策略	2.9789	3.0277	5	5
			认知策略	3.0934	3.1149	2	2
			补偿策略	3.3907	3.4178	1	1
间接策略	2.9694	3.0494	元认知策略	3.0112	3.1036	3	3
			情感策略	2.9173	2.9922	6	6
			社交策略	2.9798	3.0524	4	4
总体策略				3.0619	3.1181		

学生的高考总分

将学生的高考总分与英语学习策略的使用频率进行交叉分析,可以看出(见表6-6):学生的高考总分越高,他们使用英语学习策略的频率就越高,尤其是高考总分在520分以上的学生,他们更加注重运用各种学习策略。其中,高考总分在550分以上的学生运用学习策略更加频繁,他们的补偿策略使用均值达到了3.6071,记忆策略和认知策略均值也都在3.5以上。

表6-6 独立学院不同高考总分的学生英语学习策略差异

	均值						
	400分以下	400~450	450~480	480~500	500~520	520~550	550分以上
直接策略	3.1329	3.0971	3.1272	3.1846	3.1712	3.303	3.568
间接策略	2.9262	2.9514	2.9302	3.037	3.0153	3.0817	3.3793
记忆策略	2.9161	2.9299	2.9494	3.0112	3.0008	3.1285	3.5714
认知策略	3.0641	3.0353	3.0638	3.1285	3.0951	3.2166	3.5255
补偿策略	3.4184	3.3261	3.3683	3.4141	3.4176	3.5641	3.6071
元认知策略	3.0133	2.9902	2.9487	3.0873	3.0808	3.1239	3.4593
情感策略	2.8469	2.9217	2.8889	2.9837	2.9370	3.0417	3.3571
社交策略	2.9184	2.9424	2.9531	3.0400	3.0281	3.0795	3.3214
总体策略	3.0295	3.0243	3.0287	3.1108	3.0932	3.1924	3.4736

学生的高考英语成绩

将学生的高考英语成绩与英语学习策略的使用频率进行交叉分析,可以看出(见表6-7):学生的高考英语成绩越高,他们使用英语学习策略的频率就越高,尤其是高考英语成绩在 120 分以上的学生,他们更加注重运用各种学习策略。其中,高考英语成绩在 90 分以上(及格线)的学生,他们使用英语学习策略的均值达到了 3.0 以上,高考英语成绩在 120 分以上的学生使用补偿策略的均值达到 3.6 以上。

表 6-7 独立学院不同高考英语成绩的学生英语学习策略差异

	均 值						
	70分以下	70~80	80~90	90~100	100~110	110~120	120分以上
直接策略	2.842	3.0424	3.0419	3.1659	3.2167	3.3504	3.4005
间接策略	2.7256	2.9064	2.8342	3.03	3.0624	3.1358	3.1087
记忆策略	2.6141	2.8701	2.8301	2.9978	3.0652	3.1948	3.2670
认知策略	2.7857	2.9453	2.9752	3.1022	3.1576	3.2946	3.3155
补偿策略	3.1263	3.3119	3.3203	3.3976	3.4274	3.5617	3.6190
元认知策略	2.7579	2.9133	2.8404	3.0793	3.1164	3.2077	3.2222
情感策略	2.6794	2.8881	2.8054	2.9887	3.0018	3.0598	2.9372
社交策略	2.7395	2.9179	2.8568	3.0219	3.0690	3.1399	3.1667
总体策略	2.7838	2.9744	2.938	3.0979	3.1396	3.2431	3.2546

6.4.4 最常用和最不常用的英语学习策略

将学生的各个英语学习策略小项进行简单的频率统计分析,可以进一步发现独立学院的学生最常用和最不常用的英语学习策略(见表 6-8)。按照学生选择的百分比统计,学生最常用的英语学习策略依次是:"29. 如果想不起用准确的单词来表达,我就用意义最相近的单词或短语来代替"(69.7%)、"10. 我通过重复读写来记忆单词"(68.2%)、"33. 我试着找出如何学好英语的办法"(56.6%)、"26. 当不知道应该用哪个单词时,我就用知道的单词造词"(56.1%)、"15. 我经常看一些英语电视节目或电影"(53.9%)、"24. 对于不太熟悉的单词我就猜它的意思"(51.1%)、"45. 如果我听不懂,我会请求讲话者放慢速度或重复"(50.9%)、"3. 我尽量将单词的音、形、义结合起来记忆单词"(50.5%)。其他的学习策略,学生选择的比例则均未达到50%。

对于学生最不常用的策略,按照学生选择的百分比统计,依次是:"43. 我在日记中写下自己学习英语的感受"、"7. 我借助肢体语言记忆生词"、"17. 我用英语记笔记、写便条、信件或报告等"、"11. 我尝试像以英语为母语的人一样说英语"、"49. 我用英语来提问题"、"35. 我注意寻找那些能够和我用英语交谈的人"、"44. 我与他人交流学习英语的心得体会"、"2. 为了记忆生词,我尽量使用生词造句"。

表6-8　独立学院学生使用英语学习策略百分比详表

	非常符合	符合	有时符合	不符合	完全不符合
分量表1—记忆策略					
1. 我会思考英语学习中的新知识与已有的知识间的联系	6.2%	30.4%	48.3%	11.9%	3.2%
2. 为了记忆生词,我尽量使用生词造句	3.0%	15.9%	40.6%	34.3%	6.2%
3. 我尽量将单词的音、形、义结合起来记忆单词	10.2%	40.3%	35.4%	11.7%	2.3%
4. 为了记住单词,我经常想想什么情景下可能用到它	7.7%	28.0%	42.5%	19.0%	2.8%

续表

	非常符合	符合	有时符合	不符合	完全不符合
5. 我用英语的节奏来记生词	9.0%	25.2%	32.5%	28.5%	4.9%
6. 我将生词写在卡片上以便更好地记忆单词	6.7%	20.7%	35.2%	31.0%	6.4%
7. 我借助肢体语言记忆生词	2.4%	11.8%	29.9%	46.3%	9.6%
8. 我经常复习英语课文	4.3%	17.3%	46.1%	27.5%	4.7%
9. 我通过单词在书页、广告牌或路标上的位置来记忆生词	5.0%	23.8%	41.5%	26.0%	3.7%
分量表2—认知策略					
10. 我通过重复读写来记忆单词	24.3%	43.9%	23.8%	6.3%	1.7%
11. 我尝试像以英语为母语的人一样说英语	5.5%	17.8%	34.5%	34.2%	7.9%
12. 我经常练习英语的发音	5.5%	22.8%	43.5%	24.9%	3.2%
13. 我通过多种方式来运用已经掌握的英语单词	4.3%	22.1%	44.2%	25.8%	3.7%
14. 我尝试用英语交谈	4.4%	20.4%	43.8%	26.2%	5.2%
15. 我经常看一些英语电视节目或电影	19.3%	34.6%	36.7%	8.0%	1.3%
16. 用英语阅读对我来说是一种享受	5.8%	17.7%	38.1%	30.9%	7.4%
17. 我用英语记笔记、写便条、信件或报告等	4.9%	13.5%	31.4%	40.4%	9.8%
18. 我通常先快速地浏览英语文章，然后再从头仔细地阅读	9.9%	33.5%	36.9%	16.8%	2.8%

续表

	非常符合	符合	有时符合	不符合	完全不符合
19. 遇到新词时,我通常想一下它与汉语中哪些单词相对应	7.6%	34.7%	41.3%	14.7%	1.7%
20. 我注意总结英语句型	4.8%	22.5%	42.2%	26.0%	4.5%
21. 如果知道单词各部分的含义,我就能知道整个单词意思	5.5%	24.3%	50.3%	18.1%	1.8%
22. 我尽量不字对字地直译	7.1%	33.1%	40.9%	16.1%	2.8%
23. 对于听到或读到的英语内容,我要作一下总结	3.7%	18.9%	39.9%	33.6%	4.0%
分量表3—补偿策略					
24. 对于不太熟悉的单词我就猜它的意思	10.3%	40.8%	37.5%	10.1%	1.3%
25. 在用英语交谈想不起某些单词时,我就借助手势来表达	6.4%	26.9%	34.0%	28.4%	4.2%
26. 当不知道应该用哪个单词时,我就用知道的单词造词	12.4%	43.7%	26.8%	14.8%	2.3%
27. 在阅读英语文章时,我不会去查每个生词的意思	12.5%	34.7%	32.4%	17.6%	2.8%
28. 我尽量预测讲话者将要说什么	7.8%	31.8%	37.9%	19.7%	2.8%
29. 如果想不起用准确的单词来表达,我就用意义最相近的单词或短语来代替	19.0%	50.7%	24.3%	4.7%	1.3%
分量表4—元认知策略					
30. 我通过一切途径来练习英语	3.9%	19.3%	42.4%	28.6%	5.8%

续表

	非常符合	符合	有时符合	不符合	完全不符合
31. 我通过意识到自己的错误,来提高自己的英语水平	5.6%	30.0%	46.0%	16.0%	2.5%
32. 有人讲英语时,我的注意力非常集中	8.0%	32.8%	39.2%	17.1%	2.9%
33. 我试着找出如何学好英语的办法	13.6%	43.0%	32.5%	9.5%	1.3%
34. 我制定时间表,以便有足够的时间来学习英语	3.1%	19.1%	39.0%	33.7%	5.1%
35. 我注意寻找那些能够和我用英语交谈的人	4.7%	19.8%	33.8%	35.3%	6.3%
36. 我寻找一切机会尽可能多地用英语进行阅读	4.3%	19.4%	37.6%	33.0%	5.6%
37. 对于如何提高自己的英语技能,我有明确的目标	5.5%	23.4%	38.6%	29.4%	3.1%
38. 我经常回想自己在英语学习中的进步	5.1%	26.0%	41.0%	23.6%	4.3%
分量表5—情感策略					
39. 每当感到害怕英语时,我便努力放松自己	6.5%	31.0%	39.9%	18.7%	3.9%
40. 尽管我害怕出错,但我还是鼓励自己去讲英语	6.3%	32.3%	37.6%	20.8%	3.0%
41. 每当在英语学习取得进步时,我就奖励自己	6.9%	26.2%	37.0%	26.2%	3.7%

续表

	非常符合	符合	有时符合	不符合	完全不符合
42. 我尽力去注意在学习或运用英语时自己是否情绪紧张	6.4%	27.0%	36.5%	26.3%	3.8%
43. 我在日记中写下自己学习英语的感受	2.8%	12.6%	23.8%	47.0%	13.9%
44. 我与他人交流学习英语的心得体会	3.6%	19.9%	35.1%	33.9%	7.4%
分量表6—社交策略					
45. 如果我听不懂，我会请求讲话者放慢速度或重复	11.0%	39.9%	35.0%	11.3%	2.8%
46. 当我讲英语时，我请别人改正我的错误	7.0%	32.2%	37.6%	20.0%	3.1%
47. 我与其他同学一起练习英语	4.2%	22.0%	42.0%	27.2%	4.6%
48. 我经常从英语老师那里寻求帮助	3.9%	17.6%	43.8%	30.2%	4.6%
49. 我用英语来提问题	3.6%	14.3%	40.4%	36.0%	5.7%
50. 我努力学习英语国家的文化	5.2%	21.4%	35.1%	31.7%	6.6%

6.5　研究结论与讨论

6.5.1　研究结论

通过对湖北省五所具有代表性的独立学院进行的问卷调查，并通过SPSS18.0进行的统计分析，可以发现，独立学院的学生在使用英语学习策略方面存在一些独特的共同点。

第一，独立学院的学生对于正确的英语学习策略的知晓和掌握并不完善，很多学生一知半解，进入大学之后又没有接受系统的学习策略培训；同时，他们对学习策略在英语学习中的重要作用认识不够，没有主动尝试正确的学习策略。他们在英语学习过程中，有时使用一些学习策略，但整体使用的频率并不高，总体平均值只有3.0841，属于"有时使用，使用情况一般"的层次。

第二，独立学院的学生更加注重直接策略的运用，比较关注能够直接提高英语学习效率的学习策略，对于间接或辅助提高英语学习成效的策略的掌握和运用则稍逊一筹。

第三，独立学院学生对于六个类别的英语学习策略的掌握和运用，都属于"有时使用，使用情况一般"的层次，整体上都不高。使用最多的策略依次是：补偿策略、认知策略、元认知策略、社交策略、记忆策略和情感策略，这表明他们在高中阶段英语基础比较薄弱，对英语学习策略了解不多，进入大学之后缺乏学好英语的信心和良好的动机，没有形成良好的学习习惯，这使得他们更多地使用"补偿策略"，而忽视了"社交策略"、"记忆策略"和"情感策略"的运用。

第四，在不同类型学生使用英语学习策略方面，男女学生差异不明显，女生稍强；大一学生运用学习策略比大二学生稍强；文史类学生比理工类学生稍强；高中学文科的学生比学理科的学生稍强；学生的高考总分越高，他们使用英语学习策略的频率就越高；学生的高考英语成绩越高，他们使用英语学习策略的频率也越高。

6.5.2 加强独立学院学生的英语学习策略培训的建议

第一，在新生入学之后的第一周，甚至是第一学期，要系统地对学生进行英语学习策略的培训，让他们知晓正确的英语学习策略。因为，他们进入大学时是一个新的开始，容易按照大学新的模式学习英语，所以这个时候，独立学院的大学英语教师要抓住时机,因势利导,让他们全面系统地掌握正确的英语学习策略,并在随后的两年英语学习时期内进行督促检查,促使他们养成良好的英语学习习惯。课内和课外要同时抓,关键是要使学生按照正确的学习策略去实践,才能慢慢看到成效。要把学习策略的培训与日常教学结合起来,在以后的课堂教学过程中,教师要有针对性地引导学生了解和使用各种各样的学习策略,把各种策略的使用和训练与提高学生的听、说、读、写、译技能结合起来;要时刻把培养学生的学习策略融入到日常教学之中。

第二,在学习策略培训的具体内容方面,要侧重"社交策略"、"记忆策略"和"情感策略"的运用。大学英语教师在课堂上,要积极开展英语交互活动,边讲解、边练习,让学生在实践中操练和掌握这些策略。尤其是要加强对学生的情感策略培训,因为此次调查发现独立学院学生使用情感策略是最低的,而学习者的情感状态直接影响他们的学习行为与学习效果。所以,教师在课堂教学过程中,要注重减轻学生的焦虑感,在纠正学生的错误时要注意不要阻碍学生的学习动机、自信心与自尊心的发展与培养。

第三,大学英语教师在培训过程中,尤其要注重对理工科学生和英语基础较差的学生进行有重点的培训。宁可抽出一部分课堂时间专门讲解英语学习策略,也不要只顾赶教学进度,而省略了学习策略的培训。

7. 基于学生感知的独立学院大学英语教师课堂教学行为分析

教学相长、相辅相成,所有的教学活动都离不开这两项内容并围绕其开展。因此,要提高教学效果、促进更好的学习,除了要研究学生的学习,也要研究教师的教学。在分析了独立学院学生的英语学习动机和学习策略,并提出了增强和端正学习动机、加强正确的学习策略训练和运用之后,本研究将重点转向教师。前面第2章和第3章均从不同侧面阐述了独立学院大学英语教师队伍的状况,本章和第8章将从学生感知和满意度的独特视角,探讨独立学院大学英语教师的课堂教学情况,试图找出不同类型的教师在课堂教学中的不同表现,以及对于提高教学质量的影响。本章以中南财经政法大学武汉学院一所独立学院为例,从学生感知的角度分析大学英语教师的课堂教学行为,探讨学生对大学英语教师课堂行为的期待、学生对大学英语教师课堂行为的感知和满意度情况、影响学生满意度的各种因素,并提出改进独立学院大学英语教师课堂教学行为、提高课堂教学质量的策略与建议;第8章则选取湖北省五所具有代表性的独立学院,从学生对大学英语教师课堂教学质量评价的满意度角度,分析不同属性类型的教师在满意度方面的差异,最后提出加强大学英语教师队伍建设、提高独立学院大学英语课堂教学质量的对策和建议。这两章是本研究的重点,对于独立学院从学生的视角改进和加强大学英语教师队伍建设、提高教学质量,具有直接的参考指导意义。

7.1　大学英语教师课堂教学行为概述

长期以来，从事英语教育教学的工作人员和研究者一直在探索"一位教师如何才能很好地教学，有哪些因素影响着他的课堂教学行为"。尤其是近几年来，随着教师学和教师教育的兴起和迅速发展，要求通过加强教师的综合素质和课堂表现来提高英语课堂质量的呼声越来越高。教师是影响教学质量的关键因素（张博等，2009）。高校教师的教学质量可表述为"高校教师在课堂上的讲授满足学生明确需要和潜在需要的特性之总和"（黄怡，2005）。

那么什么是教师的课堂教学行为呢？《教育大辞典》中将之定义为"教学过程中，为达到一定的教学目标，教师和学生所采取的行为，它不仅包括师生、生生间的相互作用，还包括教师、学生与整个教学环境之间的相互作用"（姚利民，2005）。还有一种观点认为，教学行为是教师为实现教学目标或意图所采用的一系列问题解决行为，是在教师自我监控下的一种有选择的技术，这种选择的成败依赖于教师的知识结构、教学能力和在教学实践中积累起来的有关教学经验（姚利民，2001）。另外一种观点是，"教学行为是教师在教学时的表现，是在特定的外在的教学情境下，教师根据自己的素养选择教学模式及自己的角色，然后进行教学，这就产生了教学行为"（姚利民，1999）。总结起来，教师的课堂教学行为是指由教师引起、维持或促进学生学习的所有行为，换言之，它指教师为了促进学习者完成学习行为而进行的支持性、服务性、指导性活动的总和。根据行为理论，教学行为本身是一个系统，包括行为的主体、共同体和客体以及工具、规则和分工等互动的要素，各个要素随着环境的变化而变化；教学行为具有层级性，即教学行为本身就是教学活动的实现单位，教学活动由一系列有目的的教学行为组成。操作是教学行为的实现单位，教学行为通过具体操作来完成（侯新民、刘佩佩，2010）。

教师的课堂教学行为可以分为很多种类。根据教学行为的活动性质可以分为陈述行为、指导行为、展示行为、问答行为、讨论行为、反馈行为、评价行为和管理行为；根据课堂教学行为的存在方式可分为外显教学行为和内隐教学行为；根据教师在课堂教学情境中的行为方式及其发挥的功能可分为主要教学行为、辅助教学行为和课堂管理行为。第三种分类法目前得到广泛认可。主要教学行为简称主教行为，是指教师在课堂中发生的主要行为，包括教师的呈示、对话和指导。这种行为是以目标或内容为定向的，有效的主教行为必须以教师具备扎实的专业知识与技能为基本条件。辅助教学行为简称辅教行为，是为了使主要教学行为产生更好的教学效果而在课堂中发生的教师行为，它是以学生或具体的教学情境为定向的，包括学生学习动机的培养与激发、有效的课堂交流、课堂强化技术和积极的教师期望等。课堂管理行为是为教学顺利进行创造条件，是教师实现教学不可缺少的一种行为，它主要涉及课堂行为问题的管理与时间的分配，同样，有效的辅教行为和管理行为与教师的课堂经验和教师长期从事教育教学工作所具有的专业素养息息相关（罗雅萍，2002）。在课堂教学过程中，这三种教学行为既相对独立，又相辅相成，缺一不可，共同构成了影响教师教学效果好坏的关键，高质量的课堂教学源于教师的有效教学行为（姚利民，2002）。

大学英语教学是一个师生互动的过程，英语教师在课堂上的教学表现和角色行为直接影响着学生的参与和积极性，对学生的学习起着至关重要的作用（夏纪梅，2002）。尤其是在当前以学生为中心的教学模式中，教师作为课堂活动的"组织者、管理者、鼓励者、合作者和答疑者"（渠秀芳，1999），其课堂教学行为影响并决定着教学的效率和质量（蔡宝来、车伟艳，2008）。在课堂教学实践中，当教师的教学方法、教学手段等表层因素有了一定的改进和提高后，教学理念、信念和观念等深层次因素支配下的教师课堂教学行为的改进就成为提高课堂教学效率的实质性问题（蔡宝来、车伟艳，2008）。如何在"以学生为中心"的课堂教学模式中，使已经内化了的新的教学理念转化为教师的课堂教学行为，从而提高教师的教学能力和教学质量，是提高学校教育教学质量和人才培养质量的关键所在。所以，研究大学英语教师的课堂教学行为，是在关注大学英语教师知识、能力结构、职业道德素质的同时，重视教师的个人因素对课堂教学的影响，尤其是教师的性格、性别、信念、年龄和经历等因素。这不仅对注重学生人格塑造的当今教育来说有着重大的意义，而且对顺利完成教学任务、提升大学英语教学质量也有深刻的影响。

7.2 文献回顾

国外针对教师课堂教学行为的研究，始于1896年由Kratz（1896）率先进行的关于优良教师品质的调查，他还制定了教师特征的量表，标志着教师行为研究的专门化。到了20世纪，人们开始关注教师行为和教学效能之间的关系，以Harvey P. M. & Sander I. Marcus（1988）为代表的一批学者开展了关于教师认知风格对其课堂教学行为之影响的研究。以后的研究也循着这一思路发展，并主要集中在教师风格（teacher style）、师生交流（teacher-student interaction）、教师特征（teacher characteristics）、教师影响（teacher effect）、教师环境（teacher context）等方面。对于如何增强教师课堂教学行为的有效性以提高教师的教学质量，早在20世纪六七十年代，Ryans（1960）等一批学者研究探讨了教师课堂教学行为的标准，制定出的"教师有效/无效行为分辨表"，具有很强的代表性。Flanders（1970）也提出了"社会相互作用模式"和"过程—结果法"来评价教师的课堂教学行为。Donald R. Cruickshank（2003）提出教师有效行为的个性特征包括热情、热心、幽默、值得信任、高成功期望、激励、支持、有条理、灵活、适应性强和博学等方面。Richards & Rodgers（1986）从教育学的角度，比较了教师采用不同的教学方法在课堂上所应扮演的角色；而 Widdowson（1987）则着重分析了在"以学生为中心"的教学模式中教师在课堂教学中所应该起到的重要作用，对于当前普遍采取"以学生为中心"的教学模式的大学英语教学具有非常强的指导意义。

国内针对教师行为的研究主要集中于教师行为的有效性、教师行为的结构、新课程中的教师行为等问题，但总体而言处于起步阶段。其中傅道春（2002）通过研究教学行为的转变，揭示了教师行为的有效性；傅道春（1996，2001）、赵伶俐（2002）、唐松林（2002）和欧培民（2004）等人则主要研究了教师教学行为的结构；周景芝（2007）提出了促成有效教学的教师行为应该是：清晰授课、多样化教学、任务导向、引导学生投入学习过程，以保证学生的学习成功率。吴长刚、聂立川（2008）研究了课堂教学活动中的有效教师行为，提出五条关键行为与相应的策略和五条辅助行为。但就大学英语教师的课堂教学行为而言，国内的研究大多是关于教师信念（楼荷英、寮菲，2005；郑新民、蒋群英，2005；解芳、王红艳、马永刚，2006）、教师话语（周星、周韵，2002；范栩，2004）和影响外语教师课堂行为的因素（王丽娟，2008）的调查分析，或单从学生的课堂参与模式进行研究（张烨、周大军，2004），全面地对教师课堂教学进行实证研究的却不多见。

7.3 本研究设计

从以上的文献分析可以看出，国内外关于教师课堂教学行为促进学生学习效果和提升教师教学质量方面的研究，主要是从教师自身的因素（比如教师的个性特征、教学风格、教学信念、话语策略等方面）来探讨改进教师行为的方法与途径，并缺乏对大学英语教师实际课堂教学情况的考察；而从学生感知尤其是学生满意度的角度，反馈式地研究教师的课堂教学的文章则极为少见。这与当前"以学生为中心"的教学理念和教学模式明显不相适应。尤其是针对占我国本科院校 1/3 的独立学院而言，迄今为止未有类似研究。

独立学院是我国高等教育的重要组成部分。但由于其民办的特定属性，加之成立时间较短，教师的待遇和升职机会也无法与公办院校相比，所以在现阶段很难吸引高学历、高职称的大学英语教师。各院校主要采取自己招聘一部分、返聘一部分退休教授、签约少部分其他院校在职教授、另加外聘代课的模式。所以，一直以来，独立学院的大学英语教师主要以近几年刚毕业的年轻人和签约或者退休的老教授为主，呈现出"两头大，中间小"的"哑铃型"结构。以本次调查的中南财经政法大学武汉学院为例，2013 年上半年全院的大学英语教师为 41 名，其来源组成如表 7-1：

表 7-1　武汉学院 2013 年上半年大学英语教师队伍组成表

教师类型	人数	比例	备注
专职教师	11	26.8%	本院校招聘的年轻教师
签约教授	4	9.8%	其他院校在职的未退休教授，签约代少量课
自有教师	3	7.3%	其他院校已退休教授
外聘教师	23	56.1%	临时代课的人员
合计	41	100%	

而对这些教师的性别、年龄、学历、职称进行统计，得到如下信息。性别比例：男教师占 28.7%，女教师占 71.3%；年龄分布：51 岁以上者占 17.1%，36 至 50 岁者占 7.3%，35 岁以下者占 75.6%；学历分布：博士占 2.4%，硕士占 57.8%，本科学历占 39.8%；职称比例：高级职称占 21.9%，中级职称占 12.2%，初级职称占 65.9%。可以看出，独立学院的大学英语教师队伍普遍呈现出外聘多、女性多、年轻人多、低学历者多、低职称者多的五多特点。所以，研究他们的课堂教学，尤其是从学生感

知的视角来了解其课堂教学行为,发现问题,并结合独立学院的大学英语教师队伍现状进行相关的系统分析,提出针对独立学院大学英语教师的课堂教学改进策略,对于提高独立学院的大学英语教学质量和人才培养质量具有非常重要的意义。

7.3.1 量表设计

由于国内外目前还没有大学英语教师课堂教学行为的完整的问卷调查表,作者根据国内外二语习得的相关课堂研究,参考了思克里纳和朱里叶特于1993年设计的《大学生满意度量表》(Student Satisfaction Inventory),并结合教育部颁布的独立学院考核评估办法,在对学生和教师访谈和预调查的基础上,自行设计了调查表,并进行了小范围内的预测,通过修改完善,使该问卷的内部一致性信度系数 α 值达到 0.880。除受访学生人口统计学特征变量外,本次调查围绕学生对大学英语教师课堂教学的感知,测量了学生期待大学英语教师的类型、大学英语教师讲课方式方法,和学生对教师讲课的评价及对教师的满意度等。问卷采用李克特五级分量表,将"很满意(非常有吸引力)"、"满意(有吸引力)"、"一般(中立)"、"不满意(没有吸引力)"和"很不满意(非常没有吸引力)"这五类态度分别赋值为1、2、3、4、5,以便将难以测量的态度转化为可以计量的数字。

7.3.2 样本结构

本次调查选取中南财经政法大学武汉学院一所独立学院大一、大二两个年级7个专业的本科生作为对象,通过以班级为单位的随机调查方式向学生发放问卷700份,回收625份,信息填写完整的问卷478份。选取的样本覆盖了除英语专业和艺术专业之外的所有专业,具有较强的代表性。样本中,男生占32%,女生占68%,与学院在校生男女比例基本一致,样本的性别结构符合总体特征。大一学生占56.4%,大二学生占43.6%,两个年级的比例比较接近,样本的抽样结构能够代表目前开设大学英语课程的两个年级的学生。调查样本中,高中所学文科学生比例为 51.3%,高中所学理科学生比例为 48.7%;文理科学生比例基本一致,这样可以保证样本分析结果不会因为学生的学科结构差异太大而引起偏颇和误差。

7.4 数据统计与分析

7.4.1 学生对大学英语教师类型及课堂教学的期待

分析结果表明,学生所期待的大学英语教师首先应该具有幽默风趣、平易近人、对学生负责的特质,并能教给学生想学的知识。77.5% 的学生将幽默风趣作为他们心目中的英语教师的第一特质,表明独立学院的学生希望大学英语课堂生动活泼,具有趣味性,而不是枯燥乏味,这也跟独立学院的学生具有活泼好动、富于个性的特点有关。对于大学英语教师平易近人、对学生负责、能教给学生想学的知识的教师特质抱持期待的学生比例也都在 60% 以上,也反映出学生对教师个性、责任心和教学效果的期待。期待老师学识渊博的学生比例只有 53.7%,说明学生并不要求知识的深、广,而应突出"应用型"这一独立学院的特有要求。期待老师有创新精神的学生比例也只有 47%,大部分学生并不期待老师有创新精神,可能跟部分学生感觉一些教师借创新之名搞一些花哨而又没有实质效果的活动有关。期待老师"能以饱满的情绪投入教学"的学生比例只有 45.5%,还不到一半,这一点难以解释,因为教师的教学激情往往有助于提升课堂教学效果。一般人认为的"教师要求严格"及"鼓励学生独立思考问题"等特质也并不受独立学院学生的待见,学生对大学英语教师这两项特质的选择比例最低,分别只有 17.1% 和 37.7%。具体情况见表 7-2。

表7-2　　　学生心目中期待的大学英语教师类型

教师类型	Responses		Percent of Cases
	N	Percent	
对学生负责	285	11.9%	61.7%
学识渊博	248	10.4%	53.7%
平易近人	302	12.6%	65.4%
幽默风趣	358	15.0%	77.5%
有创新精神	217	9.1%	47.0%
能教给学生想学的知识	284	11.9%	61.5%
要求严格	79	3.3%	17.1%
能以饱满的情绪投入教学	210	8.8%	45.5%
鼓励学生独立思考问题	174	7.3%	37.7%
能尊重学生的意见	236	9.9%	51.1%
其他	1	.0%	.2%
Total	2394	100.0%	518.4%

a. Dichotomy group tabulated at value 1.

如表7-3所示，在大学英语教师授课特质方面，学生对英语教师发音标准这一点期待最高，接近80%的学生将教师的"发音标准"视为第一期待。一方面是因为英语教师的英语发音最能直观地显现教师的英语水平，如果老师的发音不标准，学生会认为老师自身的英语水平较低；另一方面是因为独立学院的学生希望学会"应用"英语，首当其冲的就是要学会说一口标准流利的英语，所以他们希望老师的英语发音一定要标准。其次就是表达清楚和带有感情，学生的选择比例均在60%以上，表达清楚也跟教师的英语水平直接相关，带有感情则是希望老师上课要有激情，要关心学生。可见，独立学院的学生希望大学英语教师授课时语音标准、表达清晰且带有感情，对大学英语教师的授课行为提出了英语专业水平和教师教育技能等综合方面的需求。

同时，对于老师的讲解技巧，学生更多地希望大学英语教师的教学行为应该不囿于课本；81%的大学生将"扩大知识面"列为大学英语教师课堂讲解的第一期待，希望教师在课堂教学中能将英语知识、语言技巧的传授与英美文化和相关知识的介绍有机结合起来开展教学；正因为如此，支持教师严格遵照课本照本宣科进行课堂教学的学生比例极低，不足5%。还有近65%的学生希望教师在课堂教学中能多举实例，使其更好地领悟知识并学好语言。希望老师讲解时深入浅出的学生比例也达到54.1%。

表7-3 学生对大学英语教师课堂教学行为的期待

讲课期待	Responses		Percent of Cases	讲解期待	Responses		Percent of Cases
	N	Percent			N	Percent	
声音洪亮	196	17.0%	42.4%	深入浅出	249	26.3%	54.1%
发音标准	367	31.8%	79.4%	多举实例	298	31.5%	64.8%
带有感情	281	24.3%	60.8%	扩大知识面	373	39.5%	81.1%
表达清楚	306	26.5%	66.2%	照本宣科	21	2.2%	4.6%
其他	5	.4%	1.1%	其他	4	.4%	.9%

7.4.2 学生对大学英语课堂教学感知及教师满意度分析

调查表明（见表7-4），只有52.6%的受访学生承认他们的英语教师上课有吸引力（43.4%）或者非常有吸引力（9.2%），刚刚达到受访学生的一半；17.3%的学生则认为他们的英语教师上课没有吸引力（11.2%）或者非常没有吸引力（6.1%）；30%的学生对此问题持中立和保留意见。这说明独立学院的学生对大学英语教师的课堂教学质量从吸引力角度来说评价整体偏低，认为还有待提高。独立学院的大学英语教师要认真反思自己的课堂教学,在教学方法上多下工夫,增强课堂的吸引力;否则学生进了教室也不想学,自然就谈不上教学成效。

表 7-4　学生对大学英语课堂教学感知及教师满意度

课堂感知	Percent	对教师的态度	Percent
非常有吸引力	9.2	很满意	6.3
有吸引力	43.4	满意	37.5
中立	30.0	一般般	44.0
没有吸引力	11.2	不满意	10.2
非常没有吸引力	6.1	很不满意	2.0
Total	100.0	Total	100.0

同样,只有43.8%的学生对自己的英语教师满意(37.5%)或者很满意(6.3%),比课堂教学吸引力正面感知比例略低,满意率还不到一半;12.2%的受访学生对自己的英语教师是不满意的;还有44%的同学对此问题保持中立或者保留意见。这同样说明独立学院学生对大学英语教师课堂教学的整体满意度不高,还有很大的上升空间。

对课堂感知和教师满意度两者之间作进一步相关分析,相关系数 $R=0.578$,$P=0.000$,说明学生对大学英语课堂教学的感知和对教师的满意度之间存在着显著的正相关关系。

7.4.3　影响学生对大学英语课堂感知及教师满意度的因素分析

分别将学生的性别、年级、英语基础、高中文理科等变量与学生对大学英语课堂感知及教师的满意度进行独立样本 T 检验,以进一步了解影响的因素和影响方式,可得出如下结果。

性别因素

Levene's 方差齐次检验、独立样本 T 检验统计分析结果表明，男女生在对大学英语教师的满意度上不存在明显的性别差异（F=4.832，P=0.028；t=-1.532，P=0.127>0.05）；而在对现任教师所授英语课程的感觉评价上则存在着显著的性别差异（F=0.003，P=0.956；t=-2.593，P=0.010<0.05）。男生较女生更倾向于认为教师的英语课有吸引力，男生认为大学英语教师课堂教学非常有吸引力或有吸引力的比例达到62%，而女生的这一比例仅为48.9%；男生认为没有吸引力或非常没有吸引力的比例为13.9%，而女生的这一比例达到18.6%（见表7-5）。受调查的中南财经政法大学武汉学院存在一个客观现实，女生的人数是男生的两倍多，而大学英语女教师的人数也是男教师的两倍多，所以呈现出女生多、女教师多的特点，这可能也会影响男女生的感知判断。

表7-5　学生性别对大学英语教师课堂吸引力的感知差别

课堂感知	非常有吸引力	有吸引力	中立	没有吸引力	非常没有吸引力
男	14.6%	47.4%	24.1%	8.8%	5.1%
女	7.1%	41.8%	32.5%	12.5%	6.1%

年级因素

分析结果表明，大一和大二学生在对英语教师的授课感知（F=3.298，P=0.070；t=-8.741，P=0.000<0.05）和现任英语教师的满意情况（F=3.733，P=0.053；t=-7.921，P=0.000<0.05）存在着统计学意义上的显著差异。大一的学生更容易倾向于认为英语教师的授课有吸引力，更倾向于对现任英语教师感到满意。大一的学生认为大学英语教师课堂教学非常有吸引力或有吸引力的比例

达到了68.7%,而大二学生的这一比例降到了32.4%,还不到大一学生的一半;大一学生对大学英语教师感到很满意或满意的比例为57.9%,而大二学生的这一比例降到了25.8%,也不到大一学生的一半(见表7-6)。造成这种差别的原因,可能是大一新生刚上大学,对大学的教学感到新鲜,容易形成较好印象;但到了大二时,不再感到新鲜,更多的是希望课堂本身充满活力、教师富有魅力、教学具有成效。

表7-6　学生年级对英语教师及其课堂吸引力的感知差别

课堂感知	大一	大二	教师满意度	大一	大二
非常有吸引力	14.2%	3.0%	很满意	9.3%	2.5%
有吸引力	54.5%	29.4%	满意	48.6%	23.3%
中立	23.7%	38.3%	一般般	37.4%	53.0%
没有吸引力	4.7%	19.4%	不满意	3.5%	18.3%
非常没有吸引力	2.8%	10.0%	很不满意	1.2%	3.0%

学生的英语基础

根据独立学院学生的高考实际情况,以高考英语分数105分作为学生英语学习基础好坏的标准,分析结果发现,高考英语在105分以下的基础较差的学生和高考英语分数在105分以上的英语学习基础相对较好的学生,他们对英语教师的课堂感觉($F=0.133$,$P=0.715$;$t=0.990$,$P=0.323>0.05$)和教师满意度情况($F=1.292$,$P=0.256$;$t=-1.523$,$P=0.129>0.05$)并不存在统计学意义上的显著差异,英语基础较好的学生对英语教师的上课情况感觉稍好,而对现任英语教师感到满意的情况则相对稍差(见表7-7),说明学生英语基础越好,对大学英语教师的课堂教学的要求就越高。

表7-7 学生英语基础对英语教师及其课堂吸引力的感知统计结果

	英语基础	N	Mean	Std. Deviation	Std. Error Mean
教师满意度	英语基础不好	204	2.53	.778	.054
	英语基础好	181	2.66	.872	.065
课堂感知	英语基础不好	199	2.58	.950	.067
	英语基础好	181	2.48	.964	.072

学生的高中文理科情况

分析结果同样还表明，理科生和文科生在对英语教师的授课感觉情况（$F=0.696$，$P=0.405$；$t=1.222$，$P=0.222>0.05$）和现任英语教师满意情况（$F=0.099$，$P=0.753$；$t=1.141$，$P=0.255>0.05$）不存在统计学意义上的显著差异。高中文理科学习情况并不是影响学生对大学英语课堂感知及教师满意度的影响因素。

总地来说，学生性别和所在年级的不同是影响学生对大学英语课堂吸引力感知和英语教师满意度的重要影响因素；而学生的高中英语学习基础情况和文理科分科情况则对其态度和感知不存在统计学意义上的显著差异。

7.5 研究结论与讨论

7.5.1 研究结论

通过上述的统计分析，可以得出如下研究结论：

第一，独立学院非英语专业、非艺术专业学生所期待的大学英语教师首先应该具有幽默风趣、平易近人、对学生负责的特质，并能教给学生想学的知识，反映出学生对教师个性、责任心和教学效果充满期待，并希望独立学院的大学英语教学突出"应用型"这一根本要求。而一般人认为的"教师要求严格"及"鼓励学生独立思考问题"等特质却并不受独立学院学生的待见。学生希望大学英语教师上课时语音标准、表达清晰且上课带有感情，对大学英语教师的上课行为提出了英语专业水平和教师教育技能等综合方面的需求。

第二，在大学英语课堂教学中"扩大知识面"、"多举实例"成为独立学院学生的共同要求。独立学院的学生普遍希望教师在课堂教学中能将英语知识、语言技巧的传授与英美社会文化和相关知识的介绍有机结合起来开展教学，在教学过程中注重文化导入。独立学院英语教学的实际情况却是，学生认为大学英语教师的课堂教学质量从吸引力角度来说整体偏低，对大学英语教师的整体满意度不高，教师只得到一半左右学生的认可。可见，独立学院大学英语教学在满足学生的需求方面还有很大的上升空间。

第三，独立学院的学生对大学英语教师课堂教学的吸引力感知和教师满意度都不太理想，且随着学生的性别和年级的不同存在着较大的差异。男生较女生、大一的学生较大二的学生更倾向于认为教师的英语课有吸引力；大一的学生更倾向于对现任英语教师感到满意。而学生的学习基础情况包括英语学习水平基础和高中文理科分科情况并不影响他们对大学英语课堂教学及现任大学英语教师满意度的感知和评价。

独立学院的学生在高中阶段是属于"成绩不好不坏"、"受到学校和老师忽视"的一个特殊群体，他们考上独立学院这样的三本院校之后容易呈现出自卑、敏感、脆弱的特点，需要教师更多的关心和鼓励，同时他们又希望能够好好学习，补回高中的缺憾，所以他们对教师的期待较高。但是目前独立学院的大学英语教师队伍普遍呈现出外聘多、女性多、年轻人多、低学历者多、低职称者多的五多特点，且教师队伍不够稳定，难以满足学生在这些方面的要求，这可能能够部分解释上述的研究结论。但为什么学生的性别和年级对于独立学院大学英语课堂教学的感知和教师的满意度存在着较大影响，在已有的研究中还难以找到答案，需要以后开展更加深入细致的实证研究。

7.5.2 提高独立学院大学英语课堂教学质量的策略与建议

根据本研究的主要发现与结论，独立学院大学英语教师需要从以下方面进一步改进课堂教学行为，以满足学生对大学英语教学多方面的需求，并提高教学质量。

第一，大学英语教师在课堂上要真心关注学生的心理，以表扬鼓励为主，尽量不要批评，以免刺伤学生脆弱的自尊心。教师在授课的过程中，要带有感情，做到平易近人，风趣幽默，在友好宽松的氛围中教给学生知识。独立学院的学生特点对大学英语教师在教学技巧方面提出了更高的要求，而且有些是涉及教师个人的性格，一时难以改变。尤其是独立学院的大学英语教师队伍大多是"老的老，小的小"，要做到幽默风趣、平易近人，并非一蹴而就的。但本调查反映出学生的这一需求，也为教师培训指明了方向。

第二，教师要进一步提高自身的专业水平，尤其要加强自身语音语调的训练和课堂用语的规范，首先要做到自己发音标准，能讲一口标准流利的美式英语或英式英语；还要扩大自身知识面，尤其是西方社会文化知识，将英美文化知识融入到课堂教学之中，而不能照本宣科。

第三，教师要进一步提高课堂教学能力。要改变传统的"以教师为中心"的教学模式，采用"听说领先"的教学方法，注重学生的听说能力培养。在授课过程中，要注意减少自己的话语时间，增加学生操练英语的机会；注意提问的技巧，鼓励更多的学生参与讨论。讲解时要表达清楚、带有感情；同时要深入浅出，多举实例。当然，教师在课堂上的激情是必不可少的。Ryans（1960）的研究表明，教师的激情与学生的学习效果是成正比的。教师要增强对教育职业的热爱，不断在实践中提高教学激情。

当然，由于本研究选取的调查对象只有中南财经政法大学武汉学院一所独立学院,这所独立学院本身具有女生多、女教师多的特点,会给研究结论带来一定的影响;而且本研究设置的问题也没有覆盖到大学英语课堂教学和教师课堂教学行为的方方面面,所以研究的结论还存在一定的局限性,以后还可以扩大研究对象、深化研究内容,以进一步增强研究的客观性和科学性。

8. 基于学生满意度的独立学院大学英语教师队伍建设研究

在我国，独立学院经过十余年的发展，已经进入到"评估转制、发展壮大"的关键阶段。独立学院要实现持续发展，并从根本上提升学校的竞争力，其办学质量必须实现质的突破；而这一质的突破离不开一支稳定的、高素质的教师队伍。教师是影响教学质量的关键因素（张博等，2009）。可以说，教师素质的高低是决定教学质量的关键，也将直接决定独立学院未来的发展前景。在独立学院由规模扩张向质量提升的战略转型过程中，教师队伍建设问题显得尤为突出。独立学院未来能不能办得下去、能不能办得好，关键是看教师队伍。

但目前独立学院普遍存在着专职教师数量少、结构不合理、中坚力量缺乏、教师流动性较大等问题；学者们针对这些问题深入探讨了其背景和原因，并提出了独立学院建设稳定合理的教师队伍的建议（金国华、金鑫，2012；李国强，2012；何全旭，2011；王廷、赵群，2011；魏立强、韩大明，2010；张扬、张新民，2008；周兆农、朱关明，2008）。综合来看，目前已有的研究文献主要是从政府管理层面、学校管理观念层面、教师自我管理层面分析独立学院的教师队伍建设问题，少有从学生的角度，尤其是从学生满意度和期望值的角度来调查和分析独立学院教师队伍的现状和建设措施。根据利益相关者理论和顾客满意度理论，"高等教育的服务就是要使每一位学生的能力、知识、理解力和个人发展不断地得到提高，努力提高学生的满意程度"（欧阳河等，2008）。学生是教学全过程的听课者和参与者,是教学的主体,也是教师最直接、最主要的服务对象,对教师的教学质量最有发言权(夏伟蓉、吕长、魏俊轩,2004)。同时,学生作为高等教育服务的直接顾客(Sallis,2005),也理应对提供教学服务的教师及其教学服务做出要求和进行选择。相较于公办院校,独立学院的学生支付了更高的学费,对大学教育质量自然会有更多的话语权。因此,从学生满意度的角度来研究独立学院教师的教学质量,进而发现教师队伍建设中存在的问题,提出有针对性的教师培训、招聘和管理建议,是独立学院加强教师队伍建设、提高教学质量的重要途径。

前面第 7 章选取了中南财经政法大学武汉学院一所独立学院,进行了大学英语教师课堂教学行为的学生感知和满意度调查,本章将进一步扩大研究范围,选取湖北省五所具有代表性的独立学院,调查学生对大学英语教师课堂教学质量的评价和满意度,以进一步从学生满意度的视角探讨独立学院的大学英语教师的课堂教学质量问题和教师队伍建设问题。

8.1 案例院校大学英语教师队伍状况

前面第 3 章中论述了独立学院大学英语教师队伍的一般状况,主要特点是人手短缺、构成复杂、个体差异大、年龄结构不合理、职称结构不合理、教学方法落后等。湖北省的独立学院和本研究所选取的五所案例院校也都具有这些特点。

8.1.1 湖北省独立学院外语师资状况

湖北省是全国独立学院最多的省份,2007 年达到 31 所,后来有 5 所成功转设为民办高校,现在仍然有 26 所。这些独立学院因为所处的地理位置、投资方的管理模式、"母体"学校的名声大小、专业设置和社会口碑等多方面的原因,教师的处境、发展前景和现实待遇存在较大差别,导致湖北省独立学院各学院之间的外语师资也有一定的差异。但他们还是有不少共性。据胡波、王华（2008）对湖北省独立学院 273 名外语教师进行的调查统计，结果如下。

职称分布：高级职称者 14 人，占 5.1%；中级职称者 31 人，占 11.4%；初级职称者 187 人，占 68.5%；初级以下者 41 人，占 15%。

年龄分布：35 岁及以下者占 83.9%，36~50 岁者占 10.3%，51 岁以上者占 5.8%；年龄最大者 67 岁，最小者 21 岁。

性别比例：男性占 17.9%，女性占 82.1%。

学历、学位情况：本科占 90.5%，硕士研究生占 9.5%；学士占 87.6%，硕士占 12.4%。

授课对象：教授公共英语课程者占 74.4%，教授英语专业课程者占 25.6%；目前所任课程精读占 67.8%，泛读占 9.5%，听力占 7.3%，口语占 6.2%，其他占 9.2%；37.7% 的被调查者任课两门或两门以上。

高校教龄：1~5 年者占 78.8%，6~10 年者占 10.3%，11~20 年者占 4.8%，20 年以上者占 6.1%。

研究领域：从事教学研究者占 50.4%，语言学研究者占 21.1%，文学研究者占 16.5%，翻译研究者占 7.3%，文化研究者占 4.7%。

周课时量：6 节以下（含 6 节）者占 9.4%，7~10 节者占 13.1%，11~12 节者占 11.7%，13~15 节者占 22%，16 节以上（含 16 节）者占 43.8%；课时量最少者每周 4 节课，而最多者每周 28 节课。

这些数据基本上可以反映湖北省独立学院外语教师的整体状况。

8.1.2 案例院校外语师资状况

具体到本研究选取的五所湖北省独立学院，具体人数如下。

中南财经政法大学武汉学院外语系：总人数75人（教授5人、副教授14人、讲师14人；博士1人、硕士36人），其中返聘退休自有教师12人，签约在职教授和副教授6人，专任教师57人①。

华中科技大学文华学院外语学部：总人数132人，其中专职教师73人（包括3名外籍教师），双聘教师48人，外聘教师11人②。

武汉理工大学华夏学院外语系：总人数130人，其中专任教师78人（教授8人、副教授15人、讲师45人、外籍教师4人）③。

中国地质大学江城学院外国语学部：总人数72人，其中兼职教师44人，专职教师29人，外教3人；讲师职称21人，教授职称12人；具有研究生学历及以上17人；历年累计外聘教授28人、副教授43人，开设讲座32人次④。

江汉大学文理学院外语学部：现有专职教师33名，还聘请了80多位江汉大学及其他院校教学经验丰富、教学认真负责的教授和副教授任教，还有5名外教⑤。

8.1.3 案例院校大学英语教师队伍状况

独立学院在创办之初，主要通过自己招聘一部分教师和返聘母体学校退休教授为主，师资队伍呈现出明显的"两头大、中间小"的"哑铃型"结构。但经过近十年的发展，独立学院的教师队伍逐渐呈现出多元化的发展趋势。各院校主要采取自己招聘一部分、

---

① http://wy.whxy.net/about.aspx?id=234.

② http://www.hustwenhua.net/vcms/whxy/xbsz/wyxb/xbjj/201302/6274.html.

③ http://www.1957.cn/hxwyx/NewsDetail.aspx?ArticleID=68037.

④ http://w.jccug.com/netShare/newpage.aspx?id=20090430135608&wz=14&lmbh=WY05_05&lever=2.

⑤ http://www.jdwlxy.cn:8080/department/bxsz.asp?i=4&t=6&s=1&tt=%B2%BF%C3%C5%BD%E9%C9%DC.

返聘一部分退休教授、签约其他院校在职教授或副教授、另加少部分外聘代课教师的模式。从本研究选取的五所湖北省独立学院的大学英语教师调查的总体情况来看，大学英语教师的年龄已经呈现出金字塔形结构，年轻人居多；职称则以讲师和助教居多；学历以硕士居多。其中40岁以下、讲师队伍主要为本校专职教师，40～60岁之间的（主要为教授或副教授）一般为其他公办院校在职来代课的教师，而60岁以上的均为返聘公办院校的退休教授或副教授。这种多来源组成的不稳定的教师队伍，对教学质量有着明显的影响。案例院校大学英语教师的基本情况如表8-1：

表8-1　　五所案例院校大学英语教师现状总体特征表

类别	属性	百分比	类别	属性	百分比
性别	男	24.7%	职称	教授	6.5%
	女	75.3%		副教授	5.6%
年龄	60岁以上	1.2%		讲师	71.2%
	50～60岁	2.2%		助教	16.6%
	40～50岁	8.4%	学历	博士	7.1%
	30～40岁	40.0%		硕士	67.9%
	30岁以下	48.2%		本科	23.9%
				大专	1.1%

以笔者所在的中南财经政法大学武汉学院为例，2013年上半年全院的大学英语教师为41名，其来源组成如下：专职教师11人，签约教授4人，自有教师3人，外聘教师23人。而对这些教师的性别、年龄、学历、职称进行统计，得到如下信息：性别比例——男教师占28.7%，女教师占71.3%；年龄分布——51岁以上者占17.1%，36岁至50岁者占7.3%，35岁以下者占75.6%；学历分布——博士占2.4%，硕士占57.8%，本科学历

占 39.8%；职称比例——高级职称占 21.9%，中级职称占 12.2%，初级职称占 65.9%。可以看出，独立学院的大学英语教师队伍呈现出外聘多、女性多、年轻人多、低学历者多、低职称者多的五多特点。

8.2 学生满意度理论

学生满意度理论是现代教育中评价教育教学质量、改进教学方法和模式、提高学生满意程度的一条重要指针，也是现代教育研究中的一条重要理论。

学生满意度研究的理论基础最初源于顾客满意度，现实基础则源于学生角色的转变。最早开展学生满意度研究的是 1966 年美国教育委员会使用 CIRP（Cooperative Institutional Research Program）测量大学新生的满意度。20 世纪 60 年代初，美国的菲根堡姆提出"全面质量管理"（TQM）理论，它是一种由顾客的需要和期望驱动的以质量管理为核心的管理哲学，其基本原理强调为了取得真正的效益，管理必须始于识别顾客的质量要求，终于顾客对产品感到满意。全面质量管理理论在国内外的高等教育管理理论与实践中都得到较大的应用，学生逐步成为教育过程中关注的焦点。根据 Deming 的观点，一所成功的大学就是要不断提升与发展满足学生与教职工满意度的能力，并在此方面表现出色（Mira et al, 1997）。所以国内外不少学者以此理论为基础，围绕学生满意度进行了大量的研究，以提高教学质量。与此同时，学生的角色也发生了重大的转变，形成了"以学生为中心"的教育理论。这一理论则来自美国教育家和哲学家杜威的"儿童中心论"。他特别强调尊重人类自由的天性、尊重儿童的心灵和遵循教育的规律对儿童发展的重要性。杜威的以儿童为中心的思想在教育界影响很大。将"以儿童为中心"的思想进一步运用于中学和大学教育就成为今天所提倡的以学生为中心的思想了。杜威在反对传统的教师中心说的同时，也并不完全否定教师在教学过程中要发挥一定的作用，他甚至认为教师在他所主张的教学进程中比在传统教学进程中要付出更为艰巨的劳动。"以学生为中心"的对立面便是"以教师为中心"。以教师为中心的教学最明显的特征就是忽视了学生的学习主体的作用，通常采用集体的、满堂灌的讲授式教学。相应地，以学生为中心的教学的特征是重视和体现学生的主体作用，同时又不忽视教师的主导作用，通常采用协作式、个别化、小组讨论等教学形式或采用多种教学形式组合起来进行教学。"以学生为中心"是现代教育以人本主义和建构主义为基础的基本理念，强调学生在教学过程中的中心主体地位，提高教学质量首先就是要重视对学生的研究，了解学生对教学的满意程度，然后加以改进和提高，这一理论对于改革教学模式、提高教学质量具有重要的作用。在受到"顾客满意度"理论和"以学生为中心"理论的影响下，"学生满意度"理论便应运而生了。高等学校学生满意度，是指学生对高等学校的感知效果与他们对学校期望值相比较后所形成的感觉状况（房保俊，2008）。

8.3 文献回顾

国外在大学生满意度方面的研究主要集中在学生满意度模型的构建、满意度的影响因素测量方面。Owaine 和 Aspinwall 针对高等教育质量的概念模型提出了高等教育顾客感知服务质量影响因子（Mohammad & Elaine, 1996），而心理学博士 Schreiner 和 Juillerat 则设计出了相对成熟的大学生满意度量表（Student Satisfaction Inventory），并付诸实践（Paula & Paul, 1999）。现有研究表明，学生对高等院校的满意度评价会受到文化氛围和社会环境（Paula & Paul, 1999）、学校声誉、居住环境、课程与教学品质等几个方面（Schreiner & Juillerat, 1994）的影响。在国内，徐卫良、黄忠林（2005）将高校学生满意度界定为学生对高等学校的感知效果与他们对学校期望值相比较后所形成的感觉状况；刘武、杨雪（2007）

则建立了中国高等教育顾客满意度指数模型（CHE-CSI），用以测量中国学生对我国高等教育的满意程度。2005 年，尤海燕、俞丽敏（2005）通过对不同批次大学生满意度的调查，发现学生的个人因素和学校因素是影响大学生满意度的主要因素。2006 年，闫士浩等（2006）研究了大学生对高校激励机制的满意度，结果表明激励机制的满意度与生活环境、教育学习、公平发展、认可度归属感、人际关系等有关激励机制方面的内容明显相关。对独立学院的学生满意度进行的专门研究相对较少。2005 年，张艺、鲍威（2005）对民办高校大学生满意度的实证研究发现，民办高校在师资队伍建设与组织各类资格考试等方面得到了学生较高的认同，但在学校的校园生活、教学实验设备方面学生的满意度较低。常亚平、姚慧平、刘艳阳（2008）、田佳、卢涛（2009）的研究表明，学校环境氛围、教学基础设施、教师职业素质和服务、辅导员素质、授课方式、学生管理机制、后勤服务、课外活动、校园风气、职工服务意识、个人关怀、医疗服务等因素会影响学生的满意度。王东平、杨斌、武艳艳（2011）对独立学院工科专业进行的调查发现，实践教学是影响学生满意度的最重要因素，专业及课程设置、教学设施、课堂教学等也对学生满意度构成影响。而针对学生对大学英语教师教学满意度的各种影响因素展开研究的成果较少。2008 年，聂素民（2008）基于"以学生为中心"的教学观，原则性分析了学生对大学英语教学满意度的独特性和复杂性。

  关于从学生满意度的角度来评价教师的课堂教学质量，国外的研究始于 20 世纪 70 年代末，主要从理论建构、指标体系、评价模式、实施方法、影响因素等方面探讨学生的评价是否反映教师教学的有效性。国内的研究起步较晚，但发展较快。1998 年，陈玉琨（1998）提出了包括教学目标、教学内容、教学过程、教学方法、成绩考核在内的课堂教学评价指标体系。随后，阮连法等（1999）、蔡建东（2001）、陈淑燕、瞿高峰（2001）、曹庆奎等（2002）、赵伶俐、陈秋敏（2003）、钱存阳、林维业、曹魁

(2003)、林森、白世国（2004）、张燕玲（2004）等人进一步探讨了课堂教学质量评价指标体系，并细分为若干个具体指标，采用层次分析法计算指标权重，同时还构建了模糊评价模型。2005年，我国开始从学生的感知角度对课堂教学满意度进行调查，从学生满意度的角度来评价教学质量，同时从学生感知角度来考虑学校应该给学生什么样的教育。但总体来看，相关研究仍处于探索阶段。主要表现在评价的指标体系还不够权威、系统和统一，没有一定的客观依据作支持；已有的指标体系也多是宏观的、笼统的，而针对某一具体的学科或课程的评价指标体系的构建研究较少，对大学英语课堂教学质量评价指标体系的研究就更少。同时，从教学主体即学生的角度审视和考察评价结果在何种程度上客观地显化教学质量，特别是大学英语教学质量，以及如何利用评价结果有效反馈外语教学研究和教师培训的实证性研究还比较薄弱。另外，专门针对独立学院大学英语教师课堂教学质量的学生满意度研究非常少见。

尽管国外从20世纪60年代、国内从20世纪80年代就开始了学生评教及基于学生视角的高等教育管理和研究工作，但针对独立学院、针对独立学院大学英语课程学生评教及基于学生视角的独立学院大学英语教师队伍建设的研究还比较薄弱。根据常亚平、姚慧平、刘艳阳（2008）的研究结论，独立学院的学生满意度与公办院校学生的满意度存在显著差异。何春燕（2010）也认为，独立学院学生的客观特点和主观因素以及教师对评教的态度都会导致评教出现较大偏差。我国独立学院的学生评教体系总体上还不完善（高雁鸣，2008），而对于大学英语课程，专门的评教指标体系仍在探索阶段，已有指标体系不能全面体现大学英语课程特点，过于笼统、针对性不强，不能体现大学英语教师教学水平和技术成分（陈凤年，2008）。所以，依靠学校教务处现有的学生评教系统，并不能全面反映独立学院学生对大学英语教师教学的真实满意程度和期望值；而采用信度和效度均较高的大学英语课堂教学质量评价体系进行大规模的学生匿名问卷调查，获取学生对教师各个侧面的满意程度并与教师属性进行相关性分析,是发现独立学院大学英语教师队伍存在的问题、加强师资队伍建设的必要途径,从而为提高大学英语教学质量提供依据和路径。这也是本研究的主要研究思路和方法。

8.4 本研究测量工具

本研究选取湖北省具有代表性的五所独立学院,进行大学英语课堂教学学生认知与满意度问卷调查,并利用 SPSS18.0 软件对所获得的一手数据进行一般描述与卡方统计分析,以探析独立学院大学英语教师的教学现状、学生对大学英语教师的期望值和满意程度及其与教师类别之间的关联属性,为独立学院有针对性地开展教师培训、制定大学英语教师队伍建设方案提供依据。

对于从学生感知视角来评价大学英语教师和英语教学质量,目前尚未产生统一公认的评价指标体系;主要是因为大学英语教学是一项极其复杂的动态过程,涉及的影响因素或变量很多。我国先后有蒋诗琴、李春华、白堤(2000)、白堤等(2001)、陈丽秋、陶卫亮(2004)、齐建晓(2006)、牛贵霞(2006)、蒋秀娟(2007)、陈凤年(2008)、赵应吉(2012)等人设计了"大学英语课堂教学质量评价指标体系表"。本研究选取简单明了、应用相对较多的陈丽秋、陶卫亮(2004)设计的评价表作为测量工具。本次调研问卷涉及的内容主要包括:

(1)被试学生的基本信息,包括性别、年级、高考总分、高考英语成绩、三级与四级通过率等;

(2)被试学生的英语学习动机和学习策略;

(3)大学英语教师的基本信息,包括性别、年龄、职称、学历等,以及学生对于大学英语教师在性别、年龄、职称、学历等方面的期望;

(4)学生对大学英语教师课堂教学质量的总体评价;

(5) 学生对大学英语教师课堂教学质量五个一级指标的满意度：教学态度、教学水平、教学内容、教学方法、教学效果。每个一级指标下分 3~5 项二级指标。

整个问卷采取 Likert 五级量表形式，从"1-非常满意"到"5-非常不满意"。

8.5 数据统计与分析

8.5.1 学生对教师属性的期望

本次调查将五所独立学院的大学英语教师属性现状特征与学生的期望特征进行了比较。结果表明（见表 8-2）：在教师性别方面，近一半的学生（49.6%）希望自己的大学英语教师是女性，而希望是男性的比例仅有 9.3%，说明女性教师更受学生欢迎，当然还有 41.1% 的学生表示无所谓；而现状是男性教师占 24.7%，女性教师占 75.3%。在教师年龄方面，学生普遍希望教师越年轻越好，希望教师是 60 岁以上的学生仅占 0.8%，而希望教师是 30 岁以下的学生占 48.4%；而现状正好与这一期望值基本吻合，60 岁以上的教师仅占 1.2%，而 30 岁以下的教师占到 48.2%。在教师职称方面，选择无所谓的比例最高（32.4%），其次是教授（27.9%）和讲师（25.7%），较低的是副教授（11.1%）和助教（2.9%），可见独立学院的大学英语教师并不是职称越高就越受学生欢迎；而现状是教授占 6.5%、副教授占 5.6%、讲师 71.2%、助教占 16.6%。在教师学历方面，希望是硕士的比例最高，达到 35.5%，其次是选择无所谓 28.3%，再次是博士 26.4%；而现状是博士占 7.1%、硕士占 67.9%、本科占 23.9%、大专占 1.1%。从整体现状来看，独立学院目前的大学英语教师队伍现状呈现出女性多、年轻人多、讲师多、硕士多的特点。所以可以看出，学生对大学英语教师的期望与实际情况在很大程度上是相吻合的,这为独立学院基于现有条件逐步完善师资结构,稳中求进,不断提升教学质量奠定了基础。

表8-2 独立学院大学英语教师人口属性现状与学生期望特征比较表

属性	类别	实际值	期望值	属性	类别	实际值	期望值
性别	男	24.7%	9.3%	职称	教授	6.5%	27.9%
	女	75.3%	49.6%		副教授	5.6%	11.1%
	无所谓	/	41.1%		讲师	71.2%	25.7%
年龄	60岁以上	1.2%	0.8%		助教	16.6%	2.9%
	50~60岁	2.2%	1.5%		无所谓	/	32.4%
	40~50岁	8.4%	4.7%	学历	博士	7.1%	26.4%
	30~40岁	40.0%	27.4%		硕士	67.9%	35.5%
	30岁以下	48.2%	48.4%		本科	23.9%	9.3%
	无所谓	/	17.2%		大专	1.1%	0.5%
					无所谓	/	28.3%

8.5.2 学生对大学英语教师课堂教学质量整体满意度情况

调查发现(见表8-3),63.9%的学生对独立学院大学英语教师课堂教学整体上感觉到满意(50.3%)或者非常满意(13.6%);31.8%的同学则认为独立学院大学英语课堂教学质量一般;不满意(3.1%)或者非常不满意(1.2%)的比例为4.3%。这表明,独立学院的学生对大学英语课堂教学的整体满意度不是很高,感觉一般的学生比例比较大,独立学院的大学英语课堂教学还有比较大的提升空间。

表8-3 独立学院学生对大学英语课堂教学整体满意率

	Frequency	Valid Percent	Cumulative Percent
非常满意	186	13.6%	13.6%
满意	689	50.3%	63.9%
一般	436	31.8%	95.7%
不满意	43	3.1%	98.8%
非常不满意	17	1.2%	100.0%

此外，将学生的人口属性与整体满意度进行交叉分析，可以看出（见表8-4）：男生较女生满意度更高，分别为66.9%和60.4%；大一学生较大二学生更满意，分别为67.2%和58.8%；理工类学生较文史类学生更满意，分别为66%和61.3%。

表8-4 学生属性与整体满意度交叉表

学生属性		对大学英语课堂教学质量的整体感觉				
		非常满意	满意	一般般	不满意	非常不满意
性别	男	14.1%	52.8%	30.1%	2.4%	0.6%
	女	12.9%	47.5%	33.9%	3.8%	1.9%
年级	大一	14.7%	52.5%	30.4%	1.9%	0.5%
	大二	11.8%	47.0%	33.8%	5.0%	2.3%
专业类型	理工类	13.2%	52.8%	30.1%	3.1%	0.7%
	文史类	13.5%	47.8%	33.7%	3.2%	1.8%

将学生对大学英语教师课堂教学的整体满意度与教师的人口属性进行交叉分析，可以发现不同属性的教师类别在学生整体满意度方面存在一定的差异。

在性别方面

如表8-5所示,男教师的满意或非常满意比例为61.1%,不满意或非常不满意的比例为3.3%,感觉一般的占到35.5%;而女教师的满意或非常满意的比例为64.6%,不满意或非常不满意的比例为4.8%,感觉一般的占到30.6%。可以看出,男女教师在学生的整体满意度方面基本持平,不是很高;同时,女教师的满意度和不满意度均比男教师稍高,说明女教师的两极分化比男教师要大。

表8-5 **教师性别与学生整体满意度关联表**

		整体感觉		
		满意	一般	不满意
实际性别	男	61.1%	35.5%	3.3%
	女	64.6%	30.6%	4.8%
合 计		63.7%	31.8%	4.5%

在年龄方面

如表8-6所示,60岁以上的教师满意度(68.8%)和不满意度(18.8%)均为最高,呈现出明显的两极分化,可能是因为他们退休后返聘回来上课,职称较高,学术造诣深厚,教学经验丰富,所以深受学生喜爱,但也有极少部分退休教师懒于备课,只是沿用以前适用于一本、二本院校学生的教案,课堂节奏慢,在知识上、思想上和情感上与学生存在距离,导致学生对其评价很低。50~60岁的教师的满意度(48.3%)和不满意度(3.4%)都是最低的,两极分化相对稍小。40~50岁的教师的满意度(58.0%)和不满意度(3.6%)也相对较低。而40~60岁教师主要是公办院校临时来代课的，精力有限，疲于应付，不愿多投入和付出，很少布置和批改作业，更谈不上辅导和答疑；尤其是50~60岁的教师，他们还面临着即将退休，用于独立学院教学的精力就更少了，所以导致满意度是整体教师队伍群体中最低的，但他们毕竟具有丰富的教学经验，也不至于最差，所以不满意度也是最低的。40岁以下的教师一般均为独立学院专职教师，总体满意度较高，但不满意度也居中，说明这个群体的教师也存在一定的两极分化，部分教师上课有激情，受到学生欢迎，但也有部分教师经验欠缺，教学效果较差。

表 8-6　　　教师年龄与学生整体满意度关联表

		整体感觉		
		满意	一般	不满意
实际年龄	60岁以上	68.8%	12.5%	18.8%
	50~60岁	48.3%	48.3%	3.4%
	40~50岁	58.0%	38.4%	3.6%
	30~40岁	63.1%	32.0%	4.9%
	30岁以下	66.1%	29.8%	4.1%
合计		63.9%	31.6%	4.5%

在职称方面

如表 8-7 所示，副教授的满意度最高（75.0%），不满意度却最低（1.4%），说明副教授这个教师群体整体上评价是最高的；教授的满意度是最低的（61.0%），不满意度却是最高的（4.9%）；讲师和助教区别不大，满意度居中，不满意度也基本是最高的。

表 8-7　　　　教师职称与学生整体满意度关联表

		整体感觉		
		满意	一般	不满意
实际职称	教　授	61.0%	34.1%	4.9%
	副教授	75.0%	23.6%	1.4%
	讲　师	63.6%	31.6%	4.8%
	助　教	62.1%	33.0%	4.9%
合　　计		63.8%	31.6%	4.6%

在学历方面

如表 8-8 所示，教师的学历越高，学生的满意度就越高，博士教师的满意度与大专教师的满意度区别较大，博士教师与硕士教师的满意度则区别较小。与此同时，学生对于部分只有大专学历的教师表现出的不满意度是非常明显的，远远高出其他类别的教师。大专教师的满意度最低，不满意度最高。占独立学院大学英语教师主体的硕士教师，学生的满意度较高，不满意度最低。

表 8-8　　　　教师学历与学生整体满意度关联表

		整体感觉		
		满意	一般	不满意
实际学历	博士	67.4%	26.7%	5.8%
	硕士	67.0%	29.4%	3.6%
	本科	56.1%	37.5%	6.4%
	大专	16.7%	66.7%	16.7%
合　　计		64.2%	31.4%	4.5%

8.5.3 学生对大学英语教师课堂教学一级评价指标的满意度情况

从调查结果来看（见表8-9），学生对大学英语教师教学态度、教学内容、教学方法、教学水平、教学效果的满意程度与整体满意度基本一致，且整体上偏低。其中，满意度最高的是教学内容（64.1%），其次是教学水平（63.3%）和教学态度（62%），最低的是教学方法（57.3%）和教学效果（46.2%）。与此同时，学生对教学效果的不满意度达到9.8%，对教学方法的不满意度也达到5.9%，是最不满意的两项。这说明，对于独立学院的大学英语课堂教学，学生基本上认可的是教学内容和教师的教学水平及教学态度；相比较而言，教师的教学方法还存在诸多问题，整体教学效果也不太理想。

表8-9　　学生对一级指标满意度显示表

一级指标 评价等级 百分比	满意 非常满意	一般	不满意 非常不满意
教学态度	62%	34.8%	3.2%
教学水平	63.3%	32.8%	3.9%
教学内容	64.1%	32.7%	3.2%
教学方法	57.3%	36.8%	5.9%
教学效果	46.2%	44%	9.8%

将一级指标与教师属性进行卡方检验，可得出如下发现：

在教学态度方面

如表8-10所示，男女教师没有统计学意义上的差异（P值>0.05），满意度和不满意度都比较接近。而不同年龄的教师在教学态度方面则差异明显，50岁以下教师的学生满意度均在60%以上，但60岁以上教师的学生满意度只有26.7%,50~60岁的教师的满意度也只有37.9%。60岁以上教师的不满意度是最高的,达到13.3%,这说明60岁以上的教师的教学态度是最差的,其次是50~60岁的教师的教学态度也较差,50岁以下的教师的教学态度都比较接近。不同职称的教师在教学态度方面也具有区别,副教授的满意度最高,达到73.2%,而且不满意为0%;其次是讲师62.2%;教授和助教最低,说明副教授的教学态度是最好的。不同学历的教师在教学态度方面区别明显,学历越高,学生的满意度就越高;而对大专教师的教学态度满意度竟然为0%。

表8-10 教师属性与教学态度满意度交叉表

		教学态度		
		满意	一般	不满意
实际性别	男	62.8%	34.7%	2.4%
	女	61.8%	34.7%	3.4%
合 计		62.1%	34.7%	3.2%
实际年龄	60岁以上	26.7%	60.0%	13.3%
	50~60岁	37.9%	58.6%	3.4%
	40~50岁	62.2%	35.1%	2.7%
	30~40岁	65.0%	32.0%	3.0%
	30岁以下	62.0%	34.8%	3.2%
合 计		62.3%	34.5%	3.2%
实际职称	教 授	59.8%	36.6%	3.7%
	副教授	73.2%	26.8%	0%
	讲 师	62.2%	34.5%	3.3%
	助 教	57.2%	37.8%	5.0%
合 计		61.9%	34.8%	3.4%

续表

实际学历		教学态度		
		满意	一般	不满意
实际学历	博士	68.6%	27.9%	3.5%
	硕士	62.7%	34.4%	2.9%
	本科	58.6%	37.0%	4.5%
	大专	0%	66.7%	33.3%
合 计		61.8%	34.7%	3.5%

在教学水平方面

如表 8-11 所示，男女教师在教学水平方面的学生满意度差别较大，女教师的满意度比男教师高出近 10 个百分点，不满意度也高出 4 个百分点，说明女教师的教学水平在学生眼里较男教师要高，但两极分化也要大些。不同年龄的教师在教学水平方面，学生的满意度区别较大，学生对 40 岁以下教师的满意度均在 60% 以上，但对 50～60 岁和 60 岁以上教师的满意度均只有 40% 多；同时，对 40～60 岁之间的教师的不满意度却非常低，说明他们的两极分化是最小的。在教师的职称方面，副教授的学生满意度最高，达到 69.0%，而且不满意率为 0%，教授和讲师差别不大，助教稍低，说明学生对副教授的教学水平也是最为认可的。学生对不同学历的教师的满意度与学历高低一致，最高的是博士教师 68.3%，但对大专教师的教学水平满意率和不满意率竟然都为 0%。

表 8-11　　教师属性与教学水平满意度交叉表

		教学水平		
		满意	一般	不满意
实际性别	男	56.9%	42.2%	0.9%
	女	65.5%	29.5%	4.9%
合　计		63.4%	32.7%	3.9%
实际年龄	60 岁以上	46.7%	46.7%	6.7%
	50~60 岁	41.4%	58.6%	0%
	40~50 岁	57.4%	41.7%	0.9%
	30~40 岁	65.3%	31.9%	2.9%
	30 岁以下	65.0%	29.4%	5.6%
合　计		63.7%	32.3%	4.0%
实际职称	教授	65.8%	32.9%	1.3%
	副教授	69.0%	31.0%	0%
	讲师	63.2%	32.7%	4.1%
	助教	59.9%	34.2%	5.9%
合　计		63.1%	32.9%	4.0%
实际学历	博士	68.3%	29.3%	2.4%
	硕士	65.2%	31.0%	3.7%
	本科	58.1%	36.8%	5.2%
	大专	0%	100.0%	0%
合　计		63.4%	32.6%	4.0%

在教学内容方面

如表 8-12 所示，学生对男女教师教学内容的满意度和不满意度差别不大,与整体满意度相持平。对于不同年龄的教师在教学内容方面,50 岁以下教师的学生满意度都在 60% 以上,50~60 岁教师为 44.8%,60 岁以上教师为 50.0%,表明年轻教师注重更新知识,而年龄较大的教师则习惯于沿袭以前的教学内容。不同职称的教师,在教学内容方面的学生满意度差别不大,职称越高,满意度就稍高。不同学历的教师的学生满意度与学历高低一致,学生对博士教师的满意度达到 71.8%,而大专教师只有 33.3%,但对大专教师的不满意率明显要高出很多。

表 8-12　　教师属性与教学内容满意度交叉表

		教学内容		
		满意	一般	不满意
实际性别	男	65.8%	31.8%	2.4%
	女	63.9%	32.6%	3.5%
合　　计		64.3%	32.4%	3.2%
实际年龄	60 岁以上	50.0%	43.8%	6.3%
	50~60 岁	44.8%	51.7%	3.4%
	40~50 岁	66.1%	32.1%	1.8%
	30~40 岁	66.2%	30.7%	3.0%
	30 岁以下	64.2%	32.3%	3.5%
合　　计		64.6%	32.2%	3.2%
实际职称	教授	67.5%	30.0%	2.5%
	副教授	66.2%	32.4%	1.4%
	讲师	64.3%	32.4%	3.3%
	助教	62.3%	32.8%	4.9%
合　　计		64.3%	32.3%	3.4%

8. 基于学生满意度的独立学院大学英语教师队伍建设研究

续表

		教学内容		
		满意	一般	不满意
实际学历	博士	71.8%	24.7%	3.5%
	硕士	65.2%	31.7%	3.1%
	本科	59.9%	35.6%	4.5%
	大专	33.3%	50.0%	16.7%
合 计		64.3%	32.2%	3.5%

在教学方法方面

如表 8-13 所示，学生对男、女教师的教学方法满意度均没有超过 60%，对女教师的满意度比男教师高出 5.4 个百分点，但不满意率也要高些，表明女教师的两极分化稍大些。所有年龄的教师的学生满意度均没有超过 60%，40 岁以下教师的学生满意度最高，为 59%；50~60 岁教师最低，只有 41.4%，但不满意率为 0%；60 岁以上教师的教学方法满意度较低，而且不满意度达到 12.5%，说明他们的教学方法比较陈旧，不太受学生欢迎。对于不同职称的教师的教学方法，副教授的学生满意度是唯一超过 60% 的，为最高，达到 69.0%；其次是讲师、助教和教授，教授的方法是最不受学生欢迎的。不同学历的教师的学生满意度均不高，均未达到 60%，最高的是硕士教师 59.5%，最低的是大专教师 33.3%。

表 8-13　　**教师属性与教学方法满意度交叉表**

		教学方法		
		满意	一般	不满意
实际性别	男	53.4%	43.3%	3.4%
	女	58.8%	34.3%	6.9%
合 计		57.5%	36.5%	6.0%

续表

		教学方法		
		满意	一般	不满意
实际年龄	60岁以上	43.8%	43.8%	12.5%
	50~60岁	41.4%	58.6%	0%
	40~50岁	51.8%	44.6%	3.6%
	30~40岁	59.1%	36.3%	4.6%
	30岁以下	58.4%	34.0%	7.6%
合计		57.5%	36.5%	5.9%
实际职称	教授	48.8%	46.3%	4.9%
	副教授	69.0%	29.6%	1.4%
	讲师	58.0%	36.1%	5.9%
	助教	51.0%	39.3%	9.7%
合计		56.9%	36.9%	6.2%
实际学历	博士	53.6%	41.7%	4.8%
	硕士	59.5%	34.8%	5.6%
	本科	53.4%	39.2%	7.4%
	大专	33.3%	66.7%	0%
合计		57.5%	36.5%	6.0%

在教学效果方面

如表8-14所示，男女教师在教学效果方面没有统计学意义上的差异，且均没有超过50%。60岁以上教师的学生满意度最高，达到62.5%，且不满意率为0%；其次是50~60岁教师，为51.7%；最低的是40~50岁教师，只有39.6%。所有职称的教师的学生满意度均不高，最高的是副教授，也只有49.3%，最低的是助教 42.4%。不同学历的教师的学生满意度均不高,均未达到 50%,博士教师最高为 48.2%。

表 8-14 教师属性与教学效果满意度交叉表

		教学效果		
		满意	一般	不满意
实际性别	男	48.3%	43.2%	8.5%
	女	45.7%	44.0%	10.3%
合 计		46.3%	43.8%	9.9%
实际年龄	60 岁以上	62.5%	37.5%	0%
	50~60 岁	51.7%	41.4%	6.9%
	40~50 岁	39.6%	51.4%	9.0%
	30~40 岁	46.6%	44.0%	9.4%
	30 岁以下	46.7%	42.3%	11.0%
合 计		46.4%	43.6%	10.0%
实际职称	教授	47.6%	42.7%	9.8%
	副教授	49.3%	45.1%	5.6%
	讲师	46.9%	43.4%	9.8%
	助教	42.4%	45.3%	12.3%
合 计		46.3%	43.8%	9.9%
实际学历	博士	48.2%	45.9%	5.9%
	硕士	47.1%	43.1%	9.9%
	本科	43.8%	44.2%	12.0%
	大专	33.3%	66.7%	0%
合 计		46.3%	43.7%	10.0%

可见，对于不同属性的教师，学生在课堂教学质量评价和满意度方面存在较大差别。总地来看，女教师、副教授、40岁左右、博士或硕士教师是最受学生欢迎的，其他的教师则在不同侧面呈现不同的优势。

8.5.4 学生对大学英语教师课堂教学二级评价指标的满意度情况

进一步对二级指标进行统计可以发现（见表8-15），学生感到非常满意或满意比例比较高的分别是"老师在仪表方面整洁、端庄、得体"（86.4%）、"老师教学纪律好，不缺课，不迟到早退，不拖堂"（83.7%）、"老师公平地对待所有学生，不漠视基础差的学生"（83.1%）、"老师备课充分，熟悉授课内容"（82.7%）；而学生感到非常不满意或不满意比例比较高的则集中在教学效果和教学方法两个方面。

表8-15　　　　　　学生对二级指标满意度显示表

	非常满意	满意	一般	不满意	非常不满意
教学态度	62%的学生对英语老师的教学态度非常满意和满意，只有3.2%的大学生对英语老师的教学态度不满意或非常不满意				
老师备课充分，熟悉授课内容	25.5%	57.2%	15.4%	1.3%	0.6%
老师教学纪律好，不缺课，不迟到早退，不拖堂	31.1%	52.6%	14%	1.8%	0.6%
老师上课投入，富有激情和吸引力	24.5%	49.3%	22.8%	2.6%	0.7%
老师注重课堂组织，抓课堂纪律	20.5%	49.9%	26.2%	2.9%	0.5%
老师公平地对待所有学生，不漠视基础差的学生	31.7%	51.4%	14.6%	1.7%	0.6%

续表

	非常满意	满意	一般	不满意	非常不满意
教学水平	63.3%的学生对英语老师的教学水平非常满意和满意,只有3.9%的大学生对英语老师的教学水平不满意或非常不满意				
老师在仪表方面整洁、端庄、得体	35.7%	50.7%	12.1%	1.2%	0.3%
老师的英语语音语调标准,声音洪亮	30.8%	50.1%	16.2%	2.6%	0.3%
老师的板书(或课件)整洁、美观、实用	28%	49.1%	20.5%	2%	0.4%
老师的知识面宽,能帮助学生扩大知识面	30.3%	46.5%	20.2%	2.6%	0.4%
老师能敏锐感觉课堂反应,营造良好的课堂气氛,鼓励、吸引学生参与课堂活动	25%	44.8%	24.5%	4.4%	1.3%
教学内容	64.1%的学生对英语老师的教学内容非常满意和满意,只有3.2%的大学生对英语老师的教学内容不满意或非常不满意				
讲授的内容正确,知识点准确	25.9%	55.7%	16.3%	1.7%	0.3%
讲课逻辑性强,重难点突出,条理清晰	24%	49.3%	23.8%	2.5%	0.4%
非常注重学生英语应用能力的提高,课后练习适当	23.1%	50.1%	23.6%	2.9%	0.4%
教学方法	57.3%的学生对英语老师的教学方法非常满意和满意,只有5.9%的大学生对英语老师的教学方法不满意或非常不满意				

续表

	非常满意	满　意	一　般	不满意	非常不满意
师生关系融洽，注重互动，课堂气氛活跃	28.6%	46%	21.7%	3.3%	0.4%
讲课生动形象，很好理解	24.9%	47.6%	23.9%	3.2%	0.3%
老师非常注重引导学生思考，启发学生运用英语	24.4%	48.4%	23.7%	3.1%	0.4%
教学方法灵活，形式多样	22.7%	42.3%	30%	4.5%	0.4%
教学效果	46.2%的学生对英语老师的教学效果非常满意和满意，只有9.8%的大学生对英语老师的教学效果不满意或非常不满意				
这门课增强了我对英语的兴趣	19.8%	39.3%	34.1%	5.7%	19.8%
这门课提高了我的英语运用能力	19.1%	40.1%	34.5%	5%	1.2%
这门课使我了解了西方社会与文化，受到了人文精神的熏陶，开拓了国际视野	19.2%	36.4%	36.9%	6.4%	1%

将二级指标与教师属性关联性进行卡方检验，可以发现：不同性别的教师，在教学纪律、公平对待所有学生、教师仪表、板书、感觉课堂反应、营造课堂气氛、构建良好师生关系、讲课生动等方面，女教师比男教师的学生满意度要高，其他方面则男女教师没有明显差异。不同年龄的教师，年龄越大，在备课、教学纪律、公平对待所有学生、仪表、讲课内容等方面的学生满意度却越低，其他方面无明显差异。学生对副教授职称教师的教学纪律满意度最高，教授最低；引导学生思考方面，学生对副教授的满意度也是最高，助教最低；其他方面无明显差异。不同学历的教师，博士和硕士教师明显在各方面的学生满意度要高，而大专教师则普遍较低。

8.6 研究结论与讨论

8.6.1 研究结论

通过上述的统计分析,可以得出如下研究结论:

第一,独立学院学生对大学英语教师属性的期望值与当前独立学院大学英语教师队伍的现状在很大程度上是一致的。这说明,独立学院完全可以立足于现有师资条件,逐步改进教师队伍结构中的不合理因素,不断加强教师队伍建设,着重提高教师的教学水平和教学效果。

第二,只有63.9%的独立学院学生整体上满意现有的大学英语教师课堂教学,还有31.8%的学生保持中立。这说明,独立学院大学英语教师改进课堂教学、提高教学质量的空间还很大;有必要弄清保持中立和不满意的学生对大学英语课堂教学不满意的原因,然后有针对性地加以改进。

第三,独立学院大学英语教师的教学态度和教学水平以及所讲授的内容基本上得到学生的认可,但学生对其教学方法却评价不高,导致整体教学效果不佳,学生对独立学院大学英语教学效果不满意。

从独立学院教师队伍最主要的三大组成部分来看,60岁以上的一般为退休返聘教师,呈现出明显的两极分化,大部分教师认真负责、教学效果显著,但也有少部分教师不注意更新知识,在教学态度、教学内容、教学水平等方面满意度较低;40~60岁之间的一般为其他公办院校在职教师,他们身兼两职,精力有限,有的即将退休,在独立学院这边投入不够,导致满意度较低,尤其是50~60岁之间的教师;40岁以下的一般为本校专职教师,总体满意度较高,但职称普遍不高,教学效果较差。总地来看,女教师、副教授、40岁左右、博士或硕士教师是最受学生欢迎的。

8.6.2 加强独立学院大学英语教师队伍建设的建议

第一，基于目前独立学院大学英语教师队伍现状，对于三大类别的教师，要开展有针对性的培训、教育和督促检查。对于自己的专职教师，独立学院应尽可能提供各种机会和条件，提高他们的学历和职称；并通过严格教学管理，使其进一步端正教学态度，不断改进教学方法，以提高教学水平和效果。对于聘请的其他公办院校在职教授和副教授，独立学院教学管理部门要给他们提出明确的教学要求，增强其责任心，同时适量减少他们的教学工作量，还要加强对他们的督促和检查。对于返聘退休教师，独立学院一定要严格把关，弄清他们退休之后又接受返聘的真正动机，把那些热爱教育、真心想发挥余热的优秀教师聘回到独立学院的课堂，并向他们强调在教学内容和教学方法方面要与时俱进，根据独立学院学生的特点，采取相应的教学方法和模式。

第二，独立学院应该重点引进和培养高职称的中青年骨干教师。本次调查反映出40~60岁年龄段教师的满意度是最低的，而恰恰这些教师都不是独立学院自己的专职教师。他们具有职称较高的优势，但确实存在身兼两职、精力有限、投入不够的问题；所以独立学院应该拥有自己的这个年龄段的教师，才能有效提高独立学院大学英语教学质量和效果，满足学生的教学质量期望和要求。一方面，独立学院应该花重金引进中青年的教授或副教授；另一方面，还要加强对自己年轻的专职教师的培养，尤其要在科研方面进行扶持，促使他们早出成果、多出成果，争取尽早在职称方面取得进步。同时，对已有的教师，要在提高薪酬待遇、解决住房后顾之忧等方面增强吸引力，确保专职教师队伍的稳定。

第三，着力解决影响独立学院大学英语课堂教学质量的不利因素。根据此次调查的发现，60岁以上的教授需要在教学态度方面作较大改进，并不断更新教学内容，在备课、教学纪律、公平对待所有学生、仪表等方面要注意照顾到学生的感受；40~60岁的兼职教师,要投入精力,体现应有的教学水平,同时要针对独立学院学生的实际水平设计教学内容和采取相应的教学方法,切忌照搬一本、二本院校的模式,尤其是 50~60 岁的兼职教师,更需要改进教学方法;40 岁以下的专职教师,重在增强课堂教学效果,要牢固树立"以学生为本"的教学观念,大胆尝试交际教学法、互动教学法、基于任务教学法等方法,切实照顾到学生的感受,帮助学生增强对英语学习的兴趣,促使学生在英语"听、说、读、写、译"等方面提高实际应用能力,才能获得学生的认可。

当然,本研究仅从学生满意度的角度来评价独立学院大学英语教师的课堂教学,是不够全面的,仅反映出学生的感知和意愿;如能结合其他评价维度进行综合分析,结论应该会更加客观和真实。

附录 1：

普通高等学校独立学院
教育工作合格评估实施方案

二〇〇七年三月二十五日

  本方案是根据《中华人民共和国高等教育法》、《中华人民共和国民办教育促进法》、《教育部 2003—2007 教育行动振兴计划》、《教育部关于印发〈关于加强高等学校本科教学工作提高教学质量的若干意见〉的通知》（教高［2001］4 号）、《教育部关于印发〈普通高等学校基本办学条件指标〉（试行）的通知》（教发［2004］2 号）、《教育部办公厅关于印发〈普通高等学校本科教学工作水平评估方案〉（试行）的通知》（教高厅［2004］21 号）和《教育部关于印发〈关于规范并加强普通高校以新的机制和模式试办独立学院管理的若干意见〉的通知》（教发［2003］8 号）等法律法规、相关文件和教育部领导有关讲话精神而制定。

  一、评估宗旨

  普通高等学校独立学院教育工作合格评估，贯彻"积极发展，规范管理，改革创新"的指导方针，坚持"以评促改，以评促建，以评促管，评建结合，重在建设"的原则。通过评估，进一步加强国家对独立学院本科教学工作的宏观管理和指导，促使地方教育主管部门、申办学校和学院投资方重视和加强独立学院的教育教学工作，促进独立学院进一步明确办学指导思想，积极改善办学条件，加强教学基本建设，严格教育教学管理，深化教育教学改革，全面提高教育教学质量和办学效益，更好地为社会与经济建设服务。

二、评估原则

普通高等学校独立学院教育工作合格评估，遵循以下四项原则：

1. 目标导向性原则

独立学院教育工作合格评估标准，体现了国家对普通高等学校本科教育教学工作的基本要求，并反映社会发展对培养高素质人才的需求。通过评估，促进独立学院进一步明确办学目标定位、本科人才培养规格和本科教学质量标准，遵循教育教学规律，自觉规范办学行为，逐步形成自我约束、自我完善、自我发展的机制，不断提高教育教学质量和办学效益。

2. 评建结合性原则

教育工作评估的根本目的，在于促进独立学院把主要精力放到加强本单位内部的建设、管理和改革以及提高教育教学质量上来。因此，教育部重视独立学院在评估中的主体作用，强调自我评估是基础，建设和整改是重点。各独立学院须依照本评估方案，对本单位教育教学工作进行全面检查和诊断，并坚持各项整改建设与日常相关工作紧密结合进行，两者并行不悖，充分发挥"以评促建，以评促改，以评促管"的积极作用，从而追求评建的最佳效果。

3. 整体综合性原则

《独立学院教育工作合格评估指标体系》由办学思想、教学条件、教学状态、教学效果等基本要素所构成，它体现了教学工作的系统性和整体性，可以较全面地反映一个学院的教学工作概貌。因此，教育部将对学院教学工作的主要过程和重要环节进行整体评估，其评估结论也将对学院本科教学工作作出整体的和综合的评价或判断。

4. 测评规范性原则

独立学院教育工作评估是一项涉及范围广、参与人员多、工作难度相对较大的系统工程，整个评估过程将按照"学院自评"、"专家考察"、"评后整改"等程序运行。为保证学院教育工作评估具有较高的信度和效度，教育部将根据评估工作需要配套制定（设计）并下发《状态数据统计报表》、《支撑材料参考目录》、《自评报告规范要求》、《专家评估工作规程》、《信息统计处理方法》等相关辅助性文件，力求实现评估工作的规范化、运行程序的有序化和观测方法的科学化，尽量减小评估误差，提高评估质量。

三、评估内容

独立学院教育工作的评估内容，是遵循"科学合理，简单明了，标准适当，重在发展"的设计原则，参照教育部《普通高等学校本科教学工作水平评估方案》（教高厅［2004］21号），并结合独立学院实际制定。其评估内容包括6个一级指标，计19个二级指标（其中重要指标12个），共41个主要观测点。具体内容详见附件《普通高等学校独立学院教育工作合格评估指标体系》。

四、评估方法

独立学院教育工作合格评估，将采取学院自我评估与教育部专家组评估相结合、资料查阅与现场考察相结合、全面调查与抽样测试相结合、定性分析与定量分析相结合的方法进行。具体考察评估方法另订。

五、工作步骤

独立学院教育工作合格评估过程，拟分以下三个阶段进行。

（一）评估准备阶段

1. 抽样检验，完善方案。首先，采取团体抽样的方法，对我国中部地区——湖北省 32 所独立学院，全面进行本科教学工作状态数据的调查统计分析，并初步确定各项指标的等级标准；继之，在教育部对独立学院办学条件进行全面调查的基础上，采取分层随机抽样的方法，对多所具有一定代表性（好、中、差）的学院进行评估试点，检验现行方案的设计质量，并据此对评估指标体系和评估实施办法，作进一步的修订和完善。

2. 宣传动员，组织培训。召开省、市教育主管部门、独立学院领导和有关人员会议，宣传教育评估的目的意义、指导方针和实施办法等，布置工作任务，提出评估要求。同时，对拟派评估专家进行评估业务培训，统一操作规程。

（二）评估实施阶段

1. 学院自评，提交报告。各独立学院自教育部评估文件下达之日起，即按教育部颁发的评估方案逐项逐条进行自评、自改、自建，并于教育部专家组进学院考察前一个月向教育部呈报《学院自评报告》和《状态数据统计报表》。

2. 专家评估，反馈意见。教育部专家组按计划分赴各独立学院，在被评单位协助下，按统一操作规程进行现场考察与评估，并就考察结果向被评学院提出针对性较强的反馈意见。

3. 学院呈报整改方案。被评学院根据教育部专家组的评估反馈意见，对照评估标准，认真总结经验，寻求差距成因，并据此制定出下一步整改建设方案，于评估结束半个月内报教育部。

（三）评审结论阶段

教育部评估专家委员会对各专家组的考察评估结果及结论性意见集中进行会审和研讨，以"标准"为准绳，以"事实"为依据，作出"合格"或"不合格"的整体综合性评估结论。

本评估指标体系有 19 个二级指标，其中"重要项目" 12 个，一般项目 7 个。其综合评估结论"合格"的标准为：二级指标评为"不合格"的≤4项(其中重要指标评为"不合格"的≤2项)。

六、结果处理

对评估过程中采集到的全国普通高等学校独立学院本科教学工作状态数据,将进行分类整理、统计、分析和反馈,以便为教育部、各省市教育行政部门和独立学院的申办学校日后进行宏观调控和科学决策提供客观依据。

此外,建议教育部对本轮独立学院教育工作合格评估结果,进行区别对待:凡评为"合格"的学院,将予以"通过"。其中,对于办学条件好、教育教学质量高的学院,准许日后直接申报参加"普通高等学校本科教学工作水平评估";凡评为"不合格"的学院,予以"暂缓通过",限制当年招生,限期整改并于适当时期进行复评。其中,对于办学问题严重者或因不执行国家有关法律法规规定而诱发事端、影响稳定的,将予以停办甚至严肃追究独立学院举办者、有关高校和主管部门的责任。

七、基本要求

1. 坚持实事求是,确保评估质量

教育部开展独立学院本科教育工作合格评估,其目的在于引导各独立学院肯定成绩,总结经验;摸清存在差距,探明问题成因,以便下一步有计划、有目的、有针对性地进行整改建设。为此要求各学院自评时须本着对我国高等教育事业发展高度负责的态度,一切从实际出发,深入细致调查,认真填写统计报表,确保数据客观、准确、完整;《自评报告》等文稿力求做到观点明确、依据可靠、佐证有力。坚决杜绝任何虚假和浮夸的现象发生,对于弄虚作假者,将实行一票否决。

2. 把握"三个符合度",强调自定目标的适应性

为避免简单地对应指标,就事论事,独立学院自我评估时须把

握好"三个符合度",即学院所确定的目标(学院的定位、人才培养目标)与社会需求、人才的全面发展和学院实情的符合程度,学院的实际工作状态与确定目标的符合程度,学院所培养的人才质量和自定目标的符合程度。鼓励学院面向社会办出特色,避免"全国各校一面"以及盲目攀比的倾向。

3. 做到"六个结合",抓住考察评估的关键点

评估指标体系中所设立的评估项目和观测点数目较多,为提高教育部专家组考察的深度和效率,评估时须通过重要项目(黑体字)来抓关键点,并努力做到六个结合。即"目标与过程"结合,侧重过程优化;"硬件与软件结合",侧重硬件的高效利用和软件建设的有效性;"投入与产出结合",侧重产出所表现的过程效应;"现状与导向结合",侧重发展潜力与趋势;"规范与创新结合",侧重教学与管理规范;"定量与定性结合",侧重专家的综合评价。

§1 普通高等学校独立学院教育工作合格评估指标体系说明

1. 设计特点

本指标体系以现行《普通高等学校本科教学工作水平评估指标体系》的构建系统为基本框架,并结合独立学院"优、民、独"特点和教育教学工作实际作了必要的调整。其主要特点,一是着力体现"六个独立"要求,即"独立的法人资格"、"独立的校园和基本办学设施"、"独立进行财务核算"、"独立进行招生"、"独立颁发文凭"和"相对独立的教学组织和管理";二是体现培养应用型人才的目标要求,即明确独立学院定位为教学型大学,并主要面向地方和区域培养应用型人才;三是强调以社会需求为导向的教育思想观念。

2. 评估结论

独立学院教育工作的评估结论分"合格"、"不合格"两种。

3. 适用范围

本指标体系适用于有 1 届（含）以上本科毕业生的普通高等学校独立学院。

§2 普通高等学校独立学院教育工作合格评估指标系统

一级指标	二级指标	主要观测点
1. 办学指导思想	1.1 学院定位	1.1.1 办学定位 1.1.2 学院规划
	1.2 办学思路	1.2.1 教育思想观念 1.2.2 教学中心地位
	1.3 办学各方职责	1.3.1 申办方职责 1.3.2 合作方职责 1.3.3 董事会职责
2. 师资队伍	2.1 师资队伍数量与结构	2.1.1 生师比 2.1.2 整体结构状态
	2.2 主讲教师	2.2.1 主讲教师资格 2.2.2 教师风范与教学水平
3. 教学条件与利用	3.1 教学基本设施	3.1.1 校舍状况 3.1.2 教学科研仪器设备 3.1.3 图书馆状况 3.1.4 运动场及体育设施 3.1.5 校园网建设状况
	3.2 教学经费	3.2.1 经费投入与核算 3.2.2 四项经费

续表

一级指标	二级指标	主要观测点
4. 专业建设与教学改革	4.1 专业	4.1.1 专业结构与布局 4.1.2 人才培养方案
	4.2 课程	4.2.1 课程建设与教学内容改革 4.2.2 教材建设与选用 4.2.3 教学方法与手段改革
	4.3 实践教学	4.3.1 实践教学内容与体系 4.3.2 实验、实习和实训
5. 教育教学管理	5.1 管理队伍	5.1.1 组织机构与人员素质 5.1.2 管理研究与实践成果
	5.2 教学质量控制	5.2.1 教学规章制度的建设与执行 5.2.2 质量标准与质量监控
	5.3 学生管理	5.3.1 学风建设与学生管理 5.3.2 学生遵守校纪校规情况 5.3.3 学生课外科技文化活动的管理
6. 教学效果	6.1 基本理论与基本技能	6.1.1 学生基本理论、基础知识与基本技能水平 6.1.2 学生的创新精神与实践能力
	6.2 毕业论文或毕业设计	6.2.1 论文（设计）选题及质量
	6.3 思想道德修养	6.3.1 学生思想道德与文化素养 6.3.2 学生心理素质
	6.4 体育	6.4.1 体育
	6.5 社会声誉	6.5.1 招生 6.5.2 社会评价
	6.6 就业	6.6.1 就业情况
改革与创新点		

§3 普通高等学校独立学院教育工作合格评估指标体系

一级指标	二级指标	主要观测点	参考权重	合格标准	备注
1 办学指导思想	1.1 学院定位	1.1.1 办学定位	0.6	学院具有独立法人资格，根据自身条件和发展潜力，适应地方①区域经济和社会发展需要，确立教学型大学的类型定位和培养具有创新精神和实践能力的应用型人才的目标定位	<1>"学院规划"包括学院教育事业发展规划①师资队伍建设规划和校园共建规划①学科专业建设规划① <2>"民办机制"是指独立学院主要不靠政府投入，其投入主要是合作方承担或者以民办机制共同筹措，并按照国家有关政策收费 <3>"申办方"是指按新机制①新模式举办本科层次独立学院的普通本科高校，即独立学院所依托的母体学校 <4>"优质教育资源"是指学院所具有的优良教学传统和教学资源 <5>"合作方"是指投资办学的企业①事业单位，社会团体或个人，也可以是其他有合作能力的机构
		1.1.2 学院规划	0.4	学院规划<1>体现学院的定位，各项建设规划基本合理，付诸实施	
	1.2 办学思路	1.2.1 教育思想观念	0.6	注重先进教育思想观念的学习与研究，较好地处理规模与质量①发展与投入的关系，以社会需求为导向，办学思路清晰，质量意识强	
		1.2.2 教学中心地位	0.4	重视教学工作，教学中心地位基本确立，教学质量第一责任人责任明确	
	1.3 办学各方职责	1.3.1 申办方职责	0.3	采用民办机制<2>与模式独立办学，申办方<3>利用本校优质教育资源<4>，并对学院的教学和管理负责	
		1.3.2 合作方职责	0.3	合作方<5>负责提供学院办学所需的各项条件和设施，参与学院的管理的监督和领导	
		1.3.3 董事会职责	0.4	实行董事会集体领导下的校（院）长负责制，遵循教育教学规律，依法办学，注意加强教育教学质量宏观调控，尊重师生员工权益	

附录1: 普通高等学校独立学院教育工作合格评估实施方案

续表

一级指标	二级指标	主要观测点	参考权重	合格标准	备注
2 师资队伍	2.1 师资队伍数量与结构	2.1.1 生师比	0.4	符合附表中合格的规定	<6>"师资队伍"结构比较合理和具有研究生学位的比例均占30%以上，专职专任教师占教师总数不低于1/2 是指具有教师资格证书的人员，一般由独立学院专职专任教师⊖母体学校委派教师⊜独立学院聘请的兼职教师构成 <7>"专任教师"是指具有高等教育教师资格证书，编制在独立学院或聘期两年（含）以上，承担教学工作的人员⊖其中专职专任教师是指编制在独立学院的人员 <8>"岗位资格"是指具有讲师及以上职务（或同等专业技术职务）或具有硕士及以上学位的人员⊜新参加教学工作的人员须通过岗前培训并取得合格证书
		2.1.2 整体结构状态	0.6	师资队伍<6>结构比较合理，专任教师<7>中具有高级职称和具有研究生学位的比例均占30%以上，专职专任教师占教师总数不低于1/2	
	2.2 主讲教师	2.2.1 主讲教师资格	0.5	符合岗位资格<8>的教师≥85%，具有正高副高职称的教师的比例占主讲教师的30%以上	
		2.2.2 教师风范与教学水平	0.5	教师履行岗位职责，从严执教，教书育人，教风优良；教学过程规范，教学水平较高，学生满意	

续表

一级指标	二级指标	主要观测点	参考权重	合格标准	备注
3 教学条件与利用	3.1 教学基本设施	3.1.1 校舍状况	0.2	有独立的校园和基本办学设施，生均教学行政用房⁽⁹⁾、生均学生宿舍面积⁽¹⁰⁾百名学生配多媒体教室和语音教室座位数（个）达到附表的"合格"规定，其他各类功能教室⁽实验室⁾、实习实训场所和附属用房面积及其内部设施，能较好地满足人才培养的需要	<9>"教学行政用房"，其中教学用房包括普通教室○语音教室○计算机实验室○多功能教室○多媒体教室○绘图画教室○实验室○图书馆○体育馆等教学和教学辅助用房；行政办公用房包括学院行政办公用房○教师工作室○会堂等○运动场○游泳池○体育场设备不含在内，另行统计 <10>"教学科研仪器设备"是指单价800元以上的仪器设备（不含实验台○桌○空调等）
		3.1.2 教学科研仪器设备	0.3	生均教学科研仪器设备⁽¹⁰⁾值○新增教学科研仪器设备值所占比例和百名学生配备教学用计算机台数均达到附表中的"合格"规定	<11>"图书"指纸质图书，电子图书不包括在内；业务类期刊杂志，按种类和年度装订成合订本，1本算1册 <12>"四项经费"包括本专科生业务费○教学差旅费⁽¹⁾
		3.1.3 图书馆状况	0.2	生均年进书量⁽¹¹⁾（册）达到附表的"合格"规定，管理手段先进，图书馆使用效果较好	体育经费○教学仪器设备修理费○ 各项经费的具体内容: 本专科生业务费：包括专业建设○课程建设○教材建设等费用，进行实验○实习○毕业设计（论文）所需的各种原材料，低值易耗品及加工○运输费，生产实习费，答辩费，资料讲义印刷费及学生讲义差价支出等
		3.1.4 运动场及体育设施	0.2	生均运动场面积≥3m²，设有体育专业的独立大学院应有室内体育场所，设施基本齐全	教学差旅费：教师进行教学调查的资料搜集○误餐费○外地差旅调研等业务活动时的市内交通费及学生差价○校外实习学生差
		3.1.5 校园网建设状况	0.1	有建设规划，运行状况良好，并在本科教学中发挥了作用	体育经费：校运动会经费，各种低值体育会费用，支付场地租金和参加校际以上运动会的教职工运动员的伙食补助费，以及公共体育运动会的教职工运动员的伙食补助费
3.2 教学经费		3.2.1 经费投入与核算	0.4	学院独立进行财务核算，各项教育教学业务费能够得到保障	修理费，体育教师指导课外业余性体育活动所需的杂志○资料等零星费用 教学仪器设备修理费：教学仪器设备的经常维护修理费
		3.2.2 四项经费	0.6	生均四项经费⁽¹²⁾≥1000元，并逐年增长或持平，基本满足人才培养需要	

附录1：普通高等学校独立学院教育工作合格评估实施方案

续表

一级指标	二级指标	主要观测点	参考权重	合格标准	备注
4 专业建设与教学改革	4.1 专业	4.1.1 专业结构与布局	0.5	在申办方向的指导下，专业设置适应地方和区域经济⑫社会发展的需要和人才市场的需求，专业的总体布局和结构符合学院的定位	
		4.1.2 人才培养方案	0.5	人才培养方案⑬科学⑫规范，能体现以应用型为主的人才培养目标，课程设置及专业结构有利于学生的知识合格培养目标要求；课程体系结构有利于学生的知识、能力和素质的培养；有相应的制度保证培养方案执行，且执行情况较好	⑬"人才培养方案"是指学校关于本、专科教育质量⑫人才培养规格⑫教学过程组织⑫教学任务一般包括：指导思想⑫培养目标⑫实施的纲领性文件⑫课程设置⑫教学进程安排以及必要的说明等总体安排以及必要的说明等
	4.2 课程建设与教学改革	4.2.1 课程建设与教学内容改革	0.4	有总体思路⑫具体计划和配套措施，执行状况较好，重视教学内容改革，有成效	⑭"多媒体授课"是指利用多媒体技术授课，多媒体技术是指计算机综合处理图形⑫图像⑫动画⑫音频⑫文字⑫视频信息的新技术
		4.2.2 教材建设与选用	0.3	有教材选用原则，主干课程选用同行公认的优秀教材，并尽量选用近三年出版的新教材	
		4.2.3 教学方法与手段改革	0.3	积极改革教学方法与手段，注意使用⑭多媒体授课"有一定使用面，且效果较好	⑮"实习和实践基地"须满足下列条件：具有稳定的场所，有明确的实践教学目的和内容，有稳定的教师和辅助人员队伍，有科研和技术生产活动，有开展因材施教⑫开发学生潜能的⑯设计性实验"项目
	4.3 实践教学	4.3.1 实践教学内容与体系	0.4	体系设计较科学，措施得力，注意内容更新，强调动手能力培养，基本符合本课程培养目标要求	⑯"综合性实验"是指实验内容涉及本课程的综合知识或本课程相关课程知识的实验；"设计性实验"是指给定实验目的和实验条件，由学生自行设计方案并加以实现的实验
		4.3.2 实验⑫实习和实训	0.6	时间有保证，实习和实践基地⑮，校内外实验开出率达到教学大纲要求的90%，并有一定数量的综合性⑫设计性实验⑯	

续表

一级指标	二级指标	主要观测点	参考权重	合格标准	备注
5 教育教学管理	5.1 管理队伍	5.1.1 组织机构与人员素质	0.6	有相对独立和比较健全的管理组织机构,管理队伍基本稳定,结构基本合理,人员素质较高,工作有成效	⑰"⑰研究与实践成果"是指教育教学管理调研的咨询报告、重大改革成果、论文、专著等 ⑱"⑱教学文件"包括学院自行制定的教学文件(含人才培养方案、课程教学大纲、学期教学进程计划、课程表、学期教学工作计划和工作总结等)、教育部或教育厅颁发的教学文件及学院转发的教育部或教育厅的教学文件等
		5.1.2 管理研究与实践成果	0.4	针对独立学院自身特点开展教育教学管理改革的研究,并有一定数量的研究成果	
	5.2 教学质量控制	5.2.1 教学规章制度的建设与执行	0.4	教学文件⑱齐备,教学档案⑲完整,规章制度(其中包括独立颁发学历证书制度)基本健全,执行较为严格,效果明显	⑲"⑲教学档案"是指在本科教学实践和管理活动中形成的并具有保存价值的文字文件档案和声像等信息资料,其内容一般包括教学文件档案、教务工作档案、教师业务档案、学生学习档案等 ⑳"⑳主要教学环节"指课堂教学(如课堂教学)和实践教学(如实验、实习、社会实践、毕业论文)两个方面。具体包括教学大纲、实验大纲、编制教学期课程教学进度计划制定、备课(含教研室集体备课)、教案编写、作业布置与批改、课后辅导答疑、考试命题(设计)、选题的指导、指导实习和实验指导、答辩等环节
		5.2.2 质量标准与质量监控	0.6	各主要教学环节⑳质量标准比较合理;教学运行过程监控活动正常,注意发挥教学评估的反馈与改进作用,效果较好(对毕业论文或毕业设计的质量有监控措施)	
	5.3 学生管理	5.3.1 学风建设与管理	0.4	学风建设措施得力,学生管理工作体系比较完整,管理制度比较健全并有效实施,有贫困生资助计划和配套措施	
		5.3.2 学生遵守校纪校规情况	0.3	学生遵守校纪校规,考风良好	
		5.3.3 学生课外科技文化活动的管理	0.3	校园科技文化活动比较丰富,有一定数量的学生参与,效果较好	

附录1：普通高等学校独立学院教育工作合格评估实施方案

续表

一级指标	二级指标	主要观测点	参考权重	合格标准	备注
6 教学效果	6.1 基本理论基础知识与基本技能	6.1.1 学生基本理论、基础知识与基本技能水平	0.6	达到培养目标的基本要求	
		6.1.2 学生的创新精神与实践能力	0.4	有一定的创新精神和实践能力，有研究和实践成果	
	6.2 毕业论文或毕业设计	6.2.1 论文（设计）选题及质量	1.0	选题理论联系实际，基本符合培养目标要求；论文（设计）规范，完成质量较好	
	6.3 学生思想道德修养	6.3.1 学生思想道德与文化素质	0.6	要求明确，措施得力，学生思想道德品质良好，文化素质较高	
		6.3.2 学生心理素质	0.4	学校重视心理教育与心理咨询工作，学生普遍具有较健康的心理素质	

续表

一级指标	二级指标	主要观测点	参考权重	合格标准	备注
6 教学效果	6.4 体育	6.4.1 群体活动与学生体质状况	1.0	学院重视群众性体育活动，学生养成良好的健身习惯，大学生体质健康标准<21>合格率≥95%	<21>《体质健康标准》是指教育部和国家体育总局发的教体艺<2002>12号文件提出的"学生健康标准（试行方案）"
	6.5 社会声誉	6.5.1 招生	0.5	独立进行招生，招生行为规范，招生计划完成较好	
		6.5.2 社会评价	0.5	实习单位□用人单位对学生的综合素质和业务能力反映较好，社会对学院评价较好	
	6.6 就业	6.6.1 就业情况	1.0	就业指导工作措施得力，效果较好，应届毕业生的就业率≥60%	

改革与创新点

注：改革与创新点可以体现在：治校方略及办学思路，管理制度及运行机制，教育模式及人才培养，课程内容及教学方法改革等方面□

§4 普通高等学校独立学院教育工作合格评估结论标准

本评估指标体系有6个一级指标，19个二级指标。其中重要指标（黑体字）12项，一般指标7项。二级指标的评估等级分为"合格"与"不合格"。评估标准仅给出合格等级，低于合格等级的为"不合格"。

独立学院的综合评估结论分为"合格"与"不合格"。其中"合格"标准为：二级指标评为"不合格"的≤4项（其中重要指标评为"不合格"的≤2项）。

§5 普通高等学校基本办学条件合格标准（附表）

学校类别指标	综合、师范、民族院校	工科、农、林院校	语文、财经政法院校	医学院校	体育院校	艺术院校
生师比	18	18	18	16	11	11
具有研究生学位教师占专任教师的比例（%）	30	30	30	30	30	30
生均教学行政用房（平方米/生）	14	16	9	16	22	18
生均教学科研仪器设备值（元/生）	5000	5000	3000	5000	4000	4000
具有高级职务教师占专任教师的比例（%）	30	30	30	30	30	30
生均宿舍面积（平方米/生）	6.5	6.5	6.5	6.5	6.5	6.5
百名学生配教学用计算机台数（台）	10	10	10	10	10	10

续表

学校类别指标	综合、师范、民族院校	工科、农、林院校	语文、财经政法院校	医学院校	体育院校	艺术院校
百名学生配多媒体教室和语音实验室座位数（个）	7	7	7	7	7	7
新增教学科研仪器设备所占比例（%）	10	10	10	10	10	10
生均年进书量（册）	4	3	4	3	3	4

注：摘自教育部教发<2004>2号文

§6 普通高等学校独立学院办学条件指标测算方法

[1] 全日制在校生数=本科生数+专科生数

[2] 生师比=全日制在校生数/教师总数（教师总数=专任教师数+不足一年的外聘教师数×0.5）

[3] 专任教师中具有研究生学位的比例=（具有研究生学位专任教师数/专任教师数）×100%

[4] 生均教学行政用房=（教学及辅助用房面积+行政办公用房面积）/全日制在校生数

[5] 生均教学科研仪器设备值=教学科研仪器设备资产总值/全日制在校生数

[6] 专任教师中具有高级职称的比例=具有副高级以上职务的专任教师数/专任教师数

[7] 生均学生宿舍面积=学生宿舍面积/全日制在校生数

[8] 百名学生配教学用计算机台数=（教学用计算机台数/全日制在校生数）×100

[9] 百名学生配多媒体教室和语音实验室座位数=（多媒体

教室和语音实验室座位数/全日制在校生数）×100

　　[10] 新增教学科研仪器设备所占比例=当年新增教学科研仪器设备值/(教学科研仪器设备资产总值-当年新增教学仪器设备值)

　　[11] 生均年进书量=当年新增图书量/全日制在校生数

　　※ 电子类图书、附属医院临床教学人员已在相关指标的定量中予以考虑，测算时均不包括在内。

附录2：

大学英语课程教学要求

2007-9-20 教育部

为适应我国高等教育发展的新形势，深化教学改革，提高教学质量，满足新时期国家和社会对人才培养的需要，特制订《大学英语课程教学要求》（以下简称《课程要求》），作为各高等学校组织非英语专业本科生英语教学的主要依据。

鉴于全国高等学校的教学资源、学生入学水平以及所面临的社会需求等不尽相同，各高等学校应参照《课程要求》，根据本校的实际情况，制订科学、系统、个性化的大学英语教学大纲，指导本校的大学英语教学。

一、教学性质和目标

大学英语教学是高等教育的一个有机组成部分，大学英语课程是大学生的一门必修的基础课程。大学英语是以外语教学理论为指导，以英语语言知识与应用技能、跨文化交际和学习策略为主要内容，并集多种教学模式和教学手段为一体的教学体系。

大学英语的教学目标是培养学生的英语综合应用能力，特别是听说能力，使他们在今后学习、工作和社会交往中能用英语有效地进行交际，同时增强其自主学习能力，提高综合文化素养，以适应我国社会发展和国际交流的需要。

二、教学要求

我国幅员辽阔，各地区、各高校之间情况差异较大，大学英语教学应贯彻分类指导、因材施教的原则，以适应个性化教学的实际需要。

大学阶段的英语教学要求分为三个层次，即一般要求、较高要求和更高要求。这是我国高等学校非英语专业本科生经过大学阶段的英语学习与实践应当选择达到的标准。一般要求是高等学校非英语专业本科毕业生应达到的基本要求。较高要求或更高要求是为有条件的学校根据自己的办学定位、类型和人才培养目标所选择的标准而推荐的。各高等学校应根据本校实际情况确定教学目标，并创造条件，使那些英语起点水平较高、学有余力的学生能够达到较高要求或更高要求。

三个层次的英语能力要求如下：

一般要求：

1. 听力理解能力：能听懂英语授课，能听懂日常英语谈话和一般性题材的讲座，能听懂语速较慢（每分钟130~150词）的英语广播和电视节目，能掌握其中心大意，抓住要点。能运用基本的听力技巧。

2. 口语表达能力：能在学习过程中用英语交流，并能就某一主题进行讨论，能就日常话题用英语进行交谈，能经准备后就所熟悉的话题作简短发言，表达比较清楚，语音、语调基本正确。能在交谈中使用基本的会话策略。

3. 阅读理解能力：能基本读懂一般性题材的英文文章，阅读速度达到每分钟70词。在快速阅读篇幅较长、难度略低的材料时，阅读速度达到每分钟100词。能就阅读材料进行略读和寻读。能借助词典阅读本专业的英语教材和题材熟悉的英文报刊文章，掌握中心大意，理解主要事实和有关细节。能读懂工作、生活中常见的应用文体的材料。能在阅读中使用有效的阅读方法。

4. 书面表达能力：能完成一般性写作任务，能描述个人经历、观感、情感和发生的事件等，能写常见的应用文，能在半小时内就一般性话题或提纲写出不少于120词的短文，内容基本完整，中心思想明确，用词恰当，语意连贯。能掌握基本的写作技能。

5. 翻译能力：能借助词典对题材熟悉的文章进行英汉互译，英汉译速为每小时约300个英语单词，汉英译速为每小时约250个汉字。译文基本准确，无重大的理解和语言表达错误。

6. 推荐词汇量：掌握的词汇量应达到约4 795个单词和700个词组（含中学应掌握的词汇），其中约2 000个单词为积极词汇，即要求学生能够在认知的基础上在口头和书面表达两个方面熟练运用的词汇。

较高要求：

1. 听力理解能力：能听懂英语谈话和讲座，能基本听懂题材熟悉、篇幅较长的英语广播和电视节目，语速为每分钟150~180词，能掌握其中心大意，抓住要点和相关细节。能基本听懂用英语讲授的专业课程。

2. 口语表达能力：能用英语就一般性话题进行比较流利的会话，能基本表达个人意见、情感、观点等，能基本陈述事实、理由和描述事件，表达清楚，语音、语调基本正确。

3. 阅读理解能力：能基本读懂英语国家大众性报刊杂志上一般性题材的文章，阅读速度为每分钟70~90词。在快速阅读篇幅较长、难度适中的材料时，阅读速度达到每分钟120词。能阅读所学专业的综述性文献，并能正确理解中心大意，抓住主要事实和有关细节。

4. 书面表达能力：能基本上就一般性的主题表达个人观点，能写所学专业论文的英文摘要，能写所学专业的英语小论文，能描述各种图表，能在半小时内写出不少于160词的短文，内容完整，观点明确，条理清楚，语句通顺。

5. 翻译能力：能摘译所学专业的英语文献资料，能借助词典翻译英语国家大众性报刊上题材熟悉的文章，英汉译速为每小时约350个英语单词，汉英译速为每小时约300个汉字。译文通顺达意，理解和语言表达错误较少。能使用适当的翻译技巧。

6. 推荐词汇量：掌握的词汇量应达到约6 395个单词和1 200个词组（包括中学和一般要求应该掌握的词汇），其中约2 200个单词（包括一般要求应该掌握的积极词汇）为积极词汇。

更高要求

1. 听力理解能力：能基本听懂英语国家的广播电视节目，掌握其中心大意，抓住要点。能听懂英语国家人士正常语速的谈话。能听懂用英语讲授的专业课程和英语讲座。

2. 口语表达能力：能较为流利、准确地就一般或专业性话题进行对话或讨论，能用简练的语言概括篇幅较长、有一定语言难度的文本或讲话，能在国际会议和专业交流中宣读论文并参加讨论。

3. 阅读理解能力：能读懂有一定难度的文章，理解其主旨大意及细节，能阅读国外英语报刊杂志上的文章，能比较顺利地阅读所学专业的英语文献和资料。

4. 书面表达能力：能用英语撰写所学专业的简短的报告和论文，能以书面形式比较自如地表达个人的观点，能在半小时内写出不少于200词的说明文或议论文，思想表达清楚，内容丰富，文章结构清晰，逻辑性强。

5. 翻译能力：能借助词典翻译所学专业的文献资料和英语国家报刊上有一定难度的文章，能翻译介绍中国国情或文化的文章。英汉译速为每小时约400个英语单词，汉英译速为每小时约350个汉字。译文内容准确，基本无错译、漏译，文字通顺达意，语言表达错误较少。

6. 推荐词汇量：掌握的词汇量应达到约7 675个单词和1 870个词组（包括中学、一般要求和较高要求应该掌握的词汇，但不包括专业词汇），其中约2 360个单词为积极词汇（包括一般要求和较高要求应该掌握的积极词汇）。

上述三个要求是作为各高等学校在制定本校大学英语教学文件时的参照标准。各高等学校可以根据本校实际情况，对三个要求中的听力、口语、阅读、写作、翻译以及词汇量的具体要求与指标作适当的调整，但要特别重视对听说能力的培养和训练。

三、课程设置

各高等学校应根据实际情况，按照《课程要求》和本校的大学英语教学目标设计出各自的大学英语课程体系，将综合英语类、语言技能类、语言应用类、语言文化类和专业英语类等必修课程和选修课程有机结合，确保不同层次的学生在英语应用能力方面得到充分的训练和提高。

大学英语课程的设计应充分考虑听说能力培养的要求，并给予足够的学时和学分；应大量使用先进的信息技术，开发和建设各种基于计算机和网络的课程，为学生提供良好的语言学习环境与条件。

大学英语课程不仅是一门语言基础课程，也是拓宽知识、了解世界文化的素质教育课程，兼有工具性和人文性。因此，设计大学英语课程时也应当充分考虑对学生的文化素质培养和国际文化知识的传授。

无论是主要基于计算机的课程，还是主要基于课堂教学的课程，其设置都要充分体现个性化，考虑不同起点的学生，既要照顾起点较低的学生，又要为基础较好的学生创造发展的空间；既能帮助学生打下扎实的语言基础，又能培养他们较强的实际应用能力尤其是听说能力；既要保证学生在整个大学期间的英语语言水平稳步提高，又要有利于学生个性化的学习，以满足他们各自不同专业的发展需要。

四、教学模式

各高等学校应充分利用现代信息技术，采用基于计算机和课堂的英语教学模式，改进以教师讲授为主的单一教学模式。新的教学模式应以现代信息技术，特别是网络技术为支撑，使英语的教与学可以在一定程度上不受时间和地点的限制，朝着个性化和自主学习的方向发展。新的教学模式应体现英语教学实用性、知识性和趣味性相结合的原则，有利于调动教师和学生两个方面的积极性，尤其要体现学生在教学过程中的主体地位和教师在教学过程中的主导作用。在充分利用现代信息技术的同时，要合理继承传统教学模式中的优秀部分，发挥传统课堂教学的优势。

各高等学校应根据本校的条件和学生的英语水平，探索建立网络环境下的听说教学模式，直接在局域网或校园网上进行听说教学和训练。读写译课程的教学既可在课堂进行，也可在计算机网络环境下进行。对于使用计算机网络教学的课程，应有相应的面授辅导课时，以保证学习的效果。

为实施新教学模式而研制的网上教学系统应涵盖教学、学习、反馈、管理的完整过程，包括学生学习和自评、教师授课、教师在线辅导、对学生学习和教师辅导的监控管理等模块，能随时记录、了解、检测学生的学习情况以及教师的教学与辅导情况，体现交互性和多媒体性，易于操作。各高等学校应选用优秀的教学软件，鼓励教师有效地使用网络、多媒体及其他教学资源。

教学模式改革的目的之一是促进学生个性化学习方法的形成和学生自主学习能力的发展。新教学模式应能使学生选择适合自己需要的材料和方法进行学习，获得学习策略的指导，逐步提高其自主学习的能力。

教学模式的改变不仅是教学方法和教学手段的变化，而且是教学理念的转变，是实现从以教师为中心、单纯传授语言知识和技能的教学思想和实践，向以学生为中心、既传授语言知识与技能，更注重培养语言实际应用能力和自主学习能力的教学思想和实践的转变，也是向以培养学生终身学习能力为导向的终身教育的转变。

具体实施可参考附件1：基于计算机和课堂的英语多媒体教学

模式。

五、教学评估

教学评估是大学英语课程教学的一个重要环节。全面、客观、科学、准确的评估体系对于实现教学目标至关重要。教学评估既是教师获取教学反馈信息、改进教学管理、保证教学质量的重要依据,又是学生调整学习策略、改进学习方法、提高学习效率和取得良好学习效果的有效手段。对学生学习的评估分为形成性评估和终结性评估两种。

形成性评估是教学过程中进行的过程性和发展性评估,即根据教学目标,采用多种评估手段和形式,跟踪教学过程,反馈教学信息,促进学生全面发展。形成性评估特别有利于对学生自主学习的过程进行有效监控,在实施基于计算机和课堂的教学模式中尤为重要。形成性评估包括学生自我评估、学生相互间的评估、教师对学生的评估、教务部门对学生的评估等。形成性评估可以采用课堂活动和课外活动记录、网上自学记录、学习档案记录、访谈和座谈等多种形式,以便对学生学习过程进行观察、评价和监督,促进学生有效地学习(推荐使用的《学生英语能力自评/互评表》见附件2)。

终结性评估是在一个教学阶段结束时进行的总结性评估。终结性评估主要包括期末课程考试和水平考试。这种考试应以评价学生的英语综合应用能力为主,不仅要对学生的读写译能力进行考核,而且要加强对学生听说能力的考核。

在完成《课程要求》中一般要求、较高要求或更高要求层次的教学后,学校可以单独命题组织考试,或参加校际联考、地区联考、全国统一考试,以对教学进行终结性评估。无论采用何种形式,都要充分考核学生实际使用语言进行交际的能力,尤其是听说能力。

教学评估还包括对教师的评估,即对其教学过程和教学效果的评估。对教师的评估不能仅仅依据学生的考试成绩，而应全面考核教师的教学态度、教学手段、教学方法、教学内容、教学组织和教学效果等。

各级教育行政部门和各高等学校应将大学英语课程教学评估作为学校本科教学工作水平评估的一项重要内容。

六、教学管理

大学英语教学管理应贯穿于大学英语教学的全过程。通过强化教学过程的指导、督促和检查，确保大学英语教学达到既定的教学目标。为此，应做好以下几个方面工作：

1. 建立完善的教学文件和教学管理文件。教学文件包括：学校的大学英语教学大纲和各门课程的教学目标、课程描述、教学安排、教学内容、教学进度、考核方式等。教学管理文件包括：学籍和学分管理、教学考核规范、学生学习成绩和学习记录、考试试卷分析总结、教师授课基本要求以及教研活动记录等。

2. 大学英语课程要融入学校的学分制体系，尽量保证在本科总学分中占10%（16学分左右）。学生通过计算机学习完成的课程，经考试合格，应计算学分。建议学生通过计算机学习所获学分的比例在大学英语学习总学分中不低于30%。

3. 完善教师的聘任管理，确保生师比合理。除课堂教学之外，对面授辅导、网络指导和第二课堂指导的课时等应计入教师的教学工作量。

4. 健全教师培训体制。教师素质是提高教学质量的关键，也是大学英语课程建设与发展的关键。学校应建设年龄、学历和职称结构合理的师资队伍，加强对教师的培训和培养工作，鼓励教师围绕教学质量的提高积极开展教学研究，创造条件因地制宜开展多种形式的教研活动，促进教师在教学和研究工作中进行富有成效的合作，使他们尽快适应新的教学模式。同时要合理安排教师进行学术休假和进修，以促进他们学术水平的不断提高和教学方法的不断改进。

附件1：基于计算机和课堂的英语多媒体教学模式

基于计算机和课堂的英语多媒体教学模式是为了帮助我国大学生达到大学英语教学要求所设计的一种新型英语教学模式。强调个性化教学与自主学习，并充分发挥计算机可反复单独地进行听说训练以及教师可通过课堂进行辅导，传授阅读、写作、翻译知识和技能的特点，使学生可在教师的指导下，根据自己的特点、水平、时间，选择合适的学习内容，借助计算机的帮助，迅速提高自己的英语综合实用能力，达到最佳学习效果。

1. 教学模式的构成（见图一）

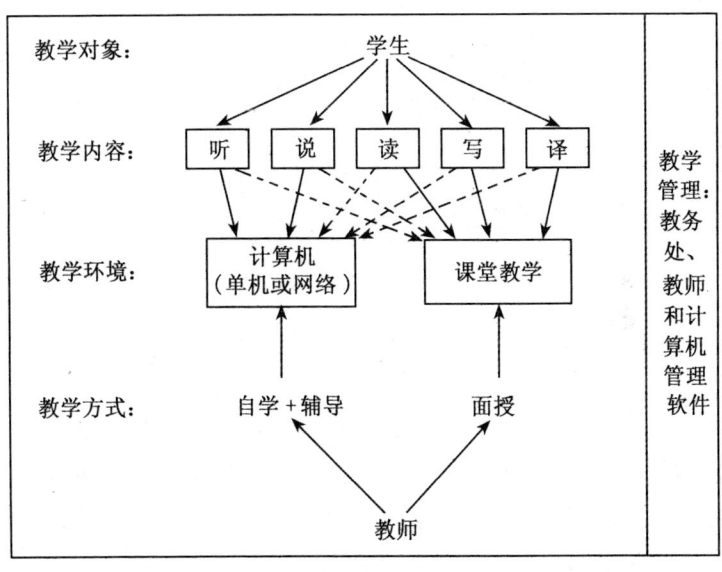

图一 基于计算机和课堂的英语多媒体教学模式

2. 基于计算机的英语学习过程（见图二）

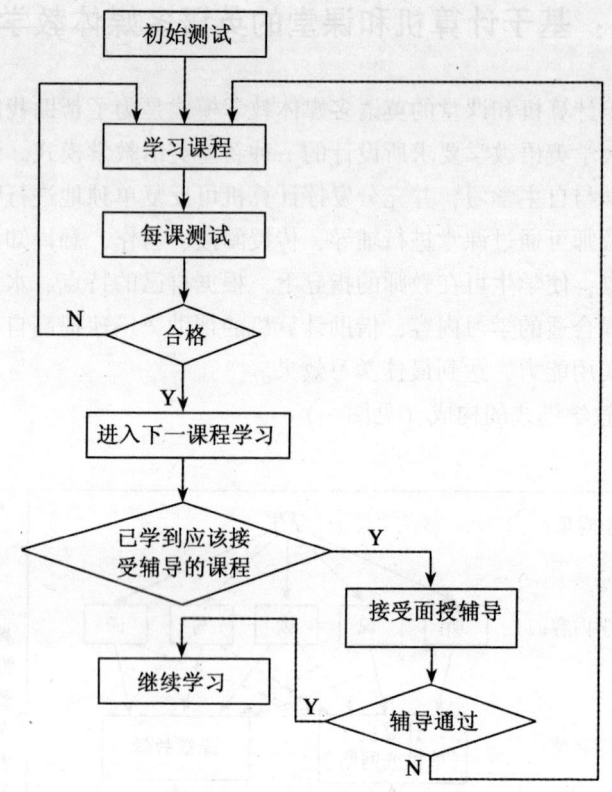

图二　基于计算机的英语学习过程

在基于计算机的英语学习过程中应重视教师的面授辅导作用，且教师的面授辅导应以小班为主，原则上每班学生不应超过 8 人，辅导内容应以检查学生的自学效果为主，并根据学生的学习效果决定学生是否可以继续学习。由于辅导是小班进行的，学生每学习 16~20 学时，教师应给予 1 学时的辅导。

附件 2：学生英语能力自评/互评表

请在右面"自评"栏中对自己的英语能力做出评估，能够做到的写 Y，能够轻易做到的写 YY；在"同学评"栏中请同学对你的英语能力用相同方式做出评估；在"追求目标"栏中，标出你认为重要但目前还不具备的英语能力，写 O 代表努力目标，写 P 代表优先考虑目标。在每项能力下的空行中，请列出（或请同学、老师帮助）你所具有的表上未列出的能力或你所期望达到的能力目标	自评	同学评	追求目标
学生英语能力自评/互评表（表一：一般要求）			
听力/Listening	A	B	C
我能听懂英语授课，并能根据要求进行讨论、发言			
我能听懂与所学内容相关、语速稍慢（每分钟 130～150 词）的对话、短文、报告等音像材料，并能理解其要点			
我能听懂慢速英语节目，如新闻、科学报道、历史故事等			
我能听懂指示语，如指路、如何做某事、操作指南等，能听懂数字（基数与序数）、时间等			
我能听懂讨论的主题，能掌握其中心大意，抓住要点			
我能在听的过程中使用基本的听力技巧			
口语/Speaking	A	B	C
我能回答课上的提问，能用常用词汇和句型与同学进行讨论，能就所熟悉的话题经准备后作简短发言			
我能介绍自己、同学、朋友等，并能对他人的介绍做出回应			
我能用简单的语言为人指路、购物、留言、提出请求等			
我能运用英语数字报告时间、询问商品价格、回答电话号码、电子邮件地址等			
我能与英语国家人士就日常话题进行简单交谈			

续表

	自评	同学评	追求目标
请在右面"自评"栏中对自己的英语能力做出评估,能够做到的写Y,能够轻易做到的写YY;在"同学评"栏中请同学对你的英语能力用相同方式做出评估;在"追求目标"栏中,标出你认为重要但目前还不具备的英语能力,写O代表努力目标,写P代表优先考虑目标。在每项能力下的空行中,请列出(或请同学、老师帮助)你所具有的表上未列出的能力或你所期望达到的能力目标			
我掌握了基本会话策略,如开始、继续或结束会话,让人重复所说内容等			
阅读/Reading	A	B	C
我能以中等速度(每分钟70词)基本读懂语言难度中等、一般性题材的文章,理解其大意及主要细节			
我能以较快速度(每分钟100词)阅读篇幅较长、语言难度略低的文章			
我能借助词典阅读本专业的英语教材和题材熟悉的英文报刊的文章,掌握中心大意,理解主要事实和有关细节			
我能读懂生活中常见表格如注册表、申请表、问卷调查表等			
我能读懂指示语、产品说明书、广告、海报、邀请函等			
我能读懂涉及日常生活的个人信件或内容一般的商业信函			
我能浏览互联网上的一般信息,基本读懂国内英文报刊,理解大意及主要事实			
我掌握了基本的阅读技能,如根据上下文猜测生词或习语的意思、寻读、略读等			
写作/Writing	A	B	C
我能填写常见表格如注册表、申请表、问卷调查表等			
我能写给或回复他人祝贺卡、生日卡、邀请信、便条、短信、通知等			

续表

	自评	同学评	追求目标
请在右面"自评"栏中对自己的英语能力做出评估,能够做到的写 Y,能够轻易做到的写 YY;在"同学评"栏中请同学对你的英语能力用相同方式做出评估;在"追求目标"栏中,标出你认为重要但目前还不具备的英语能力,写 O 代表努力目标,写 P 代表优先考虑目标。在每项能力下的空行中,请列出(或请同学、老师帮助)你所具有的表上未列出的能力或你所期望达到的能力目标			
我能写出简单的指示语、个人广告、社团海报、个人简历等			
我能简要地描述个人经历、发生的事件、读过的故事、观看的影片、喜怒哀乐等情感,写出或回答个人或公司的信函、电子邮件、传真等			
我能就一定话题或提纲在 30 分钟内写出不少于 120 词的短文,内容基本完整、中心思想明确、用词恰当、语意连贯			
我能在一般写作或应用文写作中恰当使用相应的写作技能			

翻译/Translating	A	B	C
我能借助词典对题材熟悉的文章进行英译汉,译速为每小时约 300 个英语单词,译文基本传达原文的意义,无重大的理解和语言错误,符合中文表达习惯			
我能借助词典对题材熟悉的文章进行汉译英,译速为每小时约 250 个汉字,译文基本传达原文的意义,无重大的理解和语言错误,符合英文表达习惯			
我能借助词典把与专业相关的文章、介绍、提要、广告、产品说明书等翻译成汉语			
我能使用基本的翻译技巧			

学生英语能力自评/互评表(表二:较高要求)

听力/Listening	A	B	C
我能听懂英语谈话或讲座,能理解要点和细节			

续表

	自评	同学评	追求目标
请在右面"自评"栏中对自己的英语能力做出评估,能够做到的写 Y,能够轻易做到的写 YY;在"同学评"栏中请同学对你的英语能力用相同方式做出评估;在"追求目标"栏中,标出你认为重要但目前还不具备的英语能力,写 O 代表努力目标,写 P 代表优先考虑目标。在每项能力下的空行中,请列出(或请同学、老师帮助)你所具有的表上未列出的能力或你所期望达到的能力目标			
我能听懂题材熟悉、篇幅较长的英语广播或电视节目,语速为每分钟 150~180 词,如新闻报道、访谈、讲座等,并能理解其大意及主要细节			
我能基本听懂用英语讲授的专业课程			
我能使用基本的听力技巧帮助理解,如听要点或细节的方法			
口语/Speaking	A	B	C
我能就熟悉的话题与英语国家人士进行较为流利的会话,能将会话或讨论进行下去,并能接受或礼貌地拒绝对方的意见			
我能根据地图或指示册等用较复杂的语言为人指方向、说明情况、解释疑难问题等			
我能基本表达个人的情感,如惊异、好恶、沮丧、抱怨等,能表达个人就某一事件的观点和意见			
我能基本完整地讲述一个故事,如故事的发生、发展、结局、时间、地点、人物、原因等			
我能基本描述个人经历、体验,如发生过或经历过的一件事情,表达愿望与理想,如旅行计划或理想的职业等			
阅读/Reading	A	B	C
我能以中等速度(每分钟 70~90 词)基本读懂英语国家大众性报刊杂志上一般性题材的文章			
我能以较快速度(每分钟 120 词)阅读篇幅较长、难度适中的文章			

续表

请在右面"自评"栏中对自己的英语能力做出评估,能够做到的写 Y, 能够轻易做到的写 YY; 在"同学评"栏中请同学对你的英语能力用相同方式做出评估; 在"追求目标"栏中, 标出你认为重要但目前还不具备的英语能力, 写 O 代表努力目标, 写 P 代表优先考虑目标。在每项能力下的空行中, 请列出(或请同学、老师帮助)你所具有的表上未列出的能力或你所期望达到的能力目标	自评	同学评	追求目标
我能略读新闻、人物、事件等报道的主要内容, 抓住其要点, 能寻读有关材料, 快速查找所需信息			
我能阅读所学专业的综述性文献, 并能正确理解中心大意, 抓住主要事实和有关细节			
我能借助词典读懂与我专业相关的技术性论文, 能从技术性手册中快速查找所需信息以解决遇到的技术问题			
写作/Writing	A	B	C
我能就所读一般主题的文章写出其摘要或大纲, 能阐述自己对某一焦点问题的观点, 并能基本陈述赞成或反对的理由			
我能写所学专业论文的英文摘要			
我能写出日常的应用文章, 结构与表达符合应用文体规范			
我能借助参考资料写出专业小论文, 结构基本清晰			
我能就一般性主题在半小时内写出不少于 160 词的记叙文、说明文或议论文, 内容完整、观点明确、条理清楚、文理通顺			
翻译/Translating	A	B	C
我能借助词典翻译英语国家一般报刊上题材熟悉的文章。英汉译速为每小时约 350 个英语单词, 译文通顺达意, 理解和语言表达错误较少			
我能借助词典对一般性题材的文章进行汉译英, 译速为每小时约 300 个汉字, 译文通顺达意, 理解和语言表达错误较少			

续表

	自评	同学评	追求目标
请在右面"自评"栏中对自己的英语能力做出评估,能够做到的写 Y, 能够轻易做到的写 YY; 在"同学评"栏中请同学对你的英语能力用相同方式做出评估; 在"追求目标"栏中, 标出你认为重要但目前还不具备的英语能力, 写 O 代表努力目标, 写 P 代表优先考虑目标。在每项能力下的空行中, 请列出(或请同学、老师帮助)你所具有的表上未列出的能力或你所期望达到的能力目标			
我能摘译所学专业的英语文献资料。译文符合中文表达习惯			
我能使用适当的翻译技巧			
学生英语能力自评/互评表(表三:更高要求)			
听力/Listening	A	B	C
我能听懂语速正常、内容稍长的对话、短文、报告等, 并在其结构复杂、观点较为隐含时也能理解其要点和主要细节			
我能基本听懂语速正常的英语国家广播及电视节目, 如新闻报道、访谈、讲座、电影、电视剧等, 并能掌握中心思想, 抓住要点			
我能听懂用英语讲授的专业课程和英语讲座			
我能听懂涉及专业知识的学术报告、专题讲座等, 并能理解其中阐述的事实或包含的较为抽象的概念			
口语/Speaking	A	B	C
我能就一般或专业性话题较为流利、准确地与英语国家人士对话或讨论, 并能将对话或讨论有效地进行下去			
我能就个人目的或社会交际目的灵活、有效地使用英语表达自己的意念, 如情感表达、意愿表达等			
我能用简要的语言概括较长、语言稍难的文章或讲话, 并能对某一题目给出较长的解释和说明			
我能在学术会议或专业交流中较为自如地表达自己的观点和看法, 重点突出、内容完整、语言流畅			

续表

请在右面"自评"栏中对自己的英语能力做出评估,能够做到的写 Y,能够轻易做到的写 YY;在"同学评"栏中请同学对你的英语能力用相同方式做出评估;在"追求目标"栏中,标出你认为重要但目前还不具备的英语能力,写 O 代表努力目标,写 P 代表优先考虑目标。在每项能力下的空行中,请列出(或请同学、老师帮助)你所具有的表上未列出的能力或你所期望达到的能力目标	自评	同学评	追求目标
我能使用较高的讲话技巧,如引起听众的注意力、维持听众热情、协调与其他讲话人的关系等			
阅读/Reading	A	B	C
我能读懂有一定难度的文章,理解其主旨大意及细节			
我能借助词典读懂原版英语教材和英语国家报刊杂志上的文章			
我能较为顺利地阅读所学专业的英语文献和资料			
写作/Writing	A	B	C
我能就一般性主题比较自如地表达个人的观点,做到文章结构清晰、内容丰富、逻辑性强			
我能将从不同渠道获取的信息进行归纳、总结,写成英文概要或汇报提纲			
我能撰写专业文章摘要,能写简短的专业报告和论文			
我能就一般性主题在半小时内写出不少于 200 词的记叙文、说明文或议论文,思想表达清楚、文章结构清晰、内容丰富、逻辑性强			
翻译/Translating	A	B	C
我能借助词典翻译所学专业的文献资料和英语国家报刊上有一定难度的科普、文化、评论等文章,英汉译速为每小时约 400 个英语单词,理解准确,基本无错译、漏译,译文流畅			

续表

	自评	同学评	追求目标
请在右面"自评"栏中对自己的英语能力做出评估,能够做到的写 Y,能够轻易做到的写 YY;在"同学评"栏中请同学对你的英语能力用相同方式做出评估;在"追求目标"栏中,标出你认为重要但目前还不具备的英语能力,写 O 代表努力目标,写 P 代表优先考虑目标。在每项能力下的空行中,请列出(或请同学、老师帮助)你所具有的表上未列出的能力或你所期望达到的能力目标			
我能将反映中国国情或文化的介绍性的文章译为英文,汉英译速为每小时约 350 个汉字,基本无错译、漏译,译文达意,符合英语表达习惯			

注:如果"自评"或"同学评"栏中 90% 以上项目都填了 Y(Yes)或 YY,说明你已具备了"一般要求"所推荐的英语能力。如果"追求目标"栏中的 O(Objective)或 P(Priority)较多,则应寻求指导并积极设法实现。

附录3：

上海市大学英语教学参考框架（试行）

（高等学校非英语专业本科用）

　　为适应上海市社会和经济发展的需要、培养具有国际视野、通晓专业领域内国际规则并能用英语直接参与国际交流的专业人才，特制定《上海市大学英语教学参考框架》（以下简称《框架》），作为上海各高等学校组织非英语专业本科生英语教学的主要依据。

　　鉴于上海各本科高等学校的教学资源、学生入学水平、办学目标定位以及各学科专业需求等不尽相同，各高等学校应参照《框架》，根据本校的实际情况，贯彻分类指导、因材施教的原则，制定科学的、个性化的大学英语教学大纲，指导本校的大学英语教学。

一、课程性质

　　大学英语是以非英语专业本科生为教学对象的公共基础课程，课程定位是为上海高校学生专业学习需求和专业人才培养总目标服务。

　　大学英语教学的目标是：提高学生具有较强的听、说、读、写学术英语交流能力，使他们能用英语直接从事自己的专业学习和今后的工作，在自己专业领域具有较强的国际交往能力；在提高学术交流能力和学术素质修养的同时，培养他们的人文素质修养，提升他们跨文化交流、沟通和合作，以及参与国际竞争的能力，以适应上海市和国家的社会和经济发展的需要。

二、教学内容

英语教学分为通用英语（EGP）和专门用途英语（ESP）两种。通用英语是一种除打语言基础外并无特殊目的的语言教学。专门用途英语是为学生专业学习需求或为未来工作需求服务的语言教学。根据使用目的不同，专门用途英语又可分为职场英语（EOP）和学术英语（EAP）。职场英语是具有岗位培训特色的英语教学，学术英语则是一种在高校层面上为大学生用英语进行专业学习提供语言支撑的英语教学。

学术英语是高校大学英语教学的主要内容，它具有帮助大学生从高中通用英语过渡到大学用英语进行专业学习的不可或缺的桥梁作用。学术英语可细分为通用学术英语（EGAP, English for General Academic Purposes）和专门学术英语（ESAP, English for Specific Academic Purposes）两种。前者主要训练学生各学科通用的学术口语交流能力和学术书面交流能力，例如听讲座、做笔记、报告展示、撰写文献综述和课程论文、参加学术讨论等能力。后者是以某一特定学科领域（如金融、法律、工程、医学等）为内容的英语教学，但主要注重这一学科的特定语言（如词汇、句法、篇章、体裁）和工作场所交流技能的教学（见下图）。

三、课程体系

上海高校的大学英语课程体系由过渡课程、核心课程和选修课程等三类课程组成。过渡课程是指通用英语课程，主要为英语水平较低的新生补基础而设置，目的是使他们能够尽快过渡到核心课程上来。过渡性的通用英语课程包括听说、阅读、语法和写作等具体课程。通用英语课程一般应规定为选修性质。

核心课程指学术英语课程，分通用学术英语课程和专门学术英语课程两类。通用学术英语课程主要培养跨学科的学术英语能力，课程包括学术听说、学术阅读、学术报告展示和学术写作等。这些

附录3：上海市大学英语教学参考框架（试行）

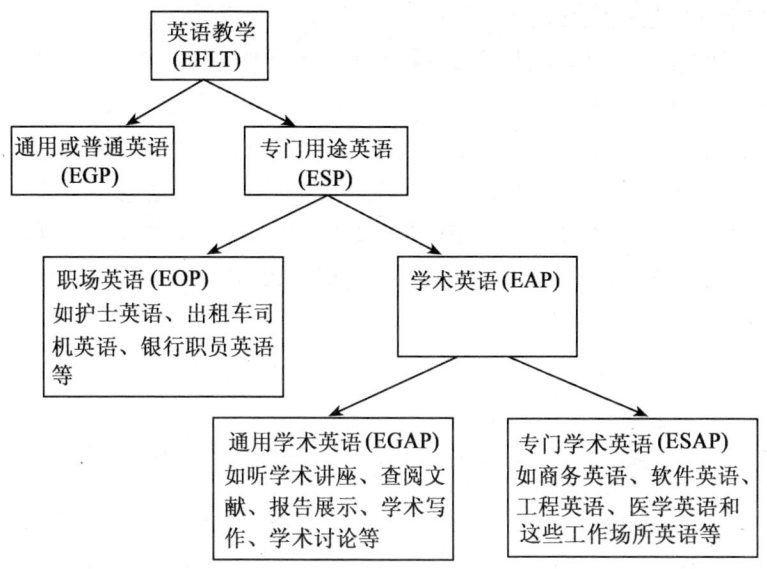

学术英语技能是每个大学生必须掌握的，同时又能巩固和直接提高他们的通用英语能力，因此，通用学术英语课程应设置为必修性质，并保证有足够的学分使学生的口头以及书面学术英语交流能力得到有效的训练和提高。

专门学术英语课程侧重于特定学科的词汇、句法、语篇、体裁和交际策略的教学。可根据学校和专业情况，开设如法律英语、医学英语、计算机英语、海事英语、商务英语等课程，以及特定领域的工作场所英语课程，如技术报告写作、个人简历写作和会议陈述演示等。课程性质应由各大学甚至各专业院系根据实际情况设定。

选修课程主要指培养学生通晓本专业国际规则、掌握学术交往中的跨文化交流、合作和沟通的技能、培养他们对不同文化的理解和容忍态度以及本民族认同感的通识英语课程，如英美社会与文化、科学发展与伦理、哲学与批判性思辨、学术中跨文化问题和英语公众演说等。有条件的学校可以开设诸如英美文学、外国影视欣赏和莎士比亚研究等外国文学课程。但这些课程原则上应到学校公共平台的通识教育板块上开设。

课程设置应体现办学自主权和分类指导的原则。各校可根据下表中建议的课程性质、学分比例、课程名称和课程内容等，结合本校实际情况（如专业需求、学生水平），设计出个性化的校本大学英语课程体系和各专业院系大学英语课程方案，将通用英语课程、学术英语课程和通识英语课程有机结合，以确保不同层次和不同专业需求的学生在新的课程体系中得到有效的训练和提高。

课程性质	过渡课程	核心课程		选修课程
	通用英语（选修）	通用学术英语（必修）	专门学术英语（必修/选修）	通识英语
学分比例	0~10%	60%	15%	15%
课程内容	英语听说 英语阅读 英语语法 英语写作 英汉翻译	学术英语听说 学术英语阅读 学术报告展示 学术英语写作 综合学术英语	法律英语 医学英语 金融英语 海事英语 商务英语 工程英语 工作场所英语	英美社会与文化 科学发展与伦理 哲学与批判性思辨 跨文化交际 公共演说

四、教学安排

教学目的和教学内容的改变使大学英语学分有了增长的新需求。在高等教育国际化和全球化背景下，大学英语在整个专业人才素质培养中的重要作用日益凸显，因此，大学英语应根据不同学校实际情况在专业培养方案的总学分中占有足够的比例。

建议参考学生的高考英语成绩或通过分级水平测试，按不同英语水平进行编班学习。英语水平低于大学英语一级水平的可先学通用英语。大部分学生直接进入通用学术英语学习。

通用学术英语课程既可根据单项能力开设出学术听说、学术阅读、学术报告展示和学术写作等课程，也可以开设综合性学术英语课程，如综合学术英语 1~3 级等。建议大学英语中 60% 以上的学分应放在这类核心课程上。考虑到大学英语学分和学时的有限性，建议尽量利用学校前期已建成的英语自主学习中心和"上海市高校学术英语资源库"（正在规划建设），把大部分的学术听、读、写训练放在课后进行，课堂授课和课外作业的课时比例不低于 1：2。

专门学术英语课程是特定学科或专业里的学术英语课程。考虑到这类课程会具有一定的挑战性，可把这些课程安排在通用学术英语课程后面学习。

在教学安排中，应按照内容由易到难，由核心课程到选修课程，由以教师为主导的通用学术英语到以学生为中心的专门学术英语的顺序把大学英语所有课程安排在第一到第三学年。全英语或双语课程比较普及的高校可尝试采用集中学习、强化训练的方法，把学术英语课程放在第一学年内完成。这种加强密度的集中教学法不仅可以提高语言学习效率，还可以使学生把学到的学术英语技能及时运用到大二到大四的专业学习中去。

各校的教学安排要贯彻分类指导原则，并体现专业特点。因此，教学安排要尽可能根据各个专业院系学生的个性化英语需求，设计出专业对口的套餐式或订单式的课程模块和教学安排。

五、能力目标

根据用英语进行专业学习和工作所需要的学术技能，下表提出了在完成大学英语教学后学生应该达到的两个等级的能力目标，供教学和评估使用。其中，较高级目标是在完成一般级目标基础上提出的更高教学要求。建议各学校根据专业需求和学生英语水平确定其中一个或交叉搭配两个等级目标，制定出切合实际的、能够达到的大学英语能力目标。

能力	一般级	较高级
听	能掌握各种基本听力技巧，如听前词汇猜测，辨认主要信息，捕捉衔接词等。除此之外，（1）能听懂语速一般、发音比较标准的短篇学术讲座和专业讲课；（2）能将大意或重点笔记下来，使他们就此能写简短的小结；（3）能就讲座中没有听清楚的主题和大意进行提问和回答	在掌握一般级的听力技能基础上，（1）能使用听学术讲座的各种策略；（2）能听懂语速正常、有些口音的较长篇幅的专业讲课或讲座；（3）能把记下内容组织起来，以便能写出比较完整的摘要；（4）能就讲座中比较具体的细节和有关内容进行提问和回答
说	能掌握英语基本说话技能，如能用可理解的英语交流信息与看法，能使用各种提问技巧和表示同意和反对等讨论策略。除此之外，（1）能就专业相关的话题进行较短的、简单的陈述演示；（2）能应对各种提问或评论；（3）能在小组讨论上，采用恰当的会话技能	在掌握一般级的说话技能基础上，（1）能用较标准的英语交流一些复杂的信息与有说服力的看法，（2）能在专业的国际学术会议上宣读论文，并能用有效的身体语言和目光交流；（3）能运用各种会话策略有效地参加学术讨论、辩论和提问与回答环节
读	能掌握基本阅读技能，如跳读略读，上下文推测意思，仔细阅读和泛读等。除此之外，（1）能读懂篇幅较短的、和专业有点关系但是针对一般无专业背景读者的学术文章（如报刊上的科普文章）；（2）能读懂浅近的专业教材的内容	在掌握一般级的阅读技能的基础上，（1）能阅读长篇专业文章。理解其中主要观点和细节；（2）能读懂专业教材的内容；（3）能学会批判性阅读技能，如能区别文章的事实和观点，正确判断信息来源的可靠性和可信性，辨认信息中的片面性

续表

能力	一般级	较高级
写	能掌握基本写作技能，如主题句/支撑句、衔接技能，和句子变化技巧等。除此之外，（1）能写较短学术文章，运用如定义、分类、举例、原因分析、比较和对比等方法；（2）能就专业相关的话题写一篇文献回顾；（3）能写用于参加学术会议所递交的发言摘要；（4）能描写表格和图表等中的信息；（5）能运用书面表达的词汇和句法，以及委婉模糊策略；（6）了解学术写作中的剽窃概念，并能用简单的方法避免自己写作中的剽窃	在掌握一般级的写作技能基础上，（1）能就专业相关的话题写较长的小论文（如1 500词左右）；（2）能用本学科或专业的学术规范、论文结构和风格进行各种体裁的写作，如论文和技术报告等；（3）能合理引用文献资源、转写所引用的语句、以规范的格式编写文后的参考文献目录，掌握避免各种学术剽窃的策略和方法
词汇	能掌握词汇学习的各种策略，包括词汇记忆、上下文猜词意技巧等。除此之外，（1）接受性词汇量能达到8 000个单词左右；（2）能在说和写的交流中使用最常用的3 000词的至少一种用法。这3 000产出性词汇包括570个频率最高的学术词组和本学科或专业领域里使用频率最高的学术词汇	在掌握一般级的词汇技能基础上，（1）接受性词汇量能达到10 000个单词左右；（2）能掌握这3 000个最常用词的各种搭配并能在各种口头和书面的学术交流场合中使用；（3）能掌握自己学科或专业领域里常用的专业词汇

续表

能力	一般级	较高级
学习	能掌握各种学习策略，包括如何管理学习时间，安排学习计划和检查学习进度。除此之外，（1）能充分利用学校图书馆和语言学习中心提供的资源和设备进行学习；（2）能运用网络信息搜索技能，搜索与专业学习相关的信息；（3）能分析和综合从各个渠道得到的信息；（4）能运用小组活动形式进行学习，培养独立自主的学习能力，在合作学习的环境里建立英语学习的自信心	在掌握一般级的学习技能基础上，（1）掌握学术研究的基本方法，如何如何选择合适的课题、进行文献回顾和数据收集、如何用口头和书面形式汇报研究成果；（2）能独立地或以团队合作形式开展专业方面的项目研究；（3）在研究中培养批判性和创新思维能力；（4）能在学习和学习策略方面给予自己同伴帮助和建议；（5）培养具有用英语组织各种形式的学习讨论会和学术研讨会的能力

六、教学评价

教学评价是教学活动中的一个重要环节，它既是教师获取教学反馈信息、改进教学方法、提高教学质量的依据，又是学生了解自己学习情况、调整学习策略、提高学习效率的有效手段。教学评价包括对学生的评价和对教学的评价。对学生的评价可采用形成性评估和终结性评估两种形式。

形成性评估是根据教学目标和能力标准对学生学习进行的过程性和发展性评估。在形成性评估中尤其要注意开发诊断性测试和个人学习进度报告，以便发现和记录学生在学习过程中的问题，给学生提出建设性意见。形成性评估不仅仅是考查学生的学习表现，更重要的是帮助他们达到提出的能力目标。形成性评估要重点考核学生以团队合作为形式、以项目研究为核心的学习情况。即通过布置与课文主题相关的项目，要求学生结成小组从搜索和组织信息、归纳和综述文献到设计研究方法（如问卷、田野调查和小实验），最后用口头和书面形式汇报研究成果。在形成性评估中要重视学生的自评和相互之间的评估，如由全班同学或其他小组对某个同学或某个小组的研究成果汇报表现进行打分。

终结性评估是课程结束时进行的期末考试和综合评估。它应该是基于学生课程表现的学业成绩考试，而非学生无需经过课程学习的语言水平考试。而且，用同一张试卷来测试不同专业学生并不符合专门用途英语教学理念。综合性成绩评定不仅要考虑某个学生的听说读写综合能力的表现，还要考虑他们单项能力的提高幅度；不仅要考虑学生学术听说读写这些可测试的量化语言能力，还要考虑他们用英语开展研究中表现出来的团队沟通合作能力和批判性创新思维能力等这些难以量化的能力。无论采用哪种评估或测试方法，都要改变为评估而评估的传统观念，改变用水平考试来确定学生成绩的简单做法。评估的主要目的之一是要最大限度地调动学生继续学习的积极性和提升学生对自己学习能力的自信心。

对教学的评价不仅仅是学生对教师的教学水平和质量的评价，主要是教师对自己开设的课程的自评和对使用的教材的评估，还包括他们对课程目的的了解程度和帮助学生达到这个目的的情况的评估。课程评估包括课程开始前对学生的需求分析和课程结束后的对学生反馈调查，以及对整个课程活动包括练习和考试的全面自评。通过这种教学评估来改进教学，提高教学质量。

七、教材开发

教材开发是实现《框架》要求的关键。学术英语教材应区别于传统的专业英语教材（后者类似双语教材）。通用学术英语教材不需要严格限定在专业内容框架内，而是可以围绕人文科学和自然科学的一般话题进行跨学科的或分大文大理的听、说、读、写学术技能的训练。专门学术英语教材则可按工程、金融、法律、海事、新闻、医学、心理学等学科进行特定领域的语言教学，但课文内容的专业性要降低。选材原则是体现该专业的语言结构和语篇体裁的特点,而非一定要追求专业知识的系统性和全面性,目的是训练学生在该领域里的听、说、读、写等交流技能而非学科内容的掌握。无论是通用学术英语教材还是专门学术英语教材都应该做到材料的真实性和任务的真实性,如设计能训练学生搜索文献、撰写文献回顾、进行成果陈述汇报的项目和模拟工作场所的情景及其任务等。

学术英语教材,尤其是专门学术英语教材应该纳入校本教材或学科系统内教材的范畴。建议各高校按照《框架》的教学内容和能力标准,以语言学理论和教学法理论为编写理念,根据自己学校的学科特点和办学方向,开发或与其他具有相同优势专业的院校一起共同开发教材。校本教材和学科系统内教材的编写应突出其前瞻性和示范性。校本教材的编写人员应由大学英语教师、专业教师和以英语为母语的外籍教师组成。其编写工作应基于对学生的英语实际水平分析和学生在专业学习方面对英语的需求分析。编写人员应深入专业院系,听取专业教师对教材内容、话题选择、核心词汇和语言要求的意见,在他们的指导下遴选编写课文的合适语料,并设计出真实任务,从而开发出能真正满足他们用英语进行专业学习和未来工作需求的教材。此外,各高校应加强相关 ESP 资料库的建设,其中包括通用学术英语资料库(如不同难度和主题的学术讲座视频收集、规避学术剽窃案例的收集等)和专业学术英语资料库(如各学科高频词汇和用法的整理、论文写作体裁规范等),以利于教材的持续开发和学生的学习。

八、教师发展

教师是开展大学英语教学改革的关键。教师应首先转变观念,并纠正大学英语教师对学术英语的偏见和误解。大学英语教师并不一定需要有很强的专业知识。他们应当利用学生对专业知识的了解,推动语言课堂的交流。英语教师的作用是帮助学生获得其专业领域中进行口头和书面交流的语言能力,帮助他们实现有效的专业学习。

　　建议：(1) 对学术英语课程的新任教师适当减少工作量，并保证他们参加不少于一个学期的岗内培训，如每周进行 ESP 文献阅读和教学案例讨论等；参加学术英语教材编写以提高理论水平；旁听教学对口的专业院系的相关课程，了解学生在专业学习上的困难和需求等。(2) 应经常组织或参加国内或国际的"ESP/EAP 学术研究"和"ESP/EAP 工作坊"之类的研讨会，邀请 ESP 专家进行讲座和讲课。在 ESP 教师同行间进行 ESP/EAP 课程的互相观摩，交流经验和体会。(3) 采用"走出去请进来"的方法，让相关专业院系的教授解答专业知识上的问题，以帮助语言教师了解相关专业的基本内容和学科领域发展情况，尤其是学科的语篇体裁、语言交际能力和策略，以及专业学习和工作对英语能力的需求。

上海高校大学英语教学指导委员会

2013 年 2 月

附录4：

武汉学院大学英语教学与学习情况调查表

一、学生基本信息

1. 你的性别是_____；你的年龄是_____岁；你的高考总分是_____分；你的英语高考成绩是_____分；你参加高考所在的省份是_____；你现在武汉学院读大学_____年级。
2. 你高中学的是_____（①文科；②理科）；
3. 你的高考英语是否考"听力"？_____（①是；②否）；你的高考英语是否考"口语"？_____（①是；②否）；
4. 你是否已通过大学英语三级考试？_____（①是；②否）；你是否已通过大学英语四级考试？_____（①是；②否）；

二、学生的英语学习态度（认知与动机）

1. 你认为英语学习：
   ①很重要　②重要　③一般般　④不重要　⑤很不重要
2. 你对英语学习的态度是：
   ①非常喜欢　②喜欢　③一般般　④不喜欢　⑤非常不喜欢
3. 你对"学好英语可以使自己找工作时更具竞争力"的说法的态度是：

①非常同意　②同意　③既不同意也不反对　④不同意　⑤非常不同意

4. 你对于"英语是人生中的一门必修课"这样的说法感到：
①非常同意　②同意　③既不同意也不反对　④不同意　⑤非常不同意

5. 你认为大学英语四、六级考试：
①非常重要　②重要　③无所谓　④不重要　⑤非常不重要

6. 你学习英语的主要目的是(可多选)：
① 应付考试不得不学　②拿证书　③为了将来好找工作　④出国深造　⑤提高自身素质　⑥对英语感兴趣　⑦其他_____

7. 你对自己英语水平的期望是：
①通过期末考试即可　②通过四级　③通过六级　④通过托福/雅思/GRE等考试　⑤没有期望

8. 日常生活中，你能听懂别人说英语吗？
①完全能　②有时能　③几乎不能　④完全不能

9. 日常生活中，你能说英语吗？
①完全能　②有时能　③几乎不能　④完全不能

10. 你对目前自己的英语水平是否感到满意？
①很满意　②满意　③一般般　④不满意　⑤很不满意

11. 你目前英语学习的最大困难是(可多选)：
①词汇量小　②阅读速度慢　③听力差　④口语差，不能表达自己的思想　⑤不知如何学，收效慢　⑥其他_____

12. 你觉得自己目前英语成绩不理想的原因主要是(可多选)：
①中学基础差　②学习方法不对　③吃苦和坚持精神不够　④老师的原因　⑤教材的原因　⑥校风（学风）　⑦其他_____

13. 你现在最想提高的是(可多选)：
①听力　②口语　③阅读　④写作　⑤翻译　⑥英语应试能力　⑦其他_____

14. 你认为英语学习最重要的部分是(可多选)：
    ①听力　②口语　③阅读　④写作　⑤翻译　⑥语法　⑦词汇　⑧其他_____
15. 你在学习英语过程中什么时候感到紧张(可多选)：
    ①老师提问时　②公共场合讲英语时　③考试时　④学习过程中遇到生词时　⑤与人用英语交流时　⑥其他_____
16. 你在学习英语过程中什么时候感到放松(可多选)：
    ①做作业时　②看英语电影/听英文歌曲时　③上英语课时　④自学英语时　⑤与人用英语交流时　⑥其他_____
17. 用英语说话或写信出现错误，觉得是件丢人的事吗？
    ①太丢人了　②有点丢人　③无所谓　④没什么丢人的
18. 你对于学好英语有没有信心？
    ①非常有信心　②有信心　③不清楚　④没信心　⑤完全没信心

三、英语学习习惯调查（策略与方法）

1. 你学习英语的主要途径是(可多选)：
   ① 英语课上积极参与　②课前预习，课后复习　③空余时间自学英语　④看英文电影，听英文歌曲　⑤其他_____
2. 在你学习英语的过程中，是否愿意主动地向老师或同学请教？
   ①非常愿意　②愿意　③中立　④不愿意　⑤非常不愿意
3. 你有课前预习、课后及时复习英语的习惯吗？
   ①有　②没有　③不太清楚
4. 在英语课上，你对不懂的地方或不同的观点提出疑问吗？
   ① 经常提　②有时候提　③看老师是否鼓励　④从来不提
5. 你上课自觉做好笔记并及时整理笔记的概率是？
   ①80%以上　②60%~80%　③40%~60%　④ 40%以下　⑤从不
6. 你按时完成英语作业的概率是？

①80%以上　②60%~80%　③40%~60%　④40%以下
⑤从不

7. 你是否愿意在课堂上积极发言，大胆陈述自己的观点与看法？
①非常愿意　②愿意　③中立　④不愿意　⑤非常不愿意

8. 你愿意在课堂上用英语与老师和同学交流吗？
①非常愿意　②愿意　③中立　④不愿意　⑤非常不愿意

9. 你喜欢大声朗读英语吗？
①非常喜欢　②喜欢　③中立　④不喜欢　⑤非常不喜欢

10. 读课文和故事时，要一句一句读懂以后再往下读吗？
①绝对是这样　②有时是这样　③基本不会这样　④绝对不会

11. 读课文、故事或考试时遇到生词，你喜欢通过上下文猜测词义吗？
①非常喜欢　②喜欢　③不清楚　④不喜欢　⑤非常不喜欢

12. 在阅读过程中碰到生词，你是否会查阅字典？
①会　②不会

13. 你喜欢背英文单词吗？
①非常喜欢　②喜欢　③中立　④不喜欢　⑤非常不喜欢

14. 你记英语单词的方法是(**可多选**)：
① 通过阅读文章　②大声朗读单词　③反复拼写单词　④通过听力　⑤通过记短语搭配和造句　⑥其他_____

15. 听英语录音时你喜欢模仿语音语调吗？
①非常喜欢　②喜欢　③中立　④不喜欢　⑤非常不喜欢

16. 听力考试时，如果一句没有听懂，你通常会怎么办？
① 不着急，也不停下来想，而是继续往下听　②非常着急，停下来想　③不着急，停下来想　④非常着急，但不停下来想，继续听

17. 说英语时你首先用中文组织意思，再翻译成英语吗？
①是　②否

18. 你平常是否会主动自学英语：

231

①每天都自学　②大约2~3天学一次　③大约一周学一次　④大约一个月学一次　⑤课外从不自学英语

19. 你课外学习英语的时间主要花费在(可多选)：
①预习/复习和做练习　②课外阅读英语　③看英语电影，听英语歌曲/VOA、BBC等　④参加英语角练口语　⑤其他_____

20. 你会阅读除课文以外的其他英语读物吗？
①每天至少读一次　②每周至少读一次　③每月至少读一次　④每学期至少读一次　⑤从没有读过

21. 你在宿舍中和同学进行简单英语会话吗？
①每天至少一次　②每周至少一次　③每月至少一次　④每学期至少一次　⑤从没有

四、学生对课堂教学模式的看法

1. 你认为英语课堂教学应以谁为中心？
①教师　②学生　③教材　④其他_____
2. 你认为大学英语教学的重心应该是(可多选)：
①听力　②口语　③阅读　④写作　⑤翻译　⑥语法　⑦其他_____
3. 你认为大学英语课堂教学应该是：
①以教师讲课为主　②以学生练习为主　③教师讲和学生练习时间均等　④其他_____
4. 你们英语老师上课的方式通常是：
①老师讲，学生听　②通过提问题让学生思考　③小组讨论　④以上都有
5. 你们的老师除了教你们教材上的内容，是否还补充其他现实生活中的语言材料？
①经常　②有时　③几乎不　④从不
6. 在现在的英语课上，老师鼓励学生提问题吗？

① 每节课都有　②有时候有　③从来没有　④不清楚
7. 课前不懂的问题经过英语老师的讲解是否得到了解决？
①完全解决　②基本解决　③ 基本没有解决　④ 根本没有解决
8. 你是否喜欢传统的英语语法翻译教学方式？
①非常喜欢　② 喜欢　③中立　④不喜欢　⑤非常不喜欢
9. 你认为教师有必要详细讲解课文吗？
①很有必要　②有必要　③无所谓　④没有必要　⑤完全没有必要
10. 你希望老师课堂上多讲(可多选)：
①四六级考试技巧　②词汇　③语法　④对课文的理解和欣赏　⑤翻译　⑥其他_____
11. 你喜欢哪种作业类型？
① 口头型　② 书面型　③ 口头书面结合　④ 无所谓　⑤ 其他_____
12. 你在大学英语课堂上能够集中多少注意力？
① 100%　② 约80%　③约60%　④约40%　⑤20% 以下
13. 你对现在英语课堂的感觉是：
① 很好　② 好　③无所谓　④不好　⑤非常不好

五、学生对英语教师的教学内容、水平和手段的评价

1. 你认为大学英语教师的学历资格应为：
① 博士　② 硕士　③本科　④以上任一个都可以
2. 你认为大学英语教师的职称应为：
①教授或副教授　②讲师　③助教　④无所谓
3. 你认为大学英语教师的性别最好是：
① 男　② 女　③以上性别都可以
4. 你认为大学英语教师的年龄最好是：
①35 岁以下　②36～50 岁　③51 岁以上　④无所谓
5. 你喜欢哪种老师？(可多选)

①对学生负责　②学识渊博　③平易近人　④幽默风趣　⑤有创新精神　⑥能教给学生想学的知识　⑦要求严格　⑧能以饱满的情绪投入教学　⑨鼓励学生独立思考问题　⑩能尊重学生的意见

6. 你希望老师在讲解时(**可多选**)
   ①深入浅出　②多举实例　③扩大知识面　④照本宣科　⑤其他＿＿＿＿＿

7. 你希望老师讲课时(**可多选**)
   ①声音洪亮　②发音标准　③带有感情　④表达清楚　⑤其他＿＿＿＿＿

8. 你觉得现在英语老师的课怎样？
   ①非常有吸引力　②有吸引力　③中立　④没有吸引力
   ⑤非常没有吸引力

六、学生对所用教材的评价

1. 目前使用的英语教材对你来说：
   ①太难　②有点儿难　③适中　④容易　⑤太容易

2. 你认为通过学习和使用现在的教材，能否让你的英语知识与能力得到提高？
   ①能　②不能

3. 你觉得目前使用的英语教材最主要的问题是(**可多选**)：
   ①内容太难　②内容太多　③练习太多　④主题乏味　⑤排版太乱　⑥其他＿＿＿＿＿

4. 你认为现在使用的综合教程的难易程度如何？希望做怎样的调整？
   ①太难了，应降低难度　②有点难，应把难的内容换掉　③一般，现在这个程度正好　④简单，希望再加大难度

5. 你认为现在使用的听说教程的难易程度如何？希望做怎样的调整？

① 太难了，应降低难度　②有点难，应把难的内容换掉　③一般，现在这个程度正好　④简单，希望再加大难度

七、学生对英语考核方式的看法

1. 目前我院学期末英语总评成绩是由课堂表现/平时作业/平时测验+期末考试构成的，你觉得现在的评估方式在多大程度上准确地反映了你的英语水平？
   ① 80%～100%　② 70%～80%　③ 60%～70%　④ 50%～60%　⑤≤50%
2. 你认为科学的英语考核方式应该是：_____

八、学生对大学英语教学的满意度

1. 你对我院大学英语教学的整体状况感到满意吗？
   ① 很满意　②满意　③一般般　④不满意　⑤很不满意
2. 你对我院大学英语教学哪个方面<u>最满意</u>？（**限选一项**）
   ① 学院（教务处）关于大学英语的规定和管理制度　②教学条件和教室设施　③老师　④教材　⑤自己班级的学风　⑥考试风气　⑦课外英语活动
3. 如果可以多选，你对我院大学英语教学哪些方面<u>感到满意</u>？（可多选）
   ① 学院（教务处）关于大学英语的规定和管理制度　②教学条件和教室设施　③老师　④教材　⑤自己班级的学风　⑥考试风气　⑦课外英语活动
4. 你对我院大学英语教学哪个方面<u>最不满意</u>？（**限选一项**）
   ① 学院（教务处）关于大学英语的规定和管理制度　②教学条件和教室设施　③老师　④教材　⑤自己班级的学风　⑥考试风气　⑦课外英语活动
5. 如果可以多选，你对我院大学英语教学哪些方面<u>感到不满意</u>？（可多选）

① 学院（教务处）关于大学英语的规定和管理制度　②教学条件和教室设施　③老师　④教材　⑤自己班级的学风　⑥考试风气　⑦课外英语活动

6. 你对学院（教务处）关于大学英语的规定和管理制度满意程度如何？

　　① 很满意　②满意　③一般般　④不满意　⑤很不满意

7. 你对大学英语教学的硬件设施和教室设备的满意程度如何？

　　① 很满意　②满意　③一般般　④不满意　⑤很不满意

8. 你对教你的大学英语老师满意度如何？

　　① 很满意　②满意　③一般般　④不满意　⑤很不满意

9. 你对所使用的大学英语教材满意度如何？

　　① 很满意　②满意　③一般般　④不满意　⑤很不满意

10. 你对所在班级的学风满意度如何？

　　① 很满意　②满意　③一般般　④不满意　⑤很不满意

11. 你对大学英语课程的考试风气满意度如何？

　　① 很满意　②满意　③一般般　④不满意　⑤很不满意

12. 你对我院开展的课外英语活动满意度如何？

　　① 很满意　②满意　③一般般　④不满意　⑤很不满意

九、学生参与大学英语课堂交互活动的心理状况

1. 在课堂上独自回答问题时我会觉得非常放松

　　①十分同意　②同意　③说不清楚　④反对　⑤十分反对

2. 我喜欢主动在课堂上陈述自己的观点

　　①十分同意　②同意　③说不清楚　④反对　⑤十分反对

3. 当老师或者同学要求我在课堂上独自发言时我会觉得正常而自然

　　①十分同意　②同意　③说不清楚　④反对　⑤十分反对

4. 在课堂上独自与人交流时我会觉得不自在

　　①十分同意　②同意　③说不清楚　④反对　⑤十分反对

5. 一般来说，我害怕在课堂上陈述自己的观点
   ①十分同意　②同意　③说不清楚　④反对　⑤十分反对
6. 当老师或者同学要求我在课堂上独自发言时我会觉得尴尬而难受
   ①十分同意　②同意　③说不清楚　④反对　⑤十分反对
7. 我不害怕在谈话中大胆表达自己的看法
   ①十分同意　②同意　③说不清楚　④反对　⑤十分反对
8. 我在谈话时感觉平静而放松
   ①十分同意　②同意　③说不清楚　④反对　⑤十分反对
9. 即使与不熟悉的人谈话，我也觉得非常放松
   ①十分同意　②同意　③说不清楚　④反对　⑤十分反对
10. 我害怕在谈话时大胆表达自己的看法
    ①十分同意　②同意　③说不清楚　④反对　⑤十分反对
11. 我在谈话时感觉紧张和不安
    ①十分同意　②同意　③说不清楚　④反对　⑤十分反对
12. 与不熟悉的人谈话时我会觉得很不自在
    ①十分同意　②同意　③说不清楚　④反对　⑤十分反对
13. 我喜欢参加小组讨论活动
    ①十分同意　②同意　③说不清楚　④反对　⑤十分反对
14. 准备参加小组讨论时我会觉得放松，并无太多顾虑
    ①十分同意　②同意　③说不清楚　④反对　⑤十分反对
15. 在参加小组讨论的过程中我觉得自然轻松
    ①十分同意　②同意　③说不清楚　④反对　⑤十分反对
16. 我害怕参加小组讨论
    ①十分同意　②同意　③说不清楚　④反对　⑤十分反对
17. 参加小组讨论时我会觉得紧张不安
    ①十分同意　②同意　③说不清楚　④反对　⑤十分反对
18. 小组中有不熟悉的同学时我会觉得紧张
    ①十分同意　②同意　③说不清楚　④反对　⑤十分反对

附录5：

湖北省五所独立学院大学英语教学与学习情况调查表

一、学生基本信息

1. 你的性别是？①男； ②女
2. 你现在读大学几年级？①一年级； ②二年级
3. 你是否已通过大学英语三级考试？① 是； ②否
4. 你是否已通过大学英语四级考试？① 是； ②否
5. 你现在读什么类型的专业？
   ①理工类（理学、工学、农学、医学）；
   ②文史类（哲学、历史学、文学、教育学、法学、经济学、管理学）
6. 你高考总分是多少？
   ①550 分以上； ②520~550 分； ③500~520 分； ④480~500 分； ⑤450~480 分； ⑥400~450 分； ⑦400 分以下
7. 你高考英语成绩是多少？
   ①120 分以上； ②110~120 分； ③100~110 分； ④90~100 分； ⑤80~90 分； ⑥70~80 分； ⑦70 分以下
8. 你高中学的是什么科？ ① 文科； ②理科

二、英语学习策略

① = 这种做法完全或几乎完全不符合我的情况（0~25%）
② = 这种做法通常不符合我的情况（25%~50%）
③ = 这种做法有时符合我的情况（50%）
④ = 这种做法通常符合我的情况（50%~75%）
⑤ = 这种做法完全或几乎完全符合我的情况（75%~100%）

分量表1——记忆策略	
9. 我会思考英语学习中的新知识与已有的知识间的联系	①完全不符合　②不符合　③有时符合　④符合　⑤非常符合
10. 为了记忆生词，我尽量使用生词造句	①完全不符合　②不符合　③有时符合　④符合　⑤非常符合
11. 我尽量将单词的音、形、义结合起来记忆单词	①完全不符合　②不符合　③有时符合　④符合　⑤非常符合
12. 为了记住单词，我经常想想什么情景下可能用到它	①完全不符合　②不符合　③有时符合　④符合　⑤非常符合
13. 我用英语的节奏来记生词	①完全不符合　②不符合　③有时符合　④符合　⑤非常符合
14. 我将生词写在卡片上以便更好地记忆单词	①完全不符合　②不符合　③有时符合　④符合　⑤非常符合
15. 我借助肢体语言记忆生词	①完全不符合　②不符合　③有时符合　④符合　⑤非常符合
16. 我经常复习英语课文	①完全不符合　②不符合　③有时符合　④符合　⑤非常符合
17. 我通过单词在书页、广告牌或路标上的位置来记忆生词	①完全不符合　②不符合　③有时符合　④符合　⑤非常符合

续表

分量表2——认知策略	
18. 我通过重复读写来记忆单词	①完全不符合　②不符合　③有时符合　④符合　⑤非常符合
19. 我尝试像以英语为母语的人一样说英语	①完全不符合　②不符合　③有时符合　④符合　⑤非常符合
20. 我经常练习英语的发音	①完全不符合　②不符合　③有时符合　④符合　⑤非常符合
21. 我通过多种方式来运用已经掌握的英语单词	①完全不符合　②不符合　③有时符合　④符合　⑤非常符合
22. 我尝试用英语交谈	①完全不符合　②不符合　③有时符合　④符合　⑤非常符合
23. 我经常看一些英语电视节目或电影	①完全不符合　②不符合　③有时符合　④符合　⑤非常符合
24. 用英语阅读对我来说是一种享受	①完全不符合　②不符合　③有时符合　④符合　⑤非常符合
25. 我用英语记笔记、写便条、信件或报告等	①完全不符合　②不符合　③有时符合　④符合　⑤非常符合
26. 我通常先快速地浏览英语文章，然后再从头仔细地阅读	①完全不符合　②不符合　③有时符合　④符合　⑤非常符合
27. 遇到新词时，我通常想一下它与汉语中哪些单词相对应	①完全不符合　②不符合　③有时符合　④符合　⑤非常符合
28. 我注意总结英语句型	①完全不符合　②不符合　③有时符合　④符合　⑤非常符合
29. 如果知道单词各部分的含义，我就能知道整个单词的意思	①完全不符合　②不符合　③有时符合　④符合　⑤非常符合

续表

30. 我尽量不字对字地直译	①完全不符合 ②不符合 ③有时符合 ④符合 ⑤非常符合
31. 对于听到或读到的英语内容，我要作一下总结	①完全不符合 ②不符合 ③有时符合 ④符合 ⑤非常符合
分量表3——补偿策略	
32. 对于不太熟悉的单词我就猜它的意思	①完全不符合 ②不符合 ③有时符合 ④符合 ⑤非常符合
33. 在用英语交谈想不起某些单词时，我就借助手势来表达	①完全不符合 ②不符合 ③有时符合 ④符合 ⑤非常符合
34. 当不知道应该用哪个单词时，我就用知道的单词造词	①完全不符合 ②不符合 ③有时符合 ④符合 ⑤非常符合
35. 在阅读英语文章时，我不会去查每个生词的意思	①完全不符合 ②不符合 ③有时符合 ④符合 ⑤非常符合
36. 我尽量预测讲话者将要说什么	①完全不符合 ②不符合 ③有时符合 ④符合 ⑤非常符合
37. 如果想不起用准确的单词来表达，我就用意义最相近的单词或短语来代替	①完全不符合 ②不符合 ③有时符合 ④符合 ⑤非常符合
分量表4——元认知策略	
38. 我通过一切途径来练习英语	①完全不符合 ②不符合 ③有时符合 ④符合 ⑤非常符合
39. 我通过意识到自己的错误，来提高自己的英语水平	①完全不符合 ②不符合 ③有时符合 ④符合 ⑤非常符合
40. 有人讲英语时，我的注意力非常集中	①完全不符合 ②不符合 ③有时符合 ④符合 ⑤非常符合

	续表
41. 我试着找出如何学好英语的办法	①完全不符合　②不符合　③有时符合　④符合　⑤非常符合
42. 我制定时间表，以便有足够的时间来学习英语	①完全不符合　②不符合　③有时符合　④符合　⑤非常符合
43. 我注意寻找那些能够和我用英语交谈的人	①完全不符合　②不符合　③有时符合　④符合　⑤非常符合
44. 我寻找一切机会尽可能多地用英语进行阅读	①完全不符合　②不符合　③有时符合　④符合　⑤非常符合
45. 对于如何提高自己的英语技能，我有明确的目标	①完全不符合　②不符合　③有时符合　④符合　⑤非常符合
46. 我经常回想自己在英语学习中的进步	①完全不符合　②不符合　③有时符合　④符合　⑤非常符合
分量表5——情感策略	
47. 每当感到害怕英语时，我便努力放松自己	①完全不符合　②不符合　③有时符合　④符合　⑤非常符合
48. 尽管我害怕出错，但我还是鼓励自己去讲英语	①完全不符合　②不符合　③有时符合　④符合　⑤非常符合
49. 每当英语学习取得进步时，我就奖励自己	①完全不符合　②不符合　③有时符合　④符合　⑤非常符合
50. 我尽力去注意在学习或运用英语时自己是否情绪紧张	①完全不符合　②不符合　③有时符合　④符合　⑤非常符合
51. 我在日记中写下自己学习英语的感受	①完全不符合　②不符合　③有时符合　④符合　⑤非常符合
52. 我与他人交流学习英语的心得体会	①完全不符合　②不符合　③有时符合　④符合　⑤非常符合

续表

分量表6——社交策略	
53. 如果我听不懂，我会请求讲话者放慢速度或重复	①完全不符合　②不符合　③有时符合　④符合　⑤非常符合
54. 当我讲英语时，我请别人改正我的错误	①完全不符合　②不符合　③有时符合　④符合　⑤非常符合
55. 我与其他同学一起练习英语	①完全不符合　②不符合　③有时符合　④符合　⑤非常符合
56. 我经常从英语老师那里寻求帮助	①完全不符合　②不符合　③有时符合　④符合　⑤非常符合
57. 我用英语来提问题	①完全不符合　②不符合　③有时符合　④符合　⑤非常符合
58. 我努力学习英语国家的文化	①完全不符合　②不符合　③有时符合　④符合　⑤非常符合

三、学生对英语老师的期望

	你们班大学英语老师目前的实际情况：	你希望你们班大学英语老师：
59. 性别	①男　②女	60. ①男　②女　③无所谓
61. 年龄	①60岁以上　②50~60岁　③40~50岁　④30~40岁　⑤30岁以下	62. ①60岁以上　②50~60岁　③40~50岁　④30~40岁　⑤30岁以下　⑥无所谓
63. 职称	①教授　②副教授　③讲师　④助教	64. ①教授　②副教授　③讲师　④助教　⑤无所谓

	你们班大学英语老师目前的实际情况:	你希望你们班大学英语老师:
65. 学历	①博士 ②硕士 ③本科 ④大专	66.①博士 ②硕士 ③本科 ④大专 ⑤无所谓

67. 你觉得你们班英语老师的课_____
①非常没有吸引力 ②没有吸引力 ③中立 ④有吸引力 ⑤非常有吸引力

四、学生对大学英语课堂教学质量的评价

类别	评价的方面	满意程度
68. 总体	你对大学英语课堂教学整体上感觉如何？	①非常不满意 ②不满意 ③一般般 ④满意 ⑤非常满意
教学态度	69. 老师备课充分，熟悉授课内容	①非常不满意 ②不满意 ③一般般 ④满意 ⑤非常满意
	70. 老师教学纪律好，不缺课，不迟到早退，不拖堂	①非常不满意 ②不满意 ③一般般 ④满意 ⑤非常满意
	71. 老师上课投入，富有激情和吸引力	①非常不满意 ②不满意 ③一般般 ④满意 ⑤非常满意
	72. 老师注重课堂组织，抓课堂纪律	①非常不满意 ②不满意 ③一般般 ④满意 ⑤非常满意
	73. 老师公平地对待所有学生，不漠视基础差的学生	①非常不满意 ②不满意 ③一般般 ④满意 ⑤非常满意

续表

类别	评价的方面	满意程度
教学水平	74. 老师在仪表方面整洁、端庄、得体	①非常不满意 ②不满意 ③一般般 ④满意 ⑤非常满意
	75. 老师的英语语音语调标准，声音洪亮	①非常不满意 ②不满意 ③一般般 ④满意 ⑤非常满意
	76. 老师的板书（或课件）整洁、美观、实用	①非常不满意 ②不满意 ③一般般 ④满意 ⑤非常满意
	77. 老师的知识面宽，能帮助学生扩大知识面	①非常不满意 ②不满意 ③一般般 ④满意 ⑤非常满意
	78. 老师能敏锐感觉课堂反应，营造良好的课堂气氛，鼓励吸引学生参与课堂活动	①非常不满意 ②不满意 ③一般般 ④满意 ⑤非常满意
教学内容	79. 讲授的内容正确，知识点准确	①非常不满意 ②不满意 ③一般般 ④满意 ⑤非常满意
	80. 讲课逻辑性强，重难点突出，条理清晰	①非常不满意 ②不满意 ③一般般 ④满意 ⑤非常满意
	81. 非常注重学生英语应用能力的提高，课后练习适当	①非常不满意 ②不满意 ③一般般 ④满意 ⑤非常满意
教学方法	82. 师生关系融洽，注重互动，课堂气氛活跃	①非常不满意 ②不满意 ③一般般 ④满意 ⑤非常满意
	83. 讲课生动形象，很好理解	①非常不满意 ②不满意 ③一般般 ④满意 ⑤非常满意
	84. 老师非常注重引导学生思考，启发学生运用英语	①非常不满意 ②不满意 ③一般般 ④满意 ⑤非常满意
	85. 教学方法灵活，形式多样	①非常不满意 ②不满意 ③一般般 ④满意 ⑤非常满意

续表

类别	评价的方面	满意程度
教学效果	86. 这门课增强了我对英语的兴趣	①非常不满意　②不满意　③一般般 ④满意　⑤非常满意
	87. 这门课提高了我的英语运用能力	①非常不满意　②不满意　③一般般 ④满意　⑤非常满意
	88. 这门课使我了解了西方社会与文化，受到了人文精神的熏陶，开拓了国际视野	①非常不满意　②不满意　③一般般 ④满意　⑤非常满意

五、学生的英语学习动机

89. 我对英语一见钟情，说不出有什么特别的原因	①非常赞同　②赞同　③中立 ④不赞同　⑤非常不赞同
90. 我开始学英语是因为父母／学校要我学	①非常赞同　②赞同　③中立 ④不赞同　⑤非常不赞同
91. 上大学前学习英语，主要是为了升学考试	①非常赞同　②赞同　③中立 ④不赞同　⑤非常不赞同
92. 上大学前，我学英语的劲头很大程度上取决于我的成绩	①非常赞同　②赞同　③中立 ④不赞同　⑤非常不赞同
93. 上大学前，我学英语的劲头很大程度上取决于我是否喜欢英语老师	①非常赞同　②赞同　③中立 ④不赞同　⑤非常不赞同
94. 上大学后，我学英语的劲头很大程度上取决于我的成绩	①非常赞同　②赞同　③中立 ④不赞同　⑤非常不赞同
95. 上大学后，我学英语的劲头很大程度上取决于我是否喜欢英语老师	①非常赞同　②赞同　③中立 ④不赞同　⑤非常不赞同

附录5：湖北省五所独立学院大学英语教学与学习情况调查表

续表

96. 上大学后，我学英语的劲头很大程度上取决于英语课质量	①非常赞同　②赞同　③中立 ④不赞同　⑤非常不赞同
97. 上大学后，我学英语的劲头很大程度上取决于所用的教材	①非常赞同　②赞同　③中立 ④不赞同　⑤非常不赞同
98. 上大学后，我学英语的劲头很大程度上取决于我是否喜欢我的英语班	①非常赞同　②赞同　③中立 ④不赞同　⑤非常不赞同
99. 我学英语的一个重要目的是获取大学毕业证书	①非常赞同　②赞同　③中立 ④不赞同　⑤非常不赞同
100. 我学英语的直接目的是在出国或国内升学、求职考试中取得好成绩	①非常赞同　②赞同　③中立 ④不赞同　⑤非常不赞同
101. 学好英语对我很重要，因为它是当今社会非常有用的交流工具	①非常赞同　②赞同　③中立 ④不赞同　⑤非常不赞同
102. 学好英语能让我获得成就感	①非常赞同　②赞同　③中立 ④不赞同　⑤非常不赞同
103. 我学习英语，是为了更好地学习其他专业	①非常赞同　②赞同　③中立 ④不赞同　⑤非常不赞同
104. 学好英语，将来我才可能找到一份好工作	①非常赞同　②赞同　③中立 ④不赞同　⑤非常不赞同
105. 我学习英语是为了了解世界各国的经济、科技发展情况	①非常赞同　②赞同　③中立 ④不赞同　⑤非常不赞同
106. 我学习英语是因为对英语国家的人和他们的文化感兴趣	①非常赞同　②赞同　③中立 ④不赞同　⑤非常不赞同
107. 我对语言学习有特别的爱好	①非常赞同　②赞同　③中立 ④不赞同　⑤非常不赞同

［M］. New York: City University of New York Research Foundation, 1968: 341.

［9］Chambers, G. N. Motivating Language Learners［M］. Clevedon: Multilingual Matters Ltd, 1999: 13-24.

［10］Chamot, A. U. The Learning Strategies of ESL Students［C］// Wenden, A. & J. Rubin. (Eds.) Learner Strategies in Language Learning. London: Prentice/Hall International, 1987: 71-84.

［11］Cohen, A. D. Strategies in Learning and Using a Second Language ［M］. Beijing: Foreign Language Teaching and Research Press, 1998.

［12］Deci, E. L & R. M. Ryan. Intrinsic Motivation and Self Determination in Human Behavior［M］. New York: Plenum Press, 1985: 5-6.

［13］Donald, R. C. The Act of Teaching［M］. 北京: 中国轻工业出版社, 2003.

［14］Dornyei, Z. Motivation in Second and Foreign Language Learning ［J］. Language Learning, 1998(3): 117-135.

［15］Sallis, E. 全面质量教育［M］. 何瑞薇, 译. 上海: 华东师范大学出版社, 2005: 30.

［16］Ehrman, M. & R. Oxford. Adult Language Learning Styles and Strategies in an Intensive Training Setting［J］. Modern Language Journal, 2005(74): 311-317.

［17］Ellis, R. The Study of Second Language Acquisition［M］. Oxford: Oxford University Press, 1994.

［18］Flanders, N. A. Analyzing Teaching Behavior［M］. MA: Addison—Wesley Publishing Company, 1970.

［19］Gardner, R. C. & Lambert W. E. Attitude and Motivation in Second Language Learning［M］. Rowley, Mass: Newbury House, 1985.

［20］Gardner, R. C. & P. D MacIntyre. A Student's Constructions to

Second Language Learning. Part Ⅱ: Affective Variables [J]. Language Learning, 1993(1): 1-11.

[21] Green, J. M. & R. Oxford. A Closer Look at Learning Strategies, L2 Proficiency, and Gender[J]. TESOL Quarterly, 1995(2): 261-297.

[22] Harvey, P. M. & Sander I. Marcus. The Psychology of Underachievement: Deferential Diagnosis and Deferential Treatment[C]. New York: John Wiley and Sons, 1988.

[23] Jakobovits, L. Foreign Language Learning: A Psycholinguistic Analysis of the Issue [M]. Rowley, Mass: Newbury House, 1970: 50.

[24] Johnstone, K. Research on Language Learning and Teaching: 1997-1998[J]. Language Learning, 1999(3): 137-156.

[25] Kratz, H. E. Characteristics of the Best Teachers as Recognized by Children[J]. Pedagogical Summary, 1896(3): 413-418.

[26] McCroskey. Assessing Motivation to Communicate (2nd Edition) [M]. Colorado: University of Colorado Press, 1984.

[27] Mira, J. J. et al. Presenting an Approach to Total Quality in Higher Education, Measuring Student and Teacher Satisfaction [C]// Symposium on Quality Improvement in Higher Education. Abstract Book, Baskent University, Ankara (in Turkish), 1997.

[28] Mohammad, S. O. & M. A. Elaine. A Framework for the Dimensions of Quality in Higher Education[J]. Quality Assurance in Education, 1996(2): 163.

[29] Naiman, N. et al. The Good Language Learner: Research in Education Series[J]. Ontario Institute for Studies in Education, 1978(7): 34-39.

[30] O'Malley, J. M. & A. Chamot. Learning Strategy Applications with Students of English as a Second Language [J]. TESOL

Quarterly, 1985(19): 557-584.

[31] O'Malley, J. M. & A. Chamot. Learning Strategies in Second Language Acquisition [M]. Cambridge: Cambridge University Press, 1990/2007: 543.

[32] Oxford, R. L. & N. Anderson. A Crosscultural View of Language Learning Styles [J]. Language Teaching, 2001(28): 201-215.

[33] Oxford, R. L. & M. Nyikos. Variables Affecting Choice of Language Learning Strategies by University Students [J]. The Modern Language Journal, 1989(3): 289-300.

[34] Oxford, R. L. Language Learning Strategies: What Every Teacher Should Know[M]. New York: Newbury House, 1990.

[35] Paula, Y. K. & W. N. Paul. Quality Indicators in Higher Education—Comparing Hong Kong and China's Students [J]. Managerial Auditing Journal, 1999(1/2): 112.

[36] Politzer, R. L. & M. McGroarty. An Exploratory Study of Learning Behaviours and Their Relationship to Gains in Linguistic and Communicative Competence [J]. TESOL Quarterly, 1985(19): 103-123.

[37] Pintrich, P. L & D. H. Schunk. Motivation in Education: Theory, Research and Applications[M]. Englewood Cliffs, NJ: Prentice Hall Regents, 1996.

[38] Richards, J. C. & T. S. Rogers. Approaches and Methods in Language Teaching[M]. Cambridge: Cambridge University Press, 1986.

[39] Richards, J. C. & C. Lockhart. Reflective Teaching in Second Language Classrooms [M]. Beijing: Foreign Language Teaching and Research Press, 2000.

[40] Rubin, J. Learner Strategies: Theoretical Assumptions, Research History and Typology [C]// Wenden, A. & J. Rubin (Eds). Learner Strategies and Language Learning. Englewood Cliffs, NJ:

Prentice Hall, 1987: 15-29.

[41] Rubin,J. What the "Good Language Learner" Can Teach Us[J]. TESOL Quarterly, 1975(9): 41-51.

[42] Ryans, D. G. Characteristics of Teachers [R]. Washington, D. C.: American Council of Education, 1960.

[43] Schreiner, L. A. & S. L. Juillerat. Student Satisfaction Inventory [M]. Iowa City, IA: Noel-Levitz Centers, 1994.

[44] Stern,H. What Can We Learn from the Good Language Learner? [J]. Canadian Modern Language Review, 1975(31): 304-318.

[45] Stern, H. Fundamental Concepts of Language Teaching [M]. Oxford: Oxford University Press, 1983: 453.

[46] Taguchi,T. Learner Factors Affecting the Use of Learning Strategies in Cross-Cultural Contexts[J]. Prospect, 2002(2): 18-33.

[47] Wenden, A. Conceptual Background and Utility[C]// Wenden, A. & J. Rubin. (Eds.). Learner Strategies in Language Learning. London: Prentice Hall International, 1987: 15-30.

[48] Wenden,A. Learner Strategies for Learner Autonomy [M]. Great Britain: Prentice Hall, 1998: 34.

[49] Widdowson, H. The Roles of Teacher and Learner [J]. ELT Journal, 1987(2): 83-88.

[50] Williams,M. & R. L. Burden. Psychology for Language Teachers: A Social Constructivist Approach [M]. Cambridge: Cambridge University Press, 1997: 120.

[51] Willing, K. Teaching How to Learn—Learning Strategies in ESL [M]. Sydney: Macquarie University Press, 1989.

[52] Wright,T. Roles of Teachers and Learners [M]. Oxford: Oxford University Press, 1987.

[53] 白堤, 等. 大学英语课堂教学评价及其体系探讨[J]. 郧阳医学院学报, 2001(1): 63-64.

参考文献

[54] 蔡宝来、车伟艳. 国外课堂教学行为研究：热点问题及未来趋势[J]. 课程·教材·教法, 2008(12): 82.

[55] 蔡基刚. 大学英语教学：回顾、反思和研究[M]. 上海：复旦大学出版社, 2006: 109.

[56] 蔡基刚. 后大学英语教改依据与对策研究[J]. 外语电化教学, 2010(3): 3-12.

[57] 蔡建东. 高师课堂教学质量评价指标体系构建研究[D]. 河南大学硕士学位论文, 2001: 23.

[58] 蔡敬民、魏朱宝. 应用型本科人才培养的战略思考[J]. 中国高等教育, 2008(12): 58-60.

[59] 曹庆奎, 等. 高校课堂教学质量分析的模糊综合评价模型[J]. 河北建筑科技学院学报, 2002(3): 75-78.

[60] 常亚平、姚慧平、刘艳阳. 独立学院与国立大学学生满意度影响因子的差异研究[J]. 高教探索, 2008(1): 125-128.

[61] 陈冰冰. 大学英语教学改革新探——基于独立学院需求分析的调查研究[M]. 上海：上海交通大学出版社, 2010: 22.

[62] 陈凤年. 大学英语课堂教学质量评价指标体系构建研究[D]. 西南大学硕士学位论文, 2008: 4-12.

[63] 陈国华. 谈英语能力标准的制订[J]. 外语教学与研究, 2002(6): 405-406.

[64] 陈丽秋、陶卫亮. 大学英语教学质量评估体系研究[J]. 湖北汽车工业学院学报, 2004(3): 78-79.

[65] 陈梅、李超峰. 独立学院毕业生就业现状及对策[J]. 学习月刊, 2010(18): 43-44.

[66] 陈淑燕、瞿高峰. 高校教师教学质量的模糊评估方法[J]. 甘肃教育学院学报（自然科学版）, 2001(3): 20-24.

[67] 陈文远, 等. 地方本科高校高素质应用型人才评价体系研究[J]. 高等工程教育研究, 2011(5): 139-143.

[68] 陈玉琨. 教育评价学[M]. 北京：人民教育出版社, 1998:

200.

[69] 程玮,等. 独立学院大学英语教学现状分析[J]. 濮阳职业技术学院学报,2010(2):145-147.

[70] 程晓堂、郑敏. 英语学习策略[M]. 北京:外语教学与研究出版社,2002.

[71] 丁怡. 外语善学者和不善学者英语词汇学习策略对比研究[J]. 外语研究,2006(6):47-50.

[72] 范栩. 大学英语教师话语分析[J]. 华南农业大学学报(社会科学版),2004(2):151-156.

[73] 房保俊. 本科教学质量学生满意度调查研究——以华中科技大学为例[D]. 华中科技大学硕士学位,2008:2-3.

[74] 傅道春. 教师技术行为学[M]. 哈尔滨:黑龙江教育出版社,1996.

[75] 傅道春. 教学行为的原理与技术[M]. 北京:教育科学出版社,2001.

[76] 傅道春. 新课程中教师行为的变化[M]. 北京:首都师范大学出版社,2002.

[77] 高雁鸣. 关于独立学院学生评教工作的思考[J]. 北京理工大学学报(社会科学版),2008(5):111-114.

[78] 高一虹. 中国大学本科生英语学习动机类型[J]. 现代外语,2003(1):28-38.

[79] 高原. 独立学院英语专业学生学习策略使用情况调查研究[J]. 中国成人教育,2009(8):96-97.

[80] 郭继东. 研究生英语学习动机与成绩、性别之关系研究[J]. 外语界,2009(5):42-49.

[81] 韩红建. 独立学院大学英语教学改革路径探究[J]. 长春理工大学学报(社会科学版),2013(5):189-191.

[82] 韩其顺. 温故知新谈大纲——浅谈对《大学英语教学大纲(修订本)》的认识[J]. 外语界,1999(4):22-31.

参考文献

[83] 韩文莉．英语学习高分者与低分者使用学习策略的差异[J]．陕西师范大学学报，2003(S2)：187-189．

[84] 郝玫、付红霞．多元智能、学习风格、学习策略与英语成绩的相关研究[J]．外国语言文学，2006(4)：235-243．

[85] 何春燕．独立学院网上评教效果影响因素分析及提高措施[J]．现代企业教育，2010(16)：159-160．

[86] 何全旭．浅析独立学院教师队伍新模式的构建[J]．教育与职业，2011(30)：60-61．

[87] 何兆熊、梅德明．现代语言学[M]．北京：外语教学与研究出版社，1999．

[88] 楼荷英、寮菲．大学英语教师的教学信念与教学行为的关系——定性与定量分析研究[J]．外语教学与研究，2005(4)：271-275．

[89] 侯新民、刘佩佩．中外教师英语课堂教学行为对比研究[J]．西安外国语大学学报，2010(1)：99-103．

[90] 胡波、王华．湖北省独立学院外语师资状况研究[J]．考试周刊，2008(17)：20-21．

[91] 华慧芳．试论英语学习动机与策略的研究[J]．外语界，1998(3)：45-48．

[92] 黄怡．影响高校教师教学质量的关键因素及提升的对策[J]．中国质量，2005(7)：46-49．

[93] 贾卫国．解读修订后的《大学英语课程教学要求》[J]．外语电化教学，2009(127)：24-32．

[94] 江晓红．成就动机和归因对英语学习策略选择的影响[J]．解放军外国语学院学报，2003(2)：69-72．

[95] 姜代武．我国独立学院的十年"独立"之路[J]．现代教育科学，2009(4)：41-83．

[96] 蒋诗琴、李春华、白堤．多级广义模糊综合评估大学英语课堂教学质量[J]．西北医学教育，2000(3)：153-155．

[97] 蒋秀娟. 大学英语课堂教学评价的模糊优化模型[J]. 黑龙江高教研究, 2007(11): 180-182.

[98] 教育部高教司. 大学英语教学基本要求[M]. 上海: 上海外语教育出版社, 2007.

[99] 解芳、王红艳、马永刚. 大学英语教师信念研究[J]. 山东外语教学, 2006(5): 84-88.

[100] 金国华、金鑫. 独立学院转型期教师队伍建设的探讨[J]. 高等教育研究, 2012(4): 75-78.

[101] 蓝江桥, 等. 中美两国大学课程教学质量评价的比较与思考[J]. 高等教育研究, 2003(2): 96-100.

[102] 李国强. 试论独立学院高水平教师队伍的建设[J]. 黑龙江高教研究, 2012(1): 81-83.

[103] 李箭. 共和国大学英语教学(1949—2007)[D]. 华东师范大学博士学位论文, 2008.

[104] 李楠、吴一安. 任务特征与学习动机研究[J]. 外语教学, 2007(2): 20-22.

[105] 李淑静. 研究生英语学习动机考察[J]. 解放军外国语学院学报, 2003(2): 63-68.

[106] 李智干. 独立学院办学特色存在的问题与对策建议[J]. 广东工业大学学报(社会科学版), 2008(4): 19-22.

[107] 李祖华、邹立. 独立学院本科生大学英语学习态度调查及启示[J]. 民办高等教育研究, 2007(2): 53-58.

[108] 林莉兰. 网络自主学习环境下学习策略与学习效果研究[J]. 外语研究, 2006(2): 39-45.

[109] 林森、白世国. 高师院校学生评价教师教学质量指标体系的研究[J]. 现代教育科学, 2004(3): 73-77.

[110] 刘斌. 分层次教学法在大学英语教学中的应用[J]. 高教研究, 2010(3): 134-135.

[111] 刘凤泰. 从专项检查看独立学院的生成与发展[J]. 中国高

等教育, 2005(17): 6-8.

[112] 刘贵芹. 高度重视大学英语教学改革、努力提升大学英语教学质量[J]. 外语教学与研究, 2012(2): 279-282.

[113] 刘润清. 外语教学科研的发展趋势[J]. 外语教学与研究, 1999(1): 8-13.

[114] 刘武、杨雪. 中国高等教育顾客满意度指数模型的构建[J]. 公共管理学报, 2007(1): 84-88.

[115] 刘向虹. 再接再厉, 深化改革, 进一步推动大学英语教学发展[J]. 外语界, 2011(1): 16-18.

[116] 刘亚宁. 大学生英语学习策略差异性研究[J]. 教育理论与实践, 2004(3): 50-52.

[117] 刘亦春. 学习成功者与不成功者使用英语阅读策略差异的研究[J]. 国外外语教学, 2002(3): 24-29.

[118] 刘振前、袁凤识、许保芳. 高、低分组分项四级成绩与学习策略的关系研究[J]. 外国语言文学, 2005(2): 112-117.

[119] 龙军、黄晓萍. 独立学院就业工作存在的问题及解决对策[J]. 职业教育研究, 2007(11): 135-136.

[120] 龙志和, 等. 高校课堂教学质量评价理论与应用研究总结报告[C]//阎开印. 教改信息. 成都: 西南交通大学教务处, 2001(3): 4-21.

[121] 阎彤. 独立学院大学英语教学改革研究与实践——以张家界学院为例[J]. 民族论坛, 2009(2): 62-63.

[122] 罗立胜、蔡基刚.《大学英语课程教学要求(试行)》的主要特点以及对教学改革试行的几点建议[R]. 北京林业大学外国语学院教学文件, http://waiyu.bjfu.edu.cn/jxgz/jxwj/84325.htm, 2006.

[123] 罗雅萍. 成功的课堂教学来自教师的有效教学行为[J]. 湖州师范学院学报, 2002(4): 81-83.

[124] 倪清泉. 大学英语学习策略多层次实证研究[J], 教育与职

业,2009(8):108-110.

[125] 倪清泉.外语学习策略研究四十年[J].四川外语学院学报,2008(6):134-138.

[126] 聂素民.从学生满意度看大学英语教学[J].鸡西大学学报,2008(3):106-107.

[127] 牛贵霞.大学英语课堂教学质量测评体系研究[J].教育与职业,2006(24):82-84.

[128] 欧培民.语文课程与教学论[M].杭州:浙江教育出版社,2004.

[129] 欧阳河,等.学生评价高等教育服务质量实证研究——以湖南高校2008届毕业生满意度调查为例[J].现代大学教育,2008(6):30-41.

[130] 齐建晓.以学生为主体的大学英语课堂教学质量评价体系探讨[J].平原大学学报,2006(5):87-89.

[131] 钱存阳、林维业、曹魁.课堂教学质量计价指标体系的探讨[J].高等教育研究学报,2003(4):42-44.

[132] 渠秀芳.以学生为中心的教学与大学英语教师的角色转变[J].华北水利水电学院学报(社会科学版),1999(4):70-71.

[133] 饶玲、董显辉.高职非英语专业学生英语学习现状动机调查及强化策略[J].江西青年职业学院学报,2007(4):59-61.

[134] 任容.独立学院大学英语教学改革势在必行——以绍兴文理学院元培学院为例[J].广西教育学院学报,2006(6):70-73.

[135] 阮连法,等.课堂教学质量评价指标体系与评价系统[J].高等工程教育研究,1999(4):65-68.

[136] 邵波.关于国有民办二级学院的法理学思索[J].民办教育研究,2003(3):46-50.

[137] 孙璐.大学英语教学中存在的问题与对策——以一所独立学

院为例[J]. 教育探索, 2012(8): 63-65.

[138] 唐琳. 基于《大学英语课程教学要求》的大学英语改革研究[J]. 考试周刊, 2008(21): 24-25.

[139] 唐松林. 教师行为研究[M]. 长沙: 湖南师范大学出版社, 2002.

[140] 田佳、卢涛. 独立学院学生满意度影响因素实证分析[J]. 重庆工学院学报(社会科学版), 2009(9): 171-182.

[141] 王初明. 中国学生的外语学习模式[J]. 外语教学与研究, 1989(4): 47-52.

[142] 王东平、杨斌、武艳艳. 独立学院工科专业教学质量满意度调查分析及提高途径探索[J]. 河北农业大学学报(农林教育版), 2011(2): 153-156.

[143] 王京华, 等. 形成性评价对英语学习策略影响的实验研究[J]. 河北大学学报(哲学社会科学版), 2006(4): 121-125.

[144] 王立非. 第二语言学习策略研究: 问题与对策[J]. 国外外语教学, 2001(4): 5-13.

[145] 王丽娟. 课堂环境下的教师发展——影响中国外语教师课堂行为的因素研究[J]. 外语教学, 2008(1): 48-57.

[146] 王守仁. 进一步推进和实施大学英语教学改革——关于《大学英语课程教学要求(试行)》的修订[J]. 中国外语, 2008(1): 4-10.

[147] 王廷、赵群. 独立学院战略转型期的教师队伍建设初探[J]. 中国成人教育, 2011(5): 51-54.

[148] 王永. 非英语专业学生英语学习动机实证研究——以中国的理工大学为例[J]. 教育评论, 2012(5): 108-110.

[149] 魏立强、韩大明. 独立学院教师队伍建设的策略[J]. 黑龙江高教研究, 2010(5): 72-74.

[150] 文秋芳. 英语学习者动机、观念、策略的变化规律与特点[J]. 外语教学与研究, 2001(2): 105-110.

[151] 文秋芳、王海啸. 大学生英语学习观念与策略的分析[J]. 解放军外国语学院学报, 1996(4): 61-66.

[152] 文秋芳、王立非. 中国英语学习策略实证研究20年[J]. 外国语言文学, 2004(1): 39-45.

[153] 文秋芳. 大学生英语学习策略变化的趋势及其特点[J]. 外语与外语教学, 1996a(4): 43-46.

[154] 文秋芳. 英语学习策略论[M]. 上海:上海外语教育出版社, 1996b.

[155] 文秋芳. 英语学习成功者与不成功者在方法上的差异[J]. 外语教学与研究, 1995(3): 61-66.

[156] 吴长刚、聂立川. 论课堂教学活动中的有效教师行为[J]. 河北师范大学学报(教育科学版), 2008(8): 57-60.

[157] 吴德福、孙德良、张新元. 复合型人才与自学考试[J]. 中国成人教育, 1999(10): 26-28.

[158] 夏纪梅. 大学英语教师的外语教育观念、知识能力、科研现状与进修情况调查结果报告[J]. 外语界, 2002(5): 35-41.

[159] 夏纪梅. 影响大学英语教学质量的相关因素[J]. 外语界, 2000(4): 2-6.

[160] 夏伟蓉、吕长、魏俊轩. 从学生网上评价教师课堂教学质量调查分析大学英语教学和教材[J]. 外语界, 2004(3): 18-25.

[161] 项茂英、贾爱武. 基于学生视角的大学英语教师感知角色行为与期待角色行为对比研究[J]. 中国应用语言学(英文版), 2011(4): 72-88.

[162] 徐微. 独立学院学生学习心理的调查分析[J]. 中国成人教育, 2010(8): 137-138.

[163] 徐卫良、黄忠林. 以学生满意度为依据改进高等学校教学工作[J]. 上海电机学院学报, 2005(4): 73-75.

[164] 徐竹青, 等. 独立学院大学英语教学改革的探索[J]. 社科

纵横，2007(9)：171-172.

[165] 许承志、朱现平．完善独立学院专业设置政策的对策研究[J]．江汉大学学报(社会科学版)，2012(4)：90-95.

[166] 许为民．论独立学院的三个定位[J]．中国高教研究，2006(8)：44-47.

[167] 许志娥．独立学院的历史和发展[J]．中外教学研究，2009(1)：6-8.

[168] 闫士浩，等．高校激励机制的大学生满意度调查分析[J]．南京工业大学学报(社会科学版)，2006(2)：93-96.

[169] 姚利民．大学有效教学特征之研究[J]．现代大学教育，2001(6)：42-44.

[170] 姚利民．高校教师课堂教学方法的调查研究[J]．有色金属高教研究，1999(5)：90-93.

[171] 姚利民．国外有效教学研究述评[J]．外国中小学教育，2005(8)：23-27.

[172] 姚利民．略论大学教师的有效教学[J]．黑龙江高教研究，2002(4)：101-103.

[173] 尤海燕、俞丽敏．不同批次大学生满意度调查分析[J]．宁波工程学院学报，2005(4)：112-114.

[174] 袁荣儿．高职非英语专业学生英语学习动机调查[J]．中国成人教育，2007(22)：93-94.

[175] 张彬、师彦灵．语言学习策略与大学英语四级考试成绩的关系研究[J]．兰州大学学报，2004(1)：132-137.

[176] 张博，等．高校教师教学质量影响因素实证分析[J]．河北农业大学学报(农林教育版)，2009(1)：50-54.

[177] 张莉．语言焦虑对外语学习策略选择的影响[J]．高等工程教育研究，2008(S1)：41-42.

[178] 张庆宗．外语学习策略研究综述[J]．湖北大学学报(哲学社会科学版)，2004(2)：241-244.

[179] 张森、段然. 大学英语学习策略研究综述[J]. 河北大学学报(哲学社会科学版)，2012(2)：139-143.

[180] 张燕玲. 完善高校评估指标体系，提高教师课堂教学质量[J]. 徐州教育学院学报，2004(4)：10-12.

[181] 张扬、张新民. 独立学院教师队伍建设的问题与对策分析[J]. 高等农业教育，2008(9)：40-42.

[182] 张尧学. 总结经验，明确思路，全面推进大学英语教学改革[J]. 外语界，2009(4)：2-5.

[183] 张烨、邢敏、周大军. 非英语专业本科生英语词汇学习策略的调查[J]. 解放军外国语学院学报，2003(7)：44-48.

[184] 张烨、周大军. 大学英语学生课堂参与模式研究[J]. 外语界，2004(6)：28-33.

[185] 张艺、鲍威. 民办高等院校教育满意度的实证分析[J]. 中国高教研究，2005(3)：45-47.

[186] 赵伶俐、陈秋敏. 课堂教学技术与艺术[M]. 重庆：西南师范大学出版社，2003：89.

[187] 赵伶俐. 课堂教学设计与操作技术[M]. 重庆：西南师范大学出版社，2002.

[188] 赵应吉. 大学英语课程教学质量多元评价体系探究[J]. 外国语文，2012(6)：169-173.

[189] 郑涛. 湖北省独立学院发展研究[D]. 武汉：华中科技大学硕士学位论文，2010.

[190] 郑新民、蒋群英. 大学英语教学改革中"教师信念"问题的研究[J]. 外语界，2005(6)：16-22.

[191] 周济. 促进高校独立学院持续健康快速发展[N]. 中国教育报，2003-7-8(1).

[192] 周景芝. 有效教学的教师行为探析[J]. 现代教育科学，2007(4)：40-41.

[193] 周林、张庚灵. 提高教学质量的关键在于抓好课堂教学质量

[J]. 高等农业教育, 2011(1): 7-9.
[194] 周星、周韵. 大学英语课堂教师话语的调查与分析[J]. 外语教学与研究, 2002(1): 59-68.
[195] 周兆农、朱关明. 独立学院教师队伍建设的途径与方法[J]. 教育发展研究, 2008(8): 86-87.
[196] 朱建华. 对独立学院专业设置现状的观察与思考[J]. 中南论坛, 2008(3): 24-29.

后　　记

　　自从我到中南财经政法大学武汉学院从事大学英语教学以来，我就一直在思考独立学院的大学英语教学与公办一本、二本院校的大学英语教学有什么区别，它自身有什么特点，又该如何提高教学质量。在查阅了大量文献和参考资料之后，我发现：目前国内针对独立学院大学英语教学改革的系统研究还不多，基于独立学院自身特点提高大学英语教学质量的措施和建议也很少；与此同时，已有的关于大学英语教学改革的研究往往是从政府、社会、学校和教师的角度进行的，而从学生感知和评价的视角反馈式探讨大学英语教学存在的问题，并结合独立学院的实际提出相应改进措施的研究更是凤毛麟角。于是我开始关注独立学院学生的特点和在教育界有一定影响力的"学生满意度理论"，并逐渐萌发出从学生视角来研究独立学院大学英语教学改革的想法。

　　采用定量的方法进行实证研究，则主要是受我的妻子华中师范大学程绍文副教授的启发、鼓励和帮助。2008年，她在英国波恩茅斯大学攻读博士期间，建议我也一起参加该校的一些课程，并推荐我重点学习《社会科学研究方法》；后来，我又跟她一起跑遍了英国的城市、乡村、学校和景区，完成了数千份问卷调查，积累了丰富的实践经验。回国以后，我便开始用定量分析的方法对大学英语教学进行实证研究，并撰写了几篇论文，取得了一定的成效。尤其是当我2013年成功申报了"湖北省高等学校省级教学改革研究项目《湖北省独立学院大学英语课堂教学质量实证研究》"之后，她便建议我从学生的视角撰写一本探讨独立学院大学英语教学改革的专

后　记

著作为研究成果，并与我一起讨论、设计、修改问卷、分析数据。因此，在这里，我要特别感谢我的妻子在整个写作过程中对我的鼓励、指导和帮助。没有她的建议和鼓励，我不可能在这么短的时间内顺利完成整个写作，也不可能有今天专著的出版。

此书的完成，我要衷心地感谢中南财经政法大学武汉学院外语系主任王达金教授。王主任从事外语教学四十余年，在翻译学、外语教学法等方面有着较深的造诣。在本研究的构思和实施过程中，王主任均给予了宝贵的意见；另外在日常生活和工作中，王主任也给了我很多支持和帮助，在此我要表达真诚的谢意！另外，我还要特别感谢武汉学院督导室的杨洁主任和张浩教授，在进行大学英语课堂教学质量问卷调查以及探讨武汉学院大学英语教学的过程中，他们均给予了宝贵的建议。

同时，我还要感谢武汉学院外语系的夏胜武、张洁兰、赵静、周馥郁、闫玲钰、王理、杨姝等老师。他们在问卷调查的过程中，不辞辛苦地组织问卷发放、回收、录入等工作，为本研究的数据统计与分析奠定了基础。

本书经过两年的酝酿、资料收集、问卷调查和大半年日日夜夜不间断的撰写和修改，如今终于完成了。由于作者水平有限，书中有疏漏和不当之处还恳请专家、同行提出批评、指正。

陈金平

2014 年 5 月于武汉